Paul GINISTY

Arsène ALEXANDRE

★

Le Livre du Souvenir

GUIDE DU VOYAGEUR

DANS LA

FRANCE ENVAHIE

EN 1914

Meaux. — La bataille de l'Ourcq. — Coulommiers.
Château-Thierry.
De Senlis à Nanteuil-le-Haudouin. — Soissons.
Reims.

PARIS

ERNEST FLAMMARION, ÉDITEUR

26, RUE RACINE, 26

LE
LIVRE DU SOUVENIR

REIMS. — LA CATHÉDRALE APRÈS LE BOMBARDEMENT.

PAUL GINISTY ————————

———— ARSÈNE ALEXANDRE

★

Le Livre
du Souvenir

GUIDE DU VOYAGEUR

DANS LA

FRANCE ENVAHIE

EN 1914

> Meaux. — La bataille de l'Ourcq. — Coulommiers.
> Château-Thierry.
> De Senlis à Nanteuil-le-Haudouin. — Soissons.
> Reims.

PARIS

ERNEST FLAMMARION, ÉDITEUR

26, RUE RACINE, 26

AVANT-PROPOS

Ce livre n'est pas un livre d'histoire militaire proprement dit. Il la côtoie seulement. C'est un livre d'impressions et de souvenirs, et, si le mot ne paraissait pas trop ambitieux, c'est aussi un acte de piété.

Pendant tant d'années qui vont venir, des pèlerinages fervents s'accompliront sur les champs de bataille et dans les villes et les villages dévastés par la fureur d'un ennemi qui ne s'épargna aucun crime; ils s'étendront partout où il y eut de la souffrance française et où se dépensa de l'héroïsme français.

Avec une profonde émotion, on s'inclinera devant le sol où tombèrent nos soldats, et les cœurs se gonfleront de colère devant les traces d'abominables destructions, sauvages et stupides, par quoi les Allemands ont déshonoré la guerre, devant les pays ravagés, devant les mortelles blessures de nos monuments illustres, cathédrales sublimes, édifices où battait l'âme d'une cité.

Ces pèlerinages seront un devoir : ils nourriront, ils entretiendront, à la pensée des victimes et des outrages faits à la terre de France, une haine qui ne doit plus avoir de défaillances.

1

L'activité de la race aura relevé — et, déjà, on a eu cet admirable spectacle du travail reprenant presque sous le feu — quelques-unes des ruines; mais que de témoignages porteront toujours d'irréparables désastres, de nobles pierres noircies (auxquelles, en vérité, on souhaiterait qu'il ne fût point touché, pour que se dressât devant l'Histoire, l'acte d'accusation des Barbares), les décors des heures tragiques!

Ce livre veut aider à ces poignantes visites. Il sera une sorte de guide — mais non de guide impassible, certes! — à travers les régions meurtries, et qui nous sont plus chères, aujourd'hui, parce qu'elles ont souffert. A l'aide des récits recueillis par nous sur place, de la bouche même de ceux qui étaient là, il rappellera les misères subies, les martyres imposés par les envahisseurs, stigmatisés à jamais par leur ignominie, et, dans le silence revenu sur les plaines, naguère bouleversées, qui ont redonné une moisson, il éveillera la grande voix des morts et il dira leur fin grandiose; il évoquera la constance et la foi des combattants, il saluera leur gloire, en des jours d'épopées, — et tous les jours, pour eux, auront été ces jours-là! — Mais, hélas! sait-on, saura-t-on jamais tous les dévouements et tous les généreux sacrifices? C'est là une matière immense, où on sera toujours incomplet. Ne sont-ce pas tous les fils de France qui se sont donnés, d'un cœur magnifique, à la défense de la patrie? « Peuple soldat, rien ne vaut le Français dans la bataille », a dit Charles Péguy qui, tombé à Villeroy, devait attester par lui-même les vertus guerrières qu'il exaltait.

Chemin faisant, puisque ce livre se présente comme une manière de vade mecum d'un touriste aux pensées graves, on a, pour ainsi dire, situé dans l'histoire les villes où il sera conduit par les événements qui s'y déroulèrent. On n'a pas, notamment, écarté des rapprochements auxquels donnait lieu, par une dramatique fatalité, à cent ans de distance, l'*Invasion de* 1814, et des souvenirs de celle de 1870 se présentaient trop amèrement pressants pour être négligés. *Triple raison de maudire le véritable ennemi héréditaire !* Mais, cette fois, c'est l'expiation qui se prépare pour lui.

Ce ne sont, dans ce volume, que les premières étapes, celles qui mènent dans un rayon relativement peu éloigné de Paris. Le *Nord* et l'*Est* feront l'objet des volumes suivants, et le titre que nous pourrons alors leur donner sera : Voyage aux pays délivrés.

LE

LIVRE DU SOUVENIR

CHAPITRE I

Les patrouilles allemandes à Claye. — Meaux et quelques pages de
son histoire. — Au seuil des champs de bataille. — Le pèlerinage
patriotique annuel. — Une apparition de l'ennemi. — Meaux
pendant l'action. — Le Comité des Intérêts publics. — A la gloire
de la 6ᵉ armée.

Il faut bien avouer que, dans la grande banlieue pari-
sienne, la petite ville de Claye, sur la route de Paris à
Metz, à quinze kilomètres de Meaux, a peu de raisons de
provoquer la curiosité. Il y avait là un domaine des Poli-
gnac, mais il a disparu depuis longtemps. Rien de caractéristique ne s'offre aux yeux, ni même de bien pittoresque, si ce n'est cette particularité du canal laissant
en contre-bas la route qu'il longe pendant quelque
temps. Cependant, en commençant ces excursions dans
les régions où se déroula une poignante histoire, nous
pouvons nous arrêter un moment à Claye.

C'est, dans cette direction, le point le plus rapproché
de Paris, où apparurent des Allemands. C'était dans la
matinée du 3 septembre 1914 : quelques uhlans, à bicyclette, débouchèrent tout à coup, s'arrètant au pont de
la Poterie, à 500 mètres de Claye. Ils firent d'ailleurs
presque immédiatement demi-tour. Sans doute avaient-

ils aperçu, de loin, le poste du 68e régiment territorial[1].

Dans l'après-midi, une patrouille de cavalerie ne se risqua pas aussi loin. Elle passa à 1.500 mètres de Claye, dans la plaine. Elle se dirigeait vers la ferme de Choisy-au-Temple.

Il n'y eut pas là d'engagement. Claye, où l'on se battit en 1814, entendit seulement, cent ans après, le canon et la fusillade. Mais un autre souvenir s'évoque que celui de l'extrême avance allemande, un souvenir glorieux. C'est de Claye que le général Maunoury data sa proclamation fameuse à ses troupes qui, pendant les héroïques journées des 5, 6, 7, 8, 9 et 10 septembre, avaient brisé l'effort de douze divisions de l'armée de von Kluck et les avaient rejetées jusqu'à l'Ourcq.

« La lutte a été dure ; les pertes par le feu, les fatigues, dues à la privation de sommeil et parfois de nourriture, ont dépassé tout ce qu'on pouvait imaginer. Vous avez tout supporté avec une vaillance, une fermeté et une endurance que les mots sont impuissants à glorifier comme elles le méritent. »

Voici Meaux et sa cathédrale, avec ses trois portails aux voussures profondes, les imposantes beautés de son architecture gothique, sa haute tour du Nord, ses souvenirs de Bossuet et les monuments dédiés à sa mémoire ; Meaux et ses vieux moulins barrant la Marne, coulant sous leurs pilotis, coin curieux qui contraste avec la modernisation de la ville ; Meaux et ses belles promenades sur les bords de la rivière.

La vieille cité, d'aspect paisible, dont l'histoire comporte pourtant bien des épreuves, fut épargnée, cette fois, par l'invasion. Si elle reçut quelques obus dans ses faubourgs, si d'autres éclatèrent aux alentours mêmes de

____

1. Communication de M. Vavrin, maire de Claye.

la cathédrale, elle ne vit passer que des patrouilles d'Allemands. Mais elle connut bien des anxiétés. Elle se trouva enveloppée dans la bataille. Elle en suivit les phases par le rapprochement où l'éloignement du canon et par l'arrivée des blessés. Nouvelles d'abord heurtées, parfois contradictoires, vraies partiellement, selon les points d'où venaient les voitures d'ambulance, alternatives d'espoirs et d'alarmes, quand, après ses premiers succès, l'armée Maunoury, se trouvant en face des forces ramenées par von Kluck, traversa ses heures difficiles. Du moins, fut-ce à Meaux, après ces profondes émotions, que se répercuta le premier écho de la victoire.

Le 5 septembre 1915, l'anniversaire du début de cette victoire était solennellement commémoré à Meaux, et un des orateurs, étendant la main vers ces champs de bataille qui entourent la ville, pouvait dire éloquemment : « Ce coin de la terre de France est un reliquaire sacré, où se rencontreront les pèlerins innombrables de la Patrie. Nous inaugurons aujourd'hui une tradition qui se perpétuera, d'année en année, jusque dans la plus lointaine postérité. En cette ville de Meaux, glorieusement sauvée de l'invasion et de la ruine, sur ces rives de la Marne devenues à jamais célèbres, dans ces plaines de la Brie arrosées du sang de tant de héros, nos neveux et nos arrière-neveux viendront, tous les ans, à pareille date, fouler la trace de nos pas, s'agenouiller comme nous sur la cendre de nos morts, et chanter après nous la bataille, la victoire, le miracle de la Marne ! »

Meaux, où Louis XVI, ramené de Varennes après sa fuite, s'était arrêté, entendant déjà le grondement de Paris, où la Révolution avait eu des heures tragiques; Meaux, qu'avait traversée Napoléon revenant de Moscou, dans un méchant cabriolet, les ressorts de sa voiture s'étant cassés trois lieues avant qu'il atteignît la ville; Meaux, cent ans auparavant, pendant cette campagne de

France dont nous rencontrerons sans cesse les souvenirs pendant nos étapes, avait beaucoup souffert.

A la fin de février 1814, Blücher se dirigeait vers Meaux, défendue par Marmont et Mortier. Le 27, il donnait l'ordre au général russe Sacken d'attaquer la ville. Le combat se déroula sur la route de Coulommiers, autour du moulin de Cornillon. Trois fois le moulin fut pris et repris. Cependant, les troupes françaises, soutenues par leur artillerie, établie sur les hauteurs de Blamont, forçaient l'ennemi à se retirer. Le lendemain, les Russes, revenus avec des forces considérables, attaquaient le faubourg Saint-Nicolas (atteint en 1914 par les obus allemands), mais l'arrivée opportune de quelques forces françaises, qui avaient pris part à la bataille de Montmirail, aidait à les rejeter sur la route de May et de Lizy-sur-Ourcq, dans les marais et dans les bois de Crouy.

Ces deux actions heureuses ne délivraient pas Meaux, pourtant. Un peu plus tard, c'était le retour de l'armée russe, par la route de la Ferté-Milon. Elle s'emparait de la ville, faisait sauter le magasin à poudre, et les aïeux de nos alliés d'aujourd'hui — prodigieux retournements de l'histoire ! — firent sentir durement leur occupation jusqu'à la capitulation de Paris.

Après Waterloo, Vandamme et Exelmans, qui opéraient leur retraite, passèrent à Meaux qui, bientôt, allait se trouver exposée à toute la brutalité prussienne. Ce furent là des jours terribles, ceux qui, après si longtemps, n'ont pu être oubliés. Les hussards de Blücher commirent toutes les exactions, se livrèrent à toutes les fantaisies cruelles, en dignes ancêtres des envahisseurs de 1870 et de 1914. Le commandant de la garde nationale et un des membres de la municipalité furent traînés au quartier général de Marchemoret, attachés à la queue de chevaux. Le système des otages. La ville était mena-

BATAILLE DE LA MARNE. — PASSERELLE DE MEAUX.

Photo Henri Manuel.

cée d'être incendiée. Quelques hommes courageux, M. de Pinteville, ancien maire, deux magistrats, MM. Lhoste et Boudet, allèrent parlementer avec l'ennemi; mais ils ne purent obtenir la délivrance des prisonniers. Après les Prussiens, Meaux devait encore supporter les Bavarois, commandés par le général Zoller, et celui-ci frappait la malheureuse ville, épuisée, ruinée, d'une contribution de guerre de 2 millions. De nouveaux otages étaient pris, qui ne furent rendus à la liberté que par l'intervention de l'empereur Alexandre.

Une période de tranquillité succéda à ces deux années de misères. Admirons avec quelle sérénité, tenant peu de compte de ce qui nous paraît plus complexe, nos prédécesseurs portaient un jugement sur l'état moral d'une cité. Un vieux livre, qui est sans doute assez rarement consulté aujourd'hui, nous tombe par hasard sous les yeux, *Ethropée*, ou *Essai sur les mœurs des Meldois* (1834). L'auteur, d'une façon un peu tranchante, fait de Meaux une manière de paradis, mais de paradis sévère :

Il y a, dit-il, peu de villes où le libertinage règne moins; la salle de spectacle y est fermée pendant les onze douzièmes de l'année. Quand elle est ouverte, les acteurs ne sont pas dédommagés de leurs frais. Les prédicateurs, au contraire, y sont extrêmement suivis. Les dames qui tiennent le premier rang à Meaux par leur naissance ou par leur fortune, le méritent plus encore par toutes leurs vertus solides qu'elles réunissent, entre autres la bienveillance et la piété. Les demoiselles y reçoivent la meilleure éducation et y sont élevées avec autant de douceur que de prudence. Le clergé soutient son caractère avec dignité; la magistrature est intacte : c'est l'équité seule qui fait pencher sa balance. Les aumônes sont multipliées sans ostentation...

Cette impression grave est, il est vrai, atténuée par ce détail :

Il n'y a pas d'endroits où l'on donne plus fréquemment des repas et où l'on ait plus de forces actives pour y faire honneur sans être incommodé. On y débite suffisamment de nouvelles pour que jamais la conversation ne tarisse, mais il faut se garder d'y apporter trop de foi.

Temps heureux d'une psychologie sommaire, qui portait aussi bravement ces jugements d'ensemble ! Mais les mauvais jours revenaient avec 1870. Une fois encore, l'Invasion ! Le 15 septembre, le quartier général du roi de Prusse s'installait à Meaux. Bismarck logeait au château de la Villeboisnet. De Meaux, le représentant de l'agence Wolff — car il y avait déjà une agence Wolff — annonçait la prise prochaine de Paris (on ne prévoyait pas que la grande ville assiégée tiendrait cinq mois). De Meaux, les autorités militaires allemandes lançaient cet insolent avis : « Les Français détruisent en pure perte les routes et les chemins de fer : qu'ils sachent bien que la destruction de ces ouvrages d'art n'arrête pas une heure la marche de nos colonnes ». C'est de Meaux qu'était donné l'ordre d'investir la capitale : « La IVe armée occupera la rive droite de la Seine et de la Marne ; la IIIe armée, la rive gauche de ces deux rivières... »

Dès le 1er septembre 1914, la situation à Meaux semblait angoissante. La marche des armées allemandes était foudroyante. Elles descendaient sur Paris « comme une flèche entraînée par son propre poids ». Le 2 et 3, les troupes anglaises, arrivant par les routes de Senlis et de Soissons, se montraient, mais ne faisaient qu'une halte dans la ville. Après avoir fait sauter le pont du Marché et coulé les péniches dont l'ennemi aurait pu se servir, elles se dirigeaient vers Coulommiers. Les derniers détachements français, qui n'étaient composés que de garde-voies, quittaient Meaux, abandonnée par une partie de sa population. Les services publics s'arrêtaient, les nouvelles les plus alarmantes, bien que confuses, se répandaient. On signalait des détachements allemands à Crégy et le passage de troupes dans la direction de Trilport. Autre sujet d'inquiétudes : les vivres commençaient à manquer.

Ce fut le 5 septembre que Meaux vit dans ses murs quelques Allemands : d'abord, de grand matin, une patrouille de cavaliers[1], puis, successivement deux groupes d'officiers en automobiles, qui ne firent que passer. Le soir, une autre automobile traversait rapidement la ville.

Pendant que se déroulait la bataille, commencée la veille, pendant que, malgré de furieuses contre-attaques de l'ennemi, notre 6e armée poursuivait son offensive, pendant que les troupes du général Lamaze se ruaient sur Marcilly, Barcy, Chambry, un détachement d'une vingtaine d'Allemands apparaissait sur la place du Marché. Le lieutenant qui conduisait ce détachement s'ingéniait à traverser la Marne, en s'accrochant aux débris d'une passerelle, quand il fut signalé à des chasseurs français en reconnaissance. Pendant que se déroulait la grande action générale, Meaux vit, en effet, surgir, pour ainsi dire, quelques-uns de nos éclaireurs. Une autre patrouille allemande, en se retirant, tomba entre les mains d'une section anglaise. Ce furent là les seuls ennemis qui se hasardèrent dans la ville. Mais le 7 et le 8, les blessés affluaient, pour lesquels, avec de médiocres ressources tout d'abord, car les formations sanitaires, quand l'inva-

---

1. L'officier qui la commandait interpella un chantre de la cathédrale, qui se trouvait, à ce moment, sur le seuil du portail des Lions. Il demanda s'il était vrai que tous les ponts établis sur la Marne fussent coupés. Sur sa réponse affirmative, la patrouille continua sa marche du côté de la rue Saint-Remy et prit la route de Senlis, où elle tua l'un des deux dragons français qui s'y trouvaient en reconnaissance. (Mgr Marbeau, *Souvenirs de Meaux avant, pendant et après la bataille de la Marne.*)

sion semblait inévitable, avaient été évacuées, il fallut
organiser des secours. L'hôpital, dont les dépendances
avaient été atteintes par quelques obus, fut vite rempli.
Les lits manquaient. On installa des ambulances à l'école
Sainte-Marie, au Collège, dans les bâtiments du Séminaire. Le gaz et l'électricité ne fonctionnaient plus, la
lumière même faisait défaut et le faible éclairage de
bougies rendaient les soins difficiles. Il y eut là deux
jours critiques, malgré les dévouements qui se manifestèrent, jusqu'à l'arrivée de Paris, de médecins et de
matériel. Mais, parmi ces blessés, il en était qui oubliaient
leurs souffrances : ceux-ci avaient fait reculer l'ennemi
et ils avaient devant les yeux la vision du commencement de sa retraite. On n'osait encore les croire tout à
fait, bien que la direction du canon confirmât les nouvelles qu'ils jetaient fiévreusement.

D'autres de ces habitants de Meaux qui étaient restés
dans leur ville, si menacée qu'elle fût, s'aventuraient
jusque sur les champs de bataille, allaient au-devant
des blessés, aidaient à les transporter, cherchant ainsi à
désencombrer les ambulances de première ligne. Celle de
Neufmoutiers, où s'étaient produites tant d'attaques et de
contre-attaques, était particulièrement débordée. Beaucoup des soldats qui avaient versé leur sang étaient ori-
ginaires du pays même que délivrait leur héroïsme, se
battaient chez eux ; ainsi en était-il pour ceux qui appartenaient au 276ᵉ régiment d'infanterie.

Pendant ces quelques jours où Meaux s'était trouvé
dans des conditions anormales, un comité s'était constitué pour prendre les mesures les plus urgentes, celles
qui concernaient la police et la salubrité, celles, plus
impérieuses encore, qui concernaient les subsistances.
Ce Comité des Intérêts publics, divisé en sections, était
présidé par l'évêque, Mgr Marbeau. Il fit ouvrir quelques
magasins d'alimentation et procéda à des distributions

de vivres urgentes. Il put se dissoudre le 10 et remettre les pouvoirs qu'il s'était attribués à des autorités régulières. La situation resta difficile à Meaux, pendant quelques jours encore. Mais ce n'était plus que matériellement, et la ville, par la victoire de l'Ourcq, était définitivement affranchie de tout danger. Les ponts, qu'on avait fait sauter partiellement, étaient rétablis, d'abord provisoirement. Peu à peu, les communications régulières avec Paris étaient assurées.

Des monuments ont été élevés, auprès de Meaux, à Barcy, à Etrepilly, à Chamby, à la mémoire des morts des grandes journées de septembre. A Meaux, épargnée grâce à l'héroïsme de la 6ᵉ armée ; à Meaux, où passeront désormais tous ceux qui viendront s'incliner pieusement devant des tombes, hélas ! innombrables ; à Meaux, au seuil des pèlerinages aux champs de bataille, pourrait se dresser un monument non de deuil, mais de gloire, portant sur son socle une sorte de sommaire des phases de la grande action libératrice.

CHAPITRE II

Parcourons la région qui s'étend autour de Meaux, cette région dont chaque village a, maintenant, son nom dans l'histoire, où chaque pas que l'on fait évoque l'impétuosité, la vigueur, la ténacité, l'esprit de sacrifice de nos soldats. Accomplissons, d'un cœur pieux, ce pèlerinage au grand champ de bataille où, en six jours, se réalisa ce que l'on a appelé le « miracle français », mot qui n'est pas tout à fait juste, car la victoire fut préparée par de fortes conceptions stratégiques, et acquise par l'incomparable force morale de nos troupes, qui leur donna la volonté de vaincre. Ce qui fut merveilleux, ce fut l'union, à jamais mémorable, de la maîtrise du commandement et de l'héroïsme des combattants.

La bataille de la Marne, que déclancha la bataille de l'Ourcq, arrêtait la monstrueuse force allemande, dans le moment qu'elle semblait irrésistible, et la refoulait; elle ruinait le plan de l'ennemi, elle sauvait la France en lui donnant le temps de s'organiser pour une longue lutte, elle lui rendait sa foi en elle-même ; elle apprenait au monde que l'Allemagne, malgré tout ce qu'elle avait accumulé de puissance offensive en une préparation incessante, n'était pas invincible. Cette offensive était brisée.

Ses armées reculaient partout. D'un bout à l'autre du front, nous reprenions Amiens, Compiègne, Soissons, Reims, Châlons, Lunéville, Pont-à-Mousson, Saint-Dié. Les Allemands se terraient, désormais, et, sur la partie de notre territoire qu'ils occupaient encore, devaient inaugurer une autre forme de guerre.

Cette victoire française, ils la nièrent, malgré l'évidence du terrain perdu par eux. Le système du mensonge, là comme toujours ! — A l'ordre du jour, si net, du général Joffre à ses troupes, ils opposaient d'impudents démentis. Après avoir gardé le silence pendant six jours, ils qualifiaient d'inventions « les informations sur de prétendues défaites ». Le 16 septembre, c'est-à-dire lorsque les glorieux résultats étaient définitivement acquis pour nous, leurs communiqués déclaraient « que la situation devant Paris était entièrement à leur avantage ».

Ce ne devait être qu'un an après, tandis que nous célébrions le premier anniversaire de cette victoire de la Marne, si grosse de conséquences, que nous la célébrions en saluant la mémoire de nos sublimes morts, qu'ils se décidèrent à un aveu, mais enveloppé de combien de réticences ! « Disposant d'une supériorité numérique énorme, les Français et les Anglais s'élancèrent et, grâce à leur nombre, obligèrent les armées allemandes à abandonner les positions, peu favorables, d'ailleurs, qu'ils occupaient et à aller s'établir sur les rives de l'Aisne. » La supériorité du nombre ! Le 8 et le 9 septembre, l'armée du général Maunoury, épuisée par quatre jours de combat, voyait fondre sur elle toutes

les forces de von Kluck! Mensonge encore, même dans
la constatation de la retraite, « décidée », dit la *Post* de
Berlin, du 12 septembre 1915, « par des raisons dont

GÉNÉRAL VON KLUCK.

nous ne pouvons pas connaître présentement toute la
portée ». Aveu, cependant, si tardif qu'il ait été, et malgré toutes les précautions pour l'atténuer.

Le 3 et le 4 septembre, l'aile droite de l'armée allemande, qui paraissait devoir se jeter sur Paris, obliquait vers le Sud-Est[1]. Avant de foncer sur la capitale, l'ennemi voulait se débarrasser des armées françaises qui auraient pu le menacer, les envelopper ou les couper. Le général Gallieni, commandant le camp retranché de Paris, concevait aussitôt le plan d'une attaque opportune du corps d'armée qui couvrait le mouvement de von Kluck. Les renseignements confirmaient les premières indications sur le changement de direction des Allemands, s'offrant à une action offensive de notre part. Le généralissime décidait de concentrer les efforts des armées alliées d'extrême-gauche, sur la Ire armée allemande, en profitant de sa situation aventurée.

La retraite s'arrêtait. L'offensive recommençait. Elle allait s'étendre sur toute l'immense ligne.

Le général Gallieni, après entente avec le commandant en chef, donnait l'ordre au général Maunoury, commandant la 6e armée, à laquelle étaient jointes les troupes algériennes et marocaines, de s'orienter vers l'Est, face à l'Ourcq, dans la direction générale de Château-Thierry, entre Meaux et Nanteuil-le-Haudoin.

Le IVe corps de réserve de l'armée de von Kluck, placé en flanc-garde, s'était établi à l'ouest de Meaux. De forts détachements occupaient les hauteurs de Penchard et de Monthyon.

1. « On a dit que ce fut la faute commise par le général von Kluck de se détourner de Paris et de marcher contre notre gauche qui fut la cause initiale de la défaite allemande. En bonne logique militaire, il ne pouvait agir autrement. Mais, abusé par les succès précédents, il crut qu'il remporterait une nouvelle et facile victoire, et qu'il aurait toujours le temps de revenir vers Paris. L'événement trompa ses calculs, mais le tort en revient surtout à l'état-major général allemand qui ne comprit, ni le danger auquel il exposait les armées allemandes en les faisant converger sur des espaces trop étroits, entre deux forteresses, ni la force offensive et la capacité manœuvrière que recelait l'armée française. » (Général Malleterre, *la Guerre et les armées.*)

La ligne *Montgé-Cuisy-Monthyon-Penchard*, c'est
l'évocation de la première phase de la bataille de l'Ourcq.

C'est de ces hauteurs que fut tiré le premier coup de
canon.

Le 5 septembre, un peu après midi[1], les Allemands,

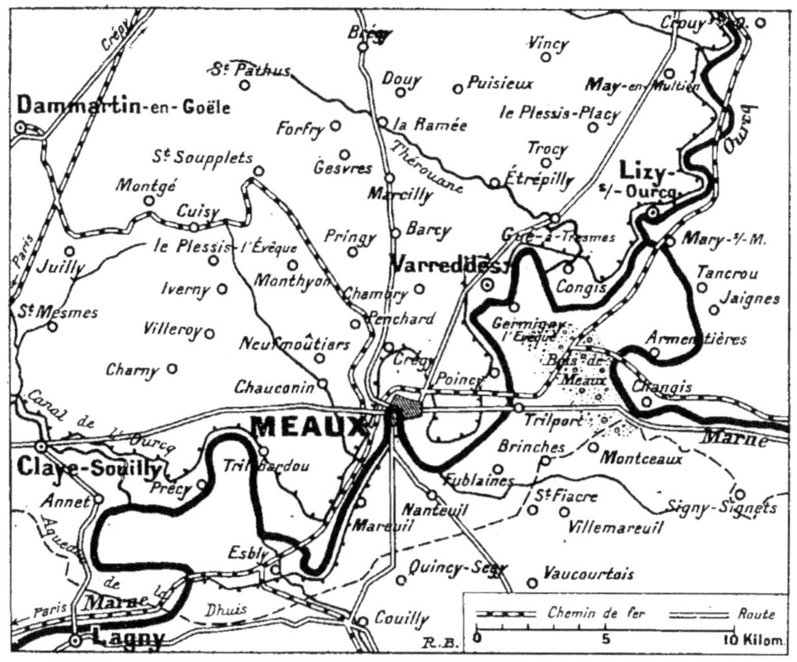

BATAILLE DE L'OURCQ.

apercevant une batterie française en marche entre

1. D'après les indications très précises de M. Gervais-Courtelle-
mont *(la Bataille de l'Ourcq)*, il était exactement midi et demie. Le
capitaine de cette batterie allait prendre ses cantonnements à Plessis-
l'Evêque, sans se douter que l'artillerie allemande était en position
sur les hauteurs de Monthyon-Penchard. L'obus l'atteignit en plein
corps. Ce fut la première victime de la longue bataille.

Iverny et Plessis-l'Evêque, engageaient le feu contre elle. La présence de l'ennemi avait été révélée par l'obus qui tua le capitaine de cette batterie. Le lieutenant se replia derrière Iverny, à la Baste, et, de là, répondit vigoureusement.

Presque en même temps, des dragons français se heurtaient, près de Plessis-l'Evêque, à des uhlans. L'infanterie entrait bientôt en action. La lutte se généralisait. Ainsi les circonstances hâtaient-elles l'offensive prévue. Nos soldats, secouant les tristesses de la retraite, retrouvaient un magnifique élan. Ceux qui voyaient le feu pour la première fois se lançaient à l'attaque avec un magnifique entrain. Vers le soir, les troupes du général Lamaze avaient enlevé le village de *Neufmontiers*, enfoncé ou ébranlé la ligne de défense allemande. Le lendemain, au petit jour, Monthyon était pris, puis *Saint-Soupplets*. Mais von Kluck envoyait des renforts, en hâte, réexpédiait des forces qui atteignaient la Marne, et la situation de la 6ᵉ armée devenait difficile devant les furieux assauts qui lui étaient livrés, près de Betz et d'Etavigny. On sait que, de son côté, le général Gallieni avait fait transporter à Nanteuil-le-Haudoin, en taxi-autos, vingt mille hommes du 4ᵉ corps pour parer au mouvement débordant de l'ennemi. De tous les côtés, nos soldats lui opposaient une résistance acharnée. Ils inscrivaient dans nos annales cette suite de pages qui allaient former la plus merveilleuse épopée.

En venant de Paris par la route et en obliquant vers Penchard, ce sont d'abord, après la traversée d'un bouquet de bois, les villages de *Chauconin* et de Neufmontiers qui apparaissent, villages dont la petite histoire locale est faite d'anciennes contestations de droits ecclésiastiques. Ils furent successivement pris et repris, et, autour d'eux, sous l'avalanche de troupes opposées à la

6e armée, quand von Kluck envoya au secours du IVe corps
de réserve deux autres corps d'armée, les nôtres connurent, après quatre jours d'une lutte surhumaine, des
instants critiques, que surmonta leur sublime énergie.
Chauconin et Neufmontiers furent enfin, de nouveau,
enlevés définitivement par les 28e et 30e bataillons de
chasseurs à pied, à la tête desquels tomba, tué par un
éclat d'obus, le général Bataille. Mais ce sont moins,
aujourd'hui, les traces de la lutte qui sont restées visibles que celles des incendies systématiques : les pierres
noircies, indiquant la place des maisons anéanties,
disent l'abominable méthode de l'ennemi. C'est là la
première rencontre avec la destruction allemande. C'est
là aussi la première rencontre avec les tombes, qui
s'étendent, dans un paysage qui n'est pas sans grâce,
traversé par un ruisseau, le Rutel, parmi les champs.
Des stèles, portant un croissant, consacrées à nos soldats
musulmans, alternent avec les croix.

Ces soldats indigènes, Paris les avait vus passer,
quelques jours auparavant, de la porte d'Orléans au
boulevard de Strasbourg, en un pittoresque défilé, plein
de couleur, qui s'était accompli au milieu des ovations.
Une vision d'Afrique, spectacle émouvant par l'ardeur
exubérante et l'attitude résolue de ces Algériens et de
Marocains, venant prendre part à la défense de la
Grande Patrie, qui devra, par des actes, leur attester sa
reconnaissance. Jetés tout de suite dans la bataille, ils
devaient y attester leurs vertus guerrières et leur attachement au drapeau. Obscurs combattants, leur gloire
sera anonyme, mais la France les mêlera, dans son
affection, à tous ceux qui remplirent héroïquement le
grand devoir. Cette fidélité des musulmans à la France
fut une des grandes déceptions de l'empereur allemand,
dans son rêve, qui se traduisit par d'étranges manifestations, d'être le protecteur de l'Islam. Ses agents avaient

activement travaillé, par quelles insidieuses intrigues, par quelles illusoires promesses ! notre Afrique du nord. De la Tunisie au Maroc, elle prouva combien ces manœuvres avaient été vaines, en nous donnant d'admirables combattants, conscients des raisons de cette large dépense d'eux-mêmes.

Un officier indigène des tirailleurs marocains, le lieutenant M.-ben-M., nous racontait que, en août 1914, l'ordre de départ pour la France arriva au commandant de son bataillon au cours des étapes pour un changement de garnison. Comment les hommes allaient-ils accueillir cette nouvelle ? Elle avait percé, malgré les précautions prises, et on sentait un instant de flottement. Les officiers réunirent les gradés et leur expliquèrent l'agression dont la France était l'objet. — « Est-ce juste ? » leur demandèrent-ils. C'est toujours le sentiment de la justice qu'il faut invoquer avec les indigènes. Les gradés convinrent de la déloyauté de l'attaque allemande. Ils se répandirent dans les compagnies, entretinrent les soldats, et ceux-ci partagèrent leur opinion. Ainsi, ce ne fut pas un troupeau qui fut embarqué. Ce contingent savait ce qu'on attendait de lui, consentait d'avance à tous les sacrifices. Grande force française que celle qui est basée sur l'assentiment réfléchi de ceux qui servent notre pays ! Les Marocains, devaient prouver, en effet, qu'ils étaient prêts à tous les dévouements.

Ce furent les Marocains qui occupèrent les premiers Penchard, à la fin de la dure journée du 6 septembre. C'est un gros village, qui a des apparences de petite ville, mais sans caractère. Des tombes — hélas ! cela va être l'incessante vision — se rencontrent jusque sur le long de la voie du chemin de fer sur route de Meaux à Dammartin. Quelques maisons furent brûlées par les soldats incendiaires allemands, comme ceux que vit

Mme Marius René, portant une torche engagée dans leur ceinturon et faisant partie de leur fourniment[1].

Monthyon, par contre, sur sa hauteur boisée, se présente, de la route, sous un aspect pittoresque. Au milieu de ces souvenirs de guerre, voici que s'évoque un nom bien pacifique, celui d'un bienfaiteur illustre, Auget de Montyon, qui, on ne sait pourquoi, supprima l'*h* de son nom.

Le proverbe est bien vrai qui dit que nul n'est prophète en son pays. A l'île Maurice, on ignore Paul et Virginie ; à Monthyon, le fondateur des prix de vertu est assez inconnu. Ce n'est pas là qu'il faut chercher de vieilles anecdotes sur son compte. En parlant de M. de Montyon, on risque fort de faire ouvrir de grands yeux aux habitants du village. Les traditions qui le concernaient sont perdues. C'est un lettré, M. Labour, qui les a, jadis, renouées en déchiffrant de vieux papiers, la correspondance du seigneur de Monthyon, Chambry et Marchemoret avec son intendant, Fiacre Parain. Le dépouillement de cette correspondance explique un peu pourquoi l'image d'un homme que loue, chaque année, traditionnellement l'Académie, s'est vite effacée dans ce qui fut son domaine patrimonial. Le philanthrope qui eut tant d'inspirations généreuses, fut, en fait, à Monthyon, un maître dur, prompt aux poursuites, sans indulgence pour d'humbles débiteurs. « Pas un homme complet », dit le poète. Et le contraste est curieux de ses largesses dans ses fondations et de sa sévérité à l'égard de ses paysans. Dans ses lettres à Parain, il n'est question que de reproches et d'économies à réaliser. Il entre, un jour, dans une colère violente parce que des enfants ont cueilli des cerises, qui auraient dû être

---

1. Rapport de la commission d'enquête sur les atrocités allemandes. Témoignage de Mme Marius René.

vendues. Il est impitoyable pour de pauvres diables, leur refuse des délais, fait valoir tous ses droits. Au demeurant, à sa mort, il ne laissa qu'une modique somme de trois cents francs à la commune. Il lui faisait expier son dépit du nouvel état de choses, car il était de ceux qui eussent voulu abolir toutes les traces de la Révolution. En réalité, Monthyon ne doit pas beaucoup de reconnaissance au plus glorifié des philanthropes.

Monthyon, le 5 septembre, n'était plus qu'un point stratégique utilisé par les Allemands, qu'enlevèrent les régiments de la 55ᵉ division de réserve, venus, à marches forcées, du Mesnil-Amelot et de Moussy-le-Neuf. Il avait là, avec la brigade marocaine, les 231ᵉ, 246ᵉ, 276ᵉ 282ᵉ, 289ᵉ régiments. La bataille dura jusqu'à la nuit. Les Allemands furent repoussés, et nos troupes bivouaquèrent sur le terrain conquis.

Au moment où s'engagea cette action générale, un bataillon du 276ᵉ régiment, faisant partie de la 55ᵉ division arrivait, après une halte à Nantouillet, à proximité du village de *Villeroy*, où il devait cantonner. Il fut surpris par une canonnade violente, qui jeta, un moment, le désarroi dans ses rangs. Fatigué par une longue marche, accomplie sous une écrasante chaleur, il s'attendait au repos, et il se trouvait jeté en pleine lutte. Dès les premiers instants, il perdit beaucoup de monde en prenant sa formation de combat. Mal abrité derrière un repli de terrain, il dut attendre l'effet du feu de notre artillerie avant de tenter l'attaque des retranchements allemands. Cette attaque, les Marocains l'avaient entreprise trop tôt et avaient été décimés. La grande fosse, où reposent tant des nôtres, à Villeroy, dit combien de braves gens tombèrent là.

Parmi ces morts de la première journée de bataille, se trouvait Charles Péguy. En la contemplant, cette grande fosse, nous pensions à ce passage d'un de ses livres :

« Il ne faut qu'un briquet pour brûler une ferme : il a fallu des années pour la bâtir. Il faut des mois et des mois, il a fallu du travail et du travail pour faire pousser une moisson, et il ne faut qu'un briquet pour faire flamber une moisson. Il faut des années et des années pour faire pousser un homme ; il a fallu du pain et du pain pour le nourrir, et du travail et du travail. Et il suffit d'un coup pour tuer un homme ! [1] »

Cette glorieuse fin de Charles Péguy a été contée par un de ses soldats, et rien n'est plus émouvant que ce sobre récit. Avec sa barbe broussailleuse et ses yeux pétillants sous le lorgnon, le lieutenant Péguy était très aimé des hommes de sa compagnie, la 19e. Ils l'avaient vu impassible sous la mitraille, semblant insensible à la fatigue, toujours prêt à les soutenir, à les aider, à les encourager, les relevant, à l'occasion, d'un mot ironique ou gouailleur, faisant passer en eux, même aux heures dures de la retraite, la conviction de la victoire finale :

Nous attendions, sous les obus mal repérés de l'ennemi, le moment de partir à l'assaut de ses retranchements. L'ordre vint enfin, et, joyeux, nous partîmes en avant, déployés en tirailleurs. Il était 5 heures, l'artillerie allemande, foudroyée, s'était tue ; mais, en arrivant sur la crête, une terrible grêle de balles nous accueille ; nous bondissons dans les avoines emmêlées, où beaucoup tombent ; la course est pénible. Un bond encore, et nous voilà abrités derrière le talus d'une route, haletants et soufflants. Les balles sifflent à ras de nos têtes ; nous tirons à 500 mètres sur les Allemands bien retranchés et presque invisibles dans leurs uniformes couleur terre. La voix jeune et claironnante du lieutenant Péguy commande le feu ; il est derrière nous, brave, courageux sous l'averse de mitraille qui siffle, cadencée par le tap-tap infernal des mitrailleuses prussiennes.

1. *Le Mystère de la charité de Jeanne d'Arc.*

Cette terrible course dans les avoines nous a mis à bout de souffle, la sueur nous inonde et notre brave lieutenant est logé à notre enseigne. Un court instant de répit, puis sa voix nous claironne : « En avant ! »

Ah ! cette fois, c'est fini de rire. Escaladant le talus et rasant le sol, courbés en deux, pour offrir moins de prise aux balles, nous courons à l'assaut. La terrible moisson continue, effrayante ; la chanson de mort bourdonne autour de nous, 200 mètres sont ainsi faits ; mais aller plus loin pour l'instant, c'est une folie, un massacre général, nous n'arriverons pas dix ! Le capitaine Guérin et l'autre lieutenant, M. de Cornillière, sont tués raides. « Couchez-vous, hurle Péguy, et feu à volonté ! » mais lui-même reste debout, la lorgnette à la main, dirigeant notre tir, héroïque dans l'enfer.

Nous tirons comme des enragés, noirs de poudre, le fusil nous brûlant les doigts. A chaque instant, ce sont des cris, des plaintes, des râles significatifs ; des amis chers sont tués à mes côtés. Combien sont morts ? On ne compte plus.

Péguy est toujours debout, malgré nos cris de : « Couchez-vous ! » glorieux fou dans sa bravoure. La plupart d'entre nous n'ont plus de sac, perdu lors de la retraite, et le sac, à ce moment, est un précieux abri. Et la voix du lieutenant crie toujours : « Tirez ! Tirez ! Nom de Dieu ! » D'aucuns se plaignent : « Nous n'avons pas de sac, mon lieutenant ; nous allons tous y passer ! » — « Ça ne fait rien ! crie Péguy dans la tempête qui siffle. Moi non plus, je n'en ai pas, voyez, tirez toujours ! » Et il se dresse comme un défi à la mitraille. Au même instant, une balle meurtrière fracasse la tête de ce héros, brise ce front généreux et noble. Il est tombé sans un cri, ayant eu, dans le recul des barbares, l'ultime vision de la victoire proche ; et quand 100 mètres plus loin, je jette derrière moi un rapide coup d'œil alarmé, bondissant comme un forcené, j'aperçois là-bas comme une tache noire au milieu de tant d'autres, étendu sans vie, sur la terre chaude et poussiéreuse, le corps de ce brave, de notre cher lieutenant.

En des vers devenus célèbres, tant ils ont été souvent cités, Péguy semblait avoir rêvé cette mort, cet holocauste pour sauver cette terre de France, qu'il aimait

passionnément. La balle qui l'atteignait tuait un écrivain
profondément original[1], d'une tournure d'esprit singulièrement personnelle, en effet, dont l'influence ne devait
pas laisser que de se faire sentir dans le mouvement
intellectuel de ces dernières années. Polémiste, pam-
phlétaire, poète, penseur, il y avait en lui un ardent foyer
de vie, qu'attestent ses évolutions mêmes, dans leur
propension à l'outrance. Batailleur, il avait d'abord
volontiers démoli pour tenter, dans un nouvel ordre
social, de construire la « cité harmonieuse » qu'il rêvait.
Toujours sincère avec lui-même, apologiste de l'énergie,
ne détestant « que la tiédeur, la fadeur, la quiétude, la
moiteur des complaisances moisies », il bataillait, depuis
quelque dix ans, en indépendant, pour un retour à la
foi, aux traditions, à un patriotisme militant. Un christianisme remontant à ses sources, et, par là, ce vigoureux champion heurtait-il ceux dont il semblait être
devenu l'allié, et auxquels, d'ailleurs, il ne se gênait
point pour dire leur fait. Après sa mort, on a voulu, lui

1. Charles Péguy était né à Orléans le 7 janvier 1873. Il était de
souche paysanne, et c'est à cette origine que le lettré qu'il était se
plaisait à attribuer certains retours d'idées. Il n'était destiné qu'à
recevoir une éducation primaire. Un de ses maîtres, frappé de son
intelligence, fit les démarches nécessaires pour qu'il entrât au lycée.
Il passa ensuite à l'École Normale et prépara au doctorat en philosophie, mais la thèse qu'il se proposait de soutenir, il la publia en
une suite d'essais marqués au coin de son libre tempérament. Son
activité s'était déjà exercée largement quand il fonda, presque témé-
rairement, en 1900, les *Cahiers de la Quinzaine*, qu'il ouvrit aux
esprits des tendances les plus opposées, pourvu qu'ils fussent libres
et sincères. Les débuts de cette publication, entreprise « sans un
sou de capital initial », avaient été difficiles. On sait quelle importance elle avait prise, et quelle bibliothèque vraiment significative
forme sa collection. C'est dans les *Cahiers*, dont il était l'âme, que
Péguy, qui y traita sous une forme véhémente tant de questions
dont l'actualité l'incitait au développement d'idées générales, donna
les *Mystères de Jeanne-d'Arc*, *Ève*, la *Tapisserie de Sainte-Geneviève*, la *Tapisserie de Notre-Dame*, etc.

dont l'enthousiasme et les spontanéités défiaient toute
classification, le ranger dans un camp où on avait peut-
être quelque intérêt à s'enorgueillir de la beauté de sa
fin. Sa personnalité, cependant, ne s'accommodait pas
d'un enrôlement dans un parti. « Eau bénite et pétrole »
a dit un jour de Péguy, en une formule spirituelle en
elle-même, M. Lavisse. Mais jamais catholicisme ne
sentit moins l'eau bénite que celui du poète qui, dans
ses Mystères, revenait, jusqu'à la familiarité avec Dieu,
au ton des naïfs croyants d'autrefois. C'était l'esprit le
plus ouvert, le plus tolérant, le plus libre. Son mysticisme fut surtout un mysticisme de patriotisme.

Le cadre de ce livre ne nous permet que de saluer,
devant la grande tombe de Villeroy, la mémoire de
Charles Péguy, physionomie curieuse et pleine de
relief.

Heureux ceux qui sont morts le soir d'une bataille !

avait-il dit. Mais si rapidement que nous soyons obligés
de parler de lui — tant d'autres morts glorieux reposent
dans cette fosse, qui auraient droit, eux aussi, à notre
hommage ! — nous voudrions citer une de ses pages,
comme une oraison funèbre des combattants qui dorment là, si émouvante parce qu'elle est d'un de leurs
camarades d'héroïsme et de sacrifice :

Nos Français sont avancés entre tous.
Ce sont eux qui marchent le plus tout seuls.
Ils n'ont pas besoin qu'on leur répète la même chose.
Avant qu'on ait fini de parler, ils sont partis.
...Peuple soldat, dit Dieu, rien ne vaut le Français dans la
bataille.
Ils ne demandent pas toujours des ordres et ils ne deman-
dent pas toujours des explications sur ce qu'il faut faire et sur
ce qui va se passer.
Ils trouvent tout d'eux-mêmes; ils inventent tout d'eux-
mêmes, à mesure qu'il faut.

Ils savent tout tout seuls. Ils comprennent tout seuls. En pleine bataille, ils suivent l'événement.

Ils se modifient suivant l'événement, ils se plient à l'événement, ils se moulent sur l'événement.

Ils se retournent, ils savent toujours ce qu'il faut faire, sans déranger le général.

... Peuple, les peuples de la terre te disent léger,

Parce que tu es un peuple prompt.

Les peuples pharisiens te disent léger,

Parce que tu es un peuple vite.

Mais moi, je t'ai pesé, dit Dieu, et je ne t'ai point trouvé léger.

O peuple inventeur de la cathédrale, je ne t'ai point trouvé léger en foi.

O peuple inventeur de la croisade, je ne t'ai point trouvé léger en charité.

Quant à l'espérance, il vaut mieux ne pas en parler : il n'y en a que pour eux [1].

C'est dans ces proses que se trouve ce mot qui fait penser à la bonhomie religieuse des fidèles de jadis :

— C'est embêtant, dit Dieu, quand il n'y aura plus de ces Français,

Il y a des choses que je fais : il n'y aura plus personne pour les comprendre.

L'énergie qu'il avait exaltée, Péguy la trouva en lui, simplement, naturellement, quand éclata le coup de tonnerre de la mobilisation.

« La veille de son départ, nous dit un de ses meilleurs amis, M. Maxime Vuillaume, j'allai lui serrer la main, l'embrasser. Il était en tenue de lieutenant. — « Ah! mon vieux, me dit-il, en me quittant, ce que « nous allons *leur* en mettre! » Il eût pu rester, se tapir dans un dépôt. « En mettre aux Prussiens! » Son rêve était réalisé. Il aimait tout dans la France, jusqu'à sa terre. Pourquoi, après les tristesses de la retraite, n'a-t-il pas vu la victoire? »

1. *Le Mystère des saints Innocents.*

CHAPITRE III

Dans cette bataille de l'Ourcq, se livrant sur une vaste
étendue de pays, toutes les actions se lient. Les Allemands se retirent au delà de la route de Saint-Soupplets
à Meaux et prennent position sur une nouvelle ligne, la
ligne Marcilly-Barcy-Chambry.

La route de Monthyon à Saint-Soupplets longe la
plaine. Cependant, le paysage prend soudain une figure
inattendue. C'est un îlot de rochers, une toute petite
Bretagne parmi la Brie. Vision rapide, car la plaine
reprend vite sa monotonie.

Saint-Soupplets — le saint sous l'invocation duquel
est placé ce village n'est autre, par une série d'altéra-
tions, que saint Sulpice — se compose d'une assez
longue rue et de petites rues transversales.

Le 2 septembre, des détachements anglais avaient
passé à Saint-Soupplets ; ils avaient échangé quelques
coups de feu avec des éclaireurs allemands. Puis les
Anglais s'étaient retirés ; il ne resta qu'un peloton du
10ᵉ chasseurs à cheval français, qui reçut aussi bientôt
l'ordre d'évacuer ce bourg, déjà abandonné par une

partie de ses habitants. Le 3, on vit passer des uhlans ; le 4, les forces allemandes affluèrent.

Des soldats qui, réunis au « Point du Jour », à l'entrée du pays, ont obéi aux instructions de leurs chefs, coupent les fils télégraphiques, improvisent dans la Grande-Rue des barricades, puis ils éventrent toutes les boutiques, font main basse sur tout ce qu'ils y trouvent, se livrent au pillage de l'Hôtel du *Cheval Rouge*. Des officiers s'installent à l'Hôtel de la *Belle Idée*.

Mais, le 5, la bataille s'est engagée. A travers ses péripéties, elle se développe en notre faveur. Le 361e d'infanterie et le 65e bataillon de chasseurs à pied luttent sur le territoire de Saint-Soupplets ; ils ont la mission de garder les bois, qui inquiètent d'ailleurs l'ennemi, les croyant occupés par des troupes beaucoup plus nombreuses que celles qui les défendent.

Le 6, des Allemands, cependant, sont encore restés à l'Hôtel de la *Belle Idée*. Leur inquiétude se change peu à peu en fureur, en apprenant le fléchissement de leur armée. Ils menacent, ils bousculent le propriétaire de l'hôtel, M. Debierne, qui se réfugie dans son grenier. A tout événement, par une précaution qui est dans leurs habitudes, ils forcent le tiroir qui sert de caisse. Mais M. Debierne n'a pas perdu son sang-froid. De cet observatoire qu'est le grenier, il aperçoit les troupes françaises. Il descend, en hâte, et, courageusement, va ouvrir la grande porte de la maison. Un officier prussien s'aperçoit de sa manœuvre. « Traître ! », lui dit-il, et il décharge sur lui son revolver. M. Debierne, par miracle, n'est pas atteint. Ce « traître », puisque c'est ainsi que le désigne l'inconscience allemande, continue à faire son devoir de bon Français : il appelle nos soldats, qui se précipitent dans l'hôtel, tuent cinq Prussiens et font prisonniers une quinzaine d'autres dont l'officier [1].

1. Communication de M. l'abbé Rafanel, curé de Saint-Soupplets.

Photo H. Manuel.

CLOCHE DE L'ÉGLISE DE BARCY.

GÉNÉRAL MAUNOURY.

Les Français achèvent le nettoyage de Saint-Soupplets qui, pendant la bataille, a eu une douzaine de
maisons atteintes par les obus. Ils établissent des
ambulances à la mairie et dans les écoles, et on apporte
sans cesse des blessés, en effet. Soixante-dix-huit
d'entre eux, qui succombèrent, sont enterrés à Saint-
Soupplets.

Le 6 septembre, nos troupes, malgré des fatigues sur-
humaines, poursuivent leur mouvement offensif. La
bataille reprend, avec une terrible intensité, et elle
durera jusqu'au 10 septembre. Les Allemands se sont
repliés sur Barcy, et ils se sont retranchés sur la route
de Marcilly[1] à Barcy. Il faut les déloger du village par
une attaque furieuse, qui devient une lutte corps à corps
effroyablement meurtrière. Mais l'ennemi a établi ses
grosses pièces sur les hauteurs de Varreddes et dirige un
bombardement violent sur Barcy. L'artillerie française,
qui a pris position à Douy-la-Ramée, lui répond. Toute
la matinée du 7, les obus pleuvent sur Barcy. Vers une
heure de l'après-midi, nos troupes s'élancent impétueu-
sement sous le feu, gagnent du terrain, en reperdent, se
replient sur Barcy, que reprennent les Allemands, mais
qui leur est repris. Le 8, les Français, qui n'ont pas cessé
de se battre, élargissent leur action, se portent en avant
dans un magnifique élan, tiennent héroïquement dans
le cimetière de Chambry, progressent. Le 9, l'ennemi est

---

1. A Marcilly on conserve, à l'école — qui reçut quelques projectiles — un souvenir émouvant. C'est une inscription sur le
tableau noir. Elle fut tracée, à la craie, par un soldat blessé, déposé
dans la salle où se faisait ordinairement la classe. Quel que fut son
épuisement, il se traîna vers le tableau et il voulut attester l'héroïsme des troupes avec lesquelles il s'était battu : le 29e chasseurs
à pied, le 354e et le 361e d'infanterie.

définitivement repoussé vers Etrépilly et vers Varreddes [1].

Le malheureux village de *Barcy* devait garder longtemps les traces de cette lutte acharnée au milieu de
laquelle il se trouvait [2]. Le clocher de l'église fut déchi-
queté, le toit s'effondra, le bras du transept nord fut
entièrement démoli. Partout des ruines, un enchevêtrement de poutres noircies et de pierres écroulées. Il
n'était pas jusqu'au poteau indicateur sur la route qui
n'eut été criblé d'éclats d'obus. Autour de Meaux, ce fut
Barcy qui souffrit le plus, donnant l'impression la plus
tragique. Toutes les maisons n'avaient pas été détruites
par les projectiles : pendant leur passage, les Allemands
en avaient incendié quelques-unes.

Dix mois après la bataille, par une radieuse journée
d'été, nous nous retrouvions une fois de plus à Barcy,
que nous avions vu au lendemain de sa dévastation.
A l'exception du déblaiement de la place et de la route,
rien n'avait changé : Barcy restait frappé à mort ; la
catastrophe avait été telle, pour cette petite commune,
qu'on n'avait pu, comme ailleurs, procéder à des répara-
tions de fortune. Dans l'église, avec des planches, on
avait seulement ménagé, dans la seule partie où la voûte
tenait encore, une très étroite chapelle, singulièrement
fragile.

Sous l'ouragan de fer et de feu, dix-huit personnes
étaient restées à Barcy : elles n'avaient pu se décider à

1. Nous ne parlons que d'un point de la bataille, selon nos
étapes. Il est superflu de dire qu'elle se poursuivait partout en
même temps. Les Allemands, devant le danger d'un enveloppement, avaient brusquement changé de front et faisaient face à notre
attaque.

2. C'est à Barcy que tombait, parmi tant d'autres, le jeune
comédien Reynal. A l'anniversaire de sa mort, son buste a été inau-
guré à la Comédie Française.

se rendre aux pressants conseils d'une évacuation totale
du village. Dans leur attachement obstiné au coin natal,
ces dix-huit personnes avaient préféré tous les périls à
la fuite. On imagine ce que durent être leurs angoisses.
Elles s'étaient réfugiées dans la cave du maire, M. Bailly,
et, à la vérité, c'est la mort qu'elles y attendaient, tandis
que les maisons s'écroulaient autour d'elles, que les
projectiles crevaient l'église, que le village s'embrasait[1].

Quand Barcy fut aux Français, un officier, ému de la
présence de ces habitants, les fit partir de force, ne
voulant pas les laisser exposés à de nouveaux dangers.
Ils durent bien obéir, et ils se rendirent à la ferme de
Pringy, qui pouvait être pour eux un abri provisoire.
Mais le lendemain, si critique que fut encore la situation, *ils revenaient*. La canonnade faisait rage, les incendies s'allumaient partout; les murs, épargnés la veille
par hasard, s'effondraient. Groupés dans une autre cave
qui leur semblait plus solide, mais non affranchis du
risque d'être enterrés sous des décombres, c'était *chez eux*,
du moins, qu'ils supportaient les pires épreuves.

Il y a plus d'un exemple de ce refus des chances de
salut par l'abandon du foyer, même devenu intenable,
mais celui-ci est un des plus caractéristiques.

Les chroniques du XVIᵉ siècle font mention de ren-
contres violentes dans le pays meldois pendant les
guerres de religion. Barcy, Marcilly, Chambry, Etrépilly
furent le théâtre de batailles acharnées entre les deux
partis, et La Faïole, lieutenant du gouverneur de Meaux,
ou de Vitry, passe pour avoir été un terrible homme.
Mais quels jeux d'enfants paraissent ces combats à côté
de l'horreur de la guerre du XXᵉ siècle !

Le village de *Chambry* a pansé ses plaies, a bouché
les larges trous faits dans ses maisons par les obus,

1. Souvenirs de M. l'abbé Foucault, curé de Marcilly.

a refait le toit de son église. Mais c'est au delà du village, sur le plateau qui le domine, qu'attend une forte émotion, dans le cimetière désormais fameux, où dorment tant de ceux qui en organisèrent la défense, le 8 septembre. Là, tout dit avec une poignante éloquence les péripéties de la lutte. On a la sensation même de l'action. Dans cet enclos, si calme, aujourd'hui, où la piété pour de glorieux morts s'atteste par les fleurs qui ornent leurs tombes, serrées les unes contre les autres, on a la vision de ces héros, dans leur sublime ténacité dans cette grande dépense qu'ils firent de toutes les vertus de leur race, mais c'est dans leur gloire qu'ils apparaissent.

En face du cimetière, la route est un moment encaissée. La plaine, au-dessus d'elle, s'étend à perte de vue, cette plaine qui devait être arrosée de tant de sang.

Les Allemands s'étaient retranchés dans le cimetière et l'avaient fortement organisé. Leurs mitrailleuses, bien abritées, dirigeaient un feu terrible sur nos troupes, n'ayant ni le temps, ni le goût de se couvrir comme le faisaient leurs adversaires. Cependant les zouaves se précipitaient à l'assaut de cette position avec une telle furie qu'ils l'enlevaient. Mais, bientôt, entourés par des forces supérieures, c'étaient eux qui étaient assiégés, décimés par le feu des batteries prussiennes de Varreddes et de Gué-à-Tresmes.

Un grand silence, un silence qui semble presque lourd, pèse sur la campagne, à présent, sur les allées du cimetière où s'alignent des tombes, où des croix de bois disent les noms des combattants qu'on put reconnaître. Mais on les voit, par la pensée, au milieu de la fusillade et de l'éclatement des obus, ces admirables défenseurs de Chambry, épuisés par trois jours de bataille, mais retrouvant des forces pour décider la forlune des armes qui, après la douloureuse retraite, semble enfin se retourner en notre faveur, à achever son œuvre ; aucun sacrifice ne leur coûte, dans cette aube de victoire. Quoi qu'ils soient là, eux, en enfants perdus, ils tiennent, se servant des meurtrières ouvertes par l'ennemi : ils tiendront aussi longtemps qu'ils seront encore quelques-uns à pouvoir garder un fusil dans les mains. Le champ de repos est bouleversé, les anciennes sépultures sont ravagées par un bombardement vraiment furieux ; les obus, creusant des trous profonds dans le sol, paraissent préparer la fosse de ces héros[1]. Il monte une âcre odeur de sang, mêlée aux relents des explosifs. Les zouaves luttent toujours. Puis, par des brèches faites dans les murs, ils s'élancent par bonds sur la route, opportunément secourus par notre artillerie, et ils gagnent du terrain.

Petit cimetière de Chambry, où une journée devait remplir tout l'espace laissé pour le sommeil de plusieurs générations ; petit cimetière aujourd'hui comblé, quel lieu sacré vous êtes désormais, et quelles leçons de magnifique dévouement ont été données dans votre enclos, qu'on pouvait croire seulement destiné à servir de suprême asile à des paysans fermant les yeux après s'être longtemps penchés sur la glèbe !

A gauche de la grille d'entrée se trouve une petite chapelle, qui fut vite remplie de blessés et de mourants. La partie inférieure de la porte est pleine : les plaques de fer ont été déchiquetées par les balles, perçant leur épaisseur. Qu'on ne touche jamais à cette porte, qui

1. Que de noms à relever, qui devraient être défendus contre l'oubli ! Lieutenant Rojot, du 204e ; lieutenant Bréganet, du 282e ; lieutenant Henri Nanta, du 1er zouaves ; lieutenant Benoit, du 8e tirailleurs ; lieutenant Hannion, du 280e ; capitaine Robert Maillet, du 2e zouaves ; capitaine Begoudot, du 1er zouaves ; lieutenant Quilichini, du 8e tirailleurs ; lieutenant Schmid, du 1er zouaves ; lieutenant Arrighi, du 3e zouaves ; lieutenant Denis, etc.

témoigne de l'intensité du feu ; qu'on ne touche pas non plus à ces murs, qui virent du sublime !

Après la bataille, on avait enterré aussi bien des morts aux alentours du cimetière. Le léger renflement de terre, qui marquait l'endroit où ils reposaient, s'était affaissé sous l'effet des pluies et des intempéries. On retrouva nombre de ces généreuses victimes jusque dans l'été de 1915.

Aux alentours de Chambry, se trouve « Automne », la maison de campagne de M. Charles Benoist. Les Allemands y avaient installé une ambulance, mais, sous le couvert de la Croix-Rouge (le drapeau avait été improvisé avec des tentures arrachées aux murs), ils avaient établi là un poste d'observation, la propriété du député de la Seine permettant l'inspection d'un vaste horizon ; procédé bien allemand, et constamment répété.

L'ambulance eut de nombreux morts. On retrouva, dans le jardin, quatre-vingt-deux tombes, dont celles de plusieurs officiers : le baron von Wangenheim, le capitaine Leinert. Ces tombes étaient rangées sur deux lignes.

Ce furent des chasseurs poméraniens qui occupèrent la maison et ses dépendances. Ils la dévalisèrent complètement, brisant et détruisant, selon leur habitude, ce qu'ils ne volaient pas. Dans une armoire, ils trouvèrent l'épée d'académicien de M. Charles Benoist, trophée qu'ils se disputèrent.

Ils demeurèrent là huit jours. Dans la nuit du 11 septembre, un détachement de Marocains se glissa silencieusement dans la maison et se précipita sur les envahisseurs, qui cherchèrent à s'enfuir, abandonnant leurs armes, leurs casques et leurs sacs. Les blessés furent recueillis dans les ambulances de Meaux.

Après la bataille de la Marne, il fallut qu'une équipe de territoriaux du génie vint désinfecter la maison, qui n'avait pas été que pillée, mais qui avait été laissée par les Allemands, signant ainsi leur présence, dans un état immonde.

De Chambry à Etrépilly, c'est une étape de la retraite des Allemands. Hélas ! des deux côtés de la route, combien de tombes françaises, entourées par les soins de

LE CIMETIÈRE DE CHAMBRY.

Cliché A. A.

l'autorité militaire, de piquets et de fils de fer. Il n'en est pas une, si écartée qu'elle fût du chemin, qui ne soit pieusement entretenue.

Etrépilly, qui fut jadis « une des quatre filles de l'Evêché » (ainsi désignait-on les paroisses dont l'évêque de Meaux était seigneur temporel), et dont le clocher fut construit par Jean de Baz, évêque de Meaux, est arrosé

par la petite rivière la Thérouaune, que, encore plus
facilement que la Voulzie d'Hégésippe Moreau, un géant
altéré boirait d'une haleine.

Le village, qui se trouva en pleine bataille, qui fut
repris dans une attaque de nuit où fut tué, en la condui-
sant, le colonel du 2ᵉ zouaves, ne présentait plus, dès l'été
de 1915, que peu de traces de la lutte. Les maisons qui
avaient le plus souffert avaient été réparées, fût-ce d'une
façon hâtive, parfois avec des toits de chaume. Sur les
façades de quelques logis, des taches blanches disaient
le replâtrage à l'endroit de la crevasse faite par un obus.
Cependant, la dernière fois que nous passâmes à Etrépilly, une des premières maisons avant la côte, d'abord en
pente douce, puis plus accentuée, de la route qui devient
la Grande-Rue, portait encore ses blessures de guerre.
Dévastée, criblée de projectiles, toutes les vitres brisées,
le jardin bouleversé, elle avait gardé, à la grille d'entrée,
un écriteau semblant assez ironique, annonçant qu'elle
était « à louer ».

Au sommet de la côte, après le cimetière où, si des
croix portent des noms, d'autres disent seulement de
l'héroïsme anonyme : « Cinquante et un zouaves...
Dix soldats de l'infanterie coloniale... », apparaît un
immense horizon de plaines. A un croisement de routes,
on aperçoit tout à coup un monument simple et imposant. Sur les marches d'un terre-plein s'élève une pyra-
mide de pierres cimentées, donnant, avec son couronnement quadrangulaire, une impression de force ramassée,
vraiment symbolique de la mémorable action militaire
qu'elle célèbre. Pas d'allégories, pas d'ornementations :
la robuste nudité de ce bloc, se détachant dans l'espace.

C'est un architecte devenu soldat, professeur à
l'Ecole Polytechnique, M. Umbdenstock, qui a fait le
plan de ce monument. L'effet de ce mausolée est grave :
on sent l'émotion de la pensée qui l'a édifié. Mais

quelle expression lui donnent les tombes éparses dans
la plaine qui l'entoure, ces tombes qu'on a devant soi, de
tous côtés. jusqu'où portent les yeux!

Sur une face, les vers d'Hugo, tant de fois répétés,
avec une foi ardente :

> Gloire à notre France éternelle.
> Gloire à ceux qui sont morts pour elle !

Sur une autre face, cette dédicace pieuse :

À LA MÉMOIRE

DES SOLDATS DE L'ARMÉE DE PARIS

MORTS SUR LES CHAMPS DE BATAILLE DE L'OURCQ

SEPTEMBRE 1914.

Pendant qu'ils s'y maintenaient encore, à Etrépilly,
les Allemands avaient brûlé un grand nombre de leurs
morts sur des bûchers où un lit de cadavres alternait
avec un lit de paille, arrosé de pétrole. Les quelques habitants du pays qui assistèrent à ce spectacle gardèrent
l'impression d'épouvante de ces corps qui semblaient
reprendre la vie pour se tordre dans les flammes.

Etrépilly, c'est là que l'ennemi avait dû se replier, en
même temps que sur Varreddes, le 8 et le 9 septembre ;
c'est là qu'il accentua son mouvement de recul, avant de
chercher à résister sur la ligne Acy-Vincy-Trocy. C'est
là que nos troupes, en terrain découvert, parcoururent,
sous le feu le plus violent, douze cents mètres, pour
aborder l'ennemi à la baïonnette, retrouvant, en dépit
d'une dépense incroyable d'elles-mêmes, un nouveau
souffle pour marcher à la victoire déjà promise.

Sur ce grand champ de bataille autour de Meaux, le
village de *Puisieux* est un de ceux qui se trouvèrent le
plus mêlé à la lutte. Les fermes éventrées par les obus
en témoignent. La situation de ce village, en légère
dépression au milieu de vastes plaines que borde la

ligne lointaine des bois, explique l'acharnement de la bataille. Le 9 septembre, nos troupes, après des efforts payés de lourds sacrifices, pouvaient marcher sur Trocy. La victoire se dessinait.

Un jour de l'été dernier, le maire de Puisieux, M. Garnier, qui dirige une grande exploitation agricole, évoquait devant nous ses souvenirs. Levant la main, il

LE MONUMENT D'ÉTRÉPILLY AVANT SON INAUGURATION.

nous désignait les points principaux de l'action; il nous montrait l'emplacement des batteries; il nous faisait comprendre la sublime témérité de nos soldats, qui s'avançaient sans pouvoir s'abriter.

L'ordre lui avait été transmis de faire évacuer le village, et cet ordre ne lui parvint que très peu de temps avant l'arrivée de l'ennemi. M. Garnier organisa militairement sa caravane, avec éclaireurs, flanqueurs, avant-garde, gros de la troupe, car la marche s'opérait à travers un pays menacé de toutes parts, et on était sans indications précises sur ce qui se passait.

Seule, une vieille femme avait voulu rester, et il avait été impossible de l'emmener. Conduite presque de force au milieu des émigrants, elle s'était échappée et s'était terrée dans sa maison. Ce fut une étrange apparition pour nos hommes, réoccupant Puisieux, qui avait été sous le feu le plus intense, quand elle sortit de sa cave et leur dit, sans le moindre signe d'émotion :

— Eh bien, cette fois, c'est-y pour de bon que vous revenez?

Le séjour des Allemands fut marqué à Puisieux, comme partout, par des pillages. Ils expièrent d'ailleurs leur folie de destruction par le manque total d'eau, les conduites ayant été coupées par eux ou par d'autres envahisseurs.

Quand les habitants regagnèrent leur commune, enfin délivrée, l'un d'eux trouva dans un coin de sa maison, très dégarnie, mais encore debout, des morceaux de papier qui semblaient avoir été hâtivement déchirés. Il les recueillit à tout hasard, en raison des caractères allemands qui apparaissaient, et les porta au maire. Celui-ci, déchiffrant quelques mots qui provoquaient sa curiosité, procéda à un travail de patience, difficile jeu de *puzzle*, et, en ajustant et en collant les morceaux, reconstitua la feuille.

M. Garnier nous avait conduits dans son cabinet, et il nous présentait ce papier, qu'il avait pris dans un tiroir de son bureau. C'est un document militaire, presque sans lacune, un ordre signé du général comte de Schwerin pour la manœuvre du IVe corps de réserve, lui assignant son rôle dans les opérations dont Paris était l'objet.

En voici la traduction :

1. h. 45 du matin.

I. Le IVe corps de réserve prendra ce matin la marche en avant vers la Marne, passera la Marne vers le Nord, couvrira la route vers Paris. Le *(un mot manquant)* arrivera par Coulommiers, le grand Morin, et couvrira le front ouest vers Paris.

II. La 21e division de réserve partira à 4 h. 30 par Villiers, Saint-Genest, Bouillancy, Puisieux. La 5e division de cavalerie quittera, à 5 h. 30, Droiselles par Silly-le-Long, et couvrira la marche de la 7e division de réserve, à droite, en arrière.

III. La 7e division de réserve, avec batteries du train, quittera, à 6 h. du matin, Sennevières et passera par Chèvreville, Brigy, La Ramée, Marcilly, Torcy.

Dislocation de l'avant-garde jusqu'à la Marne et Dammartin.

Les avant-gardes-postes mis vers Dammartin resteront provisoirement *(un mot manquant)*... par Silly, rejoindre la division.

Ces minutieuses dispositions emplissent une page, que nous considérions en songeant à ce que nous devions de gratitude et d'admiration à nos troupes. A l'heure où cette page fut écrite, les Allemands avaient tout prévu, sauf le rétablissement stratégique de l'armée française et l'élan qu'elle devait retrouver. Entre le temps où l'ordre fut dicté et celui où il devait être exécuté, quel renversement dans la situation ! C'est sans doute dans le dépit et dans la colère que cet ordre, n'ayant plus de raison d'être, fut déchiré par un des chefs chargés de la réalisation de ce mouvement, dans le moment qu'il ne s'agissait plus d'avancer, mais de battre en retraite.

Sur le territoire de Puisieux se trouve le château de Lamarre, habité par Mme Béguin, qui, malgré son grand âge, montra le plus charitable dévouement aux blessés. Chassée par l'ennemi, qui occupa deux jours le château, elle erra à l'aventure, rencontrant les uhlans qui venaient explorer la ferme de Champfleury, pour l'instal-

lation d'un état-major, allant de Varreddes à Fontaine-
les-Noues, se réfugiant parfois dans les bois. Elle put
suivre, d'un abri hasardeux, la lutte acharnée pour la
reprise de la ferme par les troupes françaises. Un avia-
teur avait signalé la présence des Allemands à Champfleury. Deux cents hommes furent envoyés pour reconnaître la position : sept seulement revinrent. Une autre
reconnaissance, forte de quatre cents hommes, partit :
elle fut massacrée, comme la première, et n'eut que dix-
sept survivants... La ferme semblait inexpugnable. Un
troisième assaut l'enleva enfin.

C'est constamment, autour de Meaux, qu'on rencontre
un de ces théâtres de combats violents, points stratégiques pendant quelques heures de la vaste bataille, qui
évoquent tant de sacrifices, tant de bon sang français
versé.

Avec la généreuse obstination d'installer une ambulance, Mme Béguin avait l'idée fixe de regagner le
château de Lamarre, d'où les Allemands avaient dû se
retirer, non sans s'y être livré à toutes les déprédations.
Elle ne put y rentrer qu'avec mille difficultés, parfois
protégée malgré elle par les officiers français, qui lui
interdisaient de poursuivre sa route au milieu de tant
de dangers. Elle s'employa activement à Fontaine-les-
Noues, secourant les blessés, adoucissant la fin des
mourants, trouvant des forces pour accomplir les
devoirs qu'elle s'était imposés. Puis, selon son désir, le
château fut tranformé en hôpital. Mme Béguin pensa alors
aux anxiétés de tant de familles : elle se donna la tâche,
qui demandait aussi quelque courage, de les instruire
sur le sort des soldats qui avaient succombé, et c'est à
elle que beaucoup de parents doivent de savoir où reposent les restes de ceux qui leur furent chers [1].

1. *Bulletin p^al de Saint-Soupplets.*

CHAPITRE IV

Nous avons suivi le mouvement de recul des Allemands, cherchant, après avoir été bousculés, à s'établir
sur la ligne Acy-Vincy-Trocy.

Trocy a gardé des restes de fortifications, une tour et
une porte qui ouvrait le chemin de Gué-à-Tresmes. Les
seigneurs de Trocy furent les ducs de Gesvres et de
Tresmes; les Abbesses de Jouarre avaient aussi des
droits sur le village.

De la grande route, l'aspect de Trocy est souriant.
Mais, récemment encore, ce tableau, aimable à distance,
se modifiait brusquement. Une grande ferme, qui avait
dû être une exploitation prospère, ne présentait plus que
des décombres noircis. La petite église, émouvante dans
sa simplicité, demeurait entièrement dépouillée de tout
ce qu'elle avait contenu et le tronc, à l'intérieur, auprès
de la porte, gardait les traces d'une honteuse effraction,
dénonçant le vol des soldats allemands.

Les batteries prussiennes installées autour de Trocy,

que ne purent, pendant quelque temps, atteindre nos canons, firent beaucoup souffrir nos troupes. L'ennemi avait reçu des renforts et tentait de déjouer notre manœuvre par une manœuvre enveloppante. Mais, dans la matinée du 9 septembre, ses défenses en avant de Trocy étaient enlevées, dans un suprême effort.

Le long d'un mur, sur la place même du village, des tombes de soldats allemands étaient encore restées, dans l'été de 1915, telles qu'on les avait creusées après l'action. On avait seulement placé au-dessus d'elles cette inscription : « Respectez les morts ». Des maisons montraient les déchirures de leurs toits brûlés, disaient combien ce pauvre petit pays avait cruellement souffert.

On gagne *Vincy-Manœuvre*, dont les seigneurs étaient jadis les d'Aguesseau, par une route qui traverse une vaste plaine. Le spectacle de ce village, l'un des plus éprouvés, resta longtemps tragique. On avait, après quelques mois, rebouché sommairement le trou fait par un obus dans la tour massive de l'église; une grande ferme, la ferme Boufflère, avait été partiellement reconstruite. Mais l' « Hôtel du Cheval Noir » n'était plus qu'un monceau de débris, au milieu desquels subsistait par hasard l'enseigne, et des maisons déchiquetées disaient toujours l'horreur de la bataille.

De loin, les carcasses tordues de grands hangars de fer donnaient une impression fantastique.

Les chroniques locales rapportent que, au siècle dernier, un certain Charles Boucher, journalier, fouillant près de Vincy pour tirer des grès, découvrit un tombeau, où dix-sept squelettes étaient alignés. Les érudits s'émurent et trouvèrent l'explication de l'énigme, explication que nous n'avons aucune raison pour contredire, mais présentée d'une façon peut-être assez singulière : ces *dix-sept* squelettes, assurait-on, étaient ceux de *dix-neuf* habitants de Meaux, tués le 15 avril 1521 dans un

Photo H. Manuel.

BATAILLE DE LA MARNE. — ACY-EN-MULTIEN. TOMBE DE TRENTE-SEPT SOLDATS FRANÇAIS.

combat contre un parti « de soldats et de vagabonds [1] ».

Mais pouvons-nous sourire? Pendant longtemps, en remuant la terre, des paysans retrouveront, dans cette région, des ossements, ayant échappé aux premières recherches, de combattants de ces journées héroïques.

Acy-en-Multien, où après avoir délogé une division de notre 7ᵉ corps, les Allemands avaient accumulé une quantité considérable de matériel, Acy-en-Multien évoque, pour sa reprise, l'impétueuse attaque des chasseurs escaladant les hauteurs, si rudes qu'elles fussent à gravir, nul obstacle n'arrêtant leur élan, jusqu'à la conquête de la position. Mais que de tombes jalonnent la route qu'ils ont suivie, les petits « vitriers », frères des « diables bleus! »

L'ennemi s'était conduit là avec sa sauvage brutalité coutumière. On conçoit de quelle haine il devait être poursuivi par les malheureux habitants qu'il avait martyrisés et comment, après sa retraite précipitée, ses victimes pouvaient demeurer inaccessibles à toute pitié. M. Fabreguettes a conté une histoire assez tragique. Un fermier des environs d'Acy avait vu sa maison mise au pillage, sa femme et sa fille avaient été violentées. Le plus féroce des agresseurs, un grand garçon très jeune, fut grièvement blessé pendant l'attaque de nos troupes. Il était tombé dans un ravin boisé, non loin de la ferme. Le fermier l'y découvrit par hasard. « Pendant quatre jours, matin et soir, sa vengeance consista à lui faire de longues visites silencieuses, durant lesquelles, immobile, il suivait les progrès de l'agonie de l'Allemand. Celui-ci, le soir du quatrième jour, était mort. »

C'est à quatre kilomètres d'Acy, aux alentours du village de Fosse-Martin, que fut pris le drapeau du

1. *Essai historique, statistique, chronologique sur le département de Seine-et-Marne.* Melun, 1834.

36ᵉ régiment poméranien, dans la nuit du 7 septembre. Les Allemands s'étaient retranchés dans la distillerie et embusqués derrière les murs, ils tenaient solidement. Nos soldats n'avançaient que lentement. L'ennemi commença cependant, le soir, à évacuer l'usine, une batterie de 75 étant venue appuyer efficacement l'effort des assaillants. Au moment où il l'abandonnait, il avait mis le feu à la distillerie, et ce fut à la lueur d'un incendie qui embrasait l'horizon que la bataille continua avec une extrême violence.

Les Allemands usèrent alors d'un de leurs stratagèmes coutumiers. Le brasier avait peu à peu diminué d'intensité. L'ombre s'étendait de nouveau sur une partie du terrain de la lutte. Soudain, les fusils et les mitrailleuses se turent et nos soldats virent s'avancer vers eux des groupes d'hommes. Ceux-ci criaient : « Ne tirez pas... Amis!... Anglais!... »

Les nôtres relevèrent leurs armes. En effet, il se pouvait que les Allemands eussent été surpris par un détachement de l'armée britannique. Mais un sous-officier défiant alla bravement à la rencontre de cette troupe et s'avisa du piège. La découverte de cette misérable ruse enflamma de colère nos fantassins qui, après un feu bien nourri, se lancèrent à la baïonnette, dans une charge furieuse.

C'est à ce moment que quelques hommes de la compagnie commandée par le capitaine Flamand aperçurent le drapeau poméranien. Ils se ruèrent sur le porte-étendard et sur sa garde. Le drapeau fut vigoureusement défendu par l'officier qui le portait, tué, enfin, d'une balle en plein cœur.

Alors, a dit un des combattants, nous sentant victorieux et en possession du précieux trophée, jaillit de toutes les poitrines un cri de triomphe formidable. Il était 10 heures du soir... Ce qu'il y a de plus fort, c'est que la curiosité des hommes l'emportait sur le danger que nous courions encore. Chacun voulait toucher le drapeau que nous venions d'enlever, et cela, sous une grêle de balles qui continuaient à pleuvoir de toutes parts. Malheureusement, notre joie devait être de courte durée. Presque aussitôt après notre capitaine tombait frappé d'une balle dans la poitrine...

Par un hasard heureux, c'est à peu de distance de Fosse-Martin, auprès de la grande ferme de *Nogeon*, qu'un autre drapeau, celui du 36e fusiliers bavarois — ce numéro 36 ne portait pas bonheur aux Allemands — fut enlevé à l'ennemi par le sergent-fourrier d'une compagnie du 4e génie. L'officier leva les mains, pour indiquer qu'il se rendait; mais, au moment où le sergent se baissait pour prendre le drapeau, le Bavarois lui tirait un coup de revolver, qui, par fortune, ne faisait que l'effleurer, déchirant le col de sa capote. La riposte fut un terrible coup de baïonnette, suivi de la conquête de l'étendard.

Cette ferme de Nogeon était une des plus riches de la région. Après les rudes journées de la bataille de l'Ourcq, il n'en restait plus que des ruines. Elle avait été prise et reprise plusieurs fois. Un détachement français y avait été anéanti. Incendiée par les obus des batteries installées sur les hauteurs de Trocy, les immenses tas de blé et de farine qui y étaient amoncelés achevèrent lentement de se consumer. Autour de Nogeon, les traces de la lutte, les corps gonflés par la chaleur de ce brasier, leurs attitudes sinistrement étranges, laissérent aux premiers témoins une impression atroce.

Varreddes! L'attaque furieuse de nos troupes et le calme héroïsme des pontonniers anglais forçaient, le 8 et le 9 septembre, les Allemands à battre en retraite. Le nom de ce village devait devenir tout à coup fameux. Combien de tombes, hélas! à ses alentours! Mais le

village lui-même ne gardait plus, dès le printemps de
1915, que peu de traces de la lutte. Plus rapidement
qu'ailleurs, on avait réparé les brèches faites aux maisons par les obus et rendu à la Grande-Rue une apparence
normale. Si on pénétrait dans les jardins, cependant,
on s'apercevait que beaucoup d'entre eux étaient transformés en cimetières. Nous avons vu, dans la cour de
l'école, le tumulus aride d'une grande tombe allemande,
en face de laquelle, soigneusement entretenues et fleuries, se trouvaient des tombes françaises.

Pendant l'occupation de Varreddes, il n'était resté
qu'une centaine d'habitants, qui avaient été soumis aux
pires traitements. Quand les Allemands durent, à la suite
des irrésistibles assauts de nos troupes, se replier, leur
exaspération se traduisit par une folie de représailles
contre des paysans inoffensifs. Dès le 7, ils avaient
arrêté le curé, un vieillard de soixante-quinze ans,
l'abbé Fossin, en l'accusant d'avoir fait des signaux, du
haut du clocher, à l'armée française. L'âge et les infir-
mités de ce malheureux prêtre, dont le sort est resté
inconnu, rendaient pourtant absurde cette imputation;
avec ses jambes, à demi paralysées, il lui eût été impossible de gravir l'échelle du clocher.

Le lendemain, ils avaient pris de nouveaux otages.
Le 9, ils emmenèrent, en s'en allant, ces pauvres gens,
presque tous âgés[1].

1. Voici leurs noms : MM. Millardet, ouvrier peintre, 79 ans;
Jourdaine, propriétaire, 73 ans; Vapaille, journalier, 64 ans;
Thierré, coiffeur, 60 ans, infirme; Croix, rentier, 60 ans; Eugène
Leriche, cultivateur, 74 ans; Louis Lacour, charretier, 69 ans;
Jules Denis, cultivateur, 65 ans; Barthélemy Denis, cultivateur,
68 ans; Liévin, ancien marchand de vins, 58 ans; Désiré Favre,
charcutier, 73 ans, et son petit-fils, René, 14 ans; Louis Roi, garçon
boulanger, 48 ans; Merillon, ancien gendarme, 68 ans; Eugène
Mesnil, cultivateur, 64 ans; Combes, conseiller municipal, 54 ans;
Denis Vincent, ouvrier agricole, Pierre Lebel, cultivateur.

Ce que fut leur supplice, c'est l'un d'eux, M. Paul Lebel, qui va le dire. Après cinq mois de captivité, il fut du petit nombre des rapatriés par la Suisse.

Écoutez, dans sa simplicité, ce poignant récit :

Je fus arrêté, en même temps que Vincent, un ouvrier agricole qui, pour tout tort, avait dit à un Allemand lui affirmant qu'il allait bientôt être à Paris : « Ben, mon colon, tu n'y es pas encore. »

Toute la nuit du mardi au mercredi, nous restâmes enfermés dans une maison du village, gardés par des sentinelles, baïonnette au canon, empêchant toute personne de communiquer avec nous, de nous approcher, et même de nous donner des vivres.

Nous étions là, tous, sans autres vêtements que ceux que nous avions sur le dos, sans argent, ayant été arrachés à notre foyer en quelques instants.

Le mercredi, on nous rassembla, puis on nous divisa en trois groupes et nous dûmes partir, escortés par des soldats en armes. Quelle tristesse, quand nous eûmes perdu de vue notre clocher, sans avoir pu même dire un mot d'adieu à nos familles !

Arrivés à Lizy, trois des nôtres manquaient. Ils avaient pu s'ensauver : c'étaient Merillon, Jules Denis et Barthélemy Denis.

...A partir de Lizy, notre calvaire commença. D'abord, les soldats qui nous escortaient se montraient grossiers envers nous : « Cochons, sauvages, bêtes féroces de Français » ; telles étaient les expressions que nous devinions dans leur langage.

On marchait sur les bas côtés des routes, afin de laisser le passage libre aux cavaliers et aux nombreux convois qui défilaient, battant en retraite. Le plus souvent aussi, on allait le long des routes, à travers champs. Que de fatigues et que de peines pour les vieillards que nous étions presque tous, d'autant qu'on ne nous donnait rien à manger ni à boire !

Au contraire, quand nous traversions des villages encore habités et que les gens nous tendaient des morceaux de pain ou une cruche d'eau, on les empêchait de nous approcher, et, si l'un de nous voulait sortir des rangs, il y était immédiatement ramené à coups de crosse de fusil.

Le soir de ce mercredi, notre premier jour de marche, nous couchâmes à Mézy-en-Vexois, distant d'une trentaine de kilomètres de Varreddes. Nous fûmes campés à terre, avec d'autres otages emmenés comme nous et aussi des prisonniers militaires français et anglais.

Mais, avant cette halte, il s'était produit un acte abominable. Le plus âgé des otages, M. Millardet, quelque temps avant qu'on arrivât à Chézy, à bout de forces, tomba sur la route. L'octogénaire fit de vains efforts pour se relever. — « Je ne peux plus aller plus loin », dit-il. Alors des soldats l'entourèrent et le fusillèrent à bout portant. Ce fut la même tragique aventure pour M. Vapaille, une demi-heure après.

Le lendemain jeudi, nous nous remîmes en route. Après quelques kilomètres, Thierré, qu'une infirmité faisait cruellement souffrir, tomba. Il fut tué à coups de revolver. Quelques mètres plus loin, c'était Croix qui, vaincu par la fatigue, subissait le même sort que Thierré.

Ce n'est pas tout, Monsieur, avant d'arriver à Chauny, le père Liévin, qui était atteint d'une maladie de cœur, tomba aussi à bout de souffle. Il était tout violet à force d'être rouge. Nos ennemis en rirent puis, sans autre raison, le fusillèrent à la place même où il était tombé !

Enfin, ivres de fureur ou, plutôt, avides de carnage, ils tuèrent aussi, parce qu'il ne pouvait plus avancer, ce pauvre Eugène Mesnil, qui avait soixante-quatre ans. Ce fut lui qui eut la mort la plus affreuse : il eut le crâne fracassé à coups de crosse de fusil, et sa cervelle jaillit sur l'herbe du fossé.

Ceux qui restaient et moi, nous marchâmes encore ainsi pendant quatre jours, jusqu'à ce qu'on ait atteint Chauny, en passant par Soissons. A part quelques petits morceaux de pain ramassés au hasard ou tendus par une main habile et discrète, nous ne mangeâmes que deux fois pendant ces quatre jours, à Soissons, par les soins de la Croix-Rouge, et à Chauny, au petit Séminaire, où on nous fit coucher.

De Chauny, on nous embarqua tous dans un train, une quarantaine par wagon, des wagons à bestiaux, et en route pour l'Allemagne [1] !

D'autres prisonniers civils avaient été joints à ce lamentable convoi, à qui on avait fait traverser le pont de Germigny [2] sous la fusillade. Il en était parmi eux qui n'avaient pu se nourrir que d'épluchures de pommes jetées par les soldats. Après un terrible voyage [3], les otages débarquaient à Erfurt, et, au milieu d'une foule brutale, qui les huait, ils furent conduits à la prison. En novembre, ils étaient transférés au camp de Langensalza, où ils connurent toutes les extrémités de la misère.

Nous avons eu sous les yeux une carte envoyée alors par M. Lebel à sa famille pendant ces jours d'épreuves. Elle atteste la forte trempe de nos paysans de France. L'exilé ne se lamentait pas : il pensait à la terre, aux travaux des champs, à sa ferme :

Écrivez-moi souvent. Que le commis prenne les chevaux à Narcisse. Demande à Claudin s'il peut labourer celle du bord de la Marne. Arrange tout pour le mieux. Fais comme si j'étais là.

L'assassinat de sept des otages de Varreddes restera un des crimes les plus abominables, parmi tant d'autres, des Allemands.

Varreddes est un très ancien village. Il reste des actes,

1. Récit de M. Lebel, de Varreddes. *Le Briard*, 27 février 1915.
2. Un autre habitant de Varreddes, M. Denet, arrêté à Saints, y fut fusillé.
3. Le convoi passa par Péronne, Valenciennes, Mons, Bruxelles. « Dans cette ville, pendant un arrêt, une brute de soldat allemand monta dans les wagons, et, sans prétexte, avec un couteau fermé, frappa au hasard nos malheureux compatriotes. L'un d'eux eut trois dents cassées. D'autres eurent de nombreuses ecchymoses. » (Témoignage d'un des prisonniers, M. Gustave Goulas, marchand de bicyclettes à Villiers-sur-Morin.)

USINE AGRICOLE DE NOGEON.

Photo H. Manuel.

datés de 1338, relatifs à l'hospice qui y avait été fondé
« pour le secours des pauvres ». Bossuet y établit des
sœurs de charité pour le soulagement des malades.

Dans l'église est enterré Nicolas des Yveteaux, cet
original personnage, poète et humaniste, qui fut, quelque
temps, le précepteur des enfants de Henri IV et de
Gabrielle d'Estrées, précepteur fort lettré, mais assez
extravagant, qui, dans sa maison du Faubourg-Saint-
Germain, s'étant épris de pastorale, s'habillait en galant
berger, une houlette à la main et exigeait de sa maîtresse,
et même du complaisant mari de celle-ci, le même
accoutrement bucolique. Par contre dans sa maison de
campagne, il redevenait citadin. Il s'était composé, pour
son tombeau, cette épitaphe, dont voici la traduction :

Passant, je n'ai jamais arrêté personne pendant ma vie : je
n'ai garde de le faire après ma mort. Mais si quelque occasion
t'amène ici, tu auras loisir de lire que Nicolas de Vauquelin,
seigneur des Yveteaux, y voulut être enterré, ayant choisi ce
lieu pour s'éloigner du bruit et éviter la multitude, comme je
le faisais toujours dans ce monde[1].

Qu'on est loin, avec le souvenir de cet épicurien, de
la tragédie de Varreddes !

Tout à côté de Varreddes, c'est *Germigny-l'Evêque*,
où une reconnaissance française, donnant l'alarme parmi
les troupes allemandes, leur fit abandonner précipitam-
ment le village. Elles se ralliaient à celles qui occu-

1. On sait le sonnet fameux de Nicolas des Yveteaux, qui finit
ainsi :

Des jardins, des tableaux, des musiques, des vers,
Une table fort libre et de peu de couverts,
Avoir bien plus d'amour pour soi que pour sa dame,

Être estimé du prince et le voir rarement.
Beaucoup d'honneurs sans peine et peu d'enfants sans femme
Font attendre, à Paris, la mort bien doucement.

paient encore Varreddes, après avoir fait sauter le pont.

Germigny-l'Evêque, c'est là que se peut évoquer, hors des pompes de la chaire, la figure de Bossuet. C'est là qu'il aimait à se retirer, en sa maison des champs, méditant ou songeant aux affaires de son diocèse, sans que la paix de la campagne atténuât sa combativité, car l'illustre orateur était un prélat jaloux de ses prérogatives, ombrageux et irascible.

En se promenant à petits pas sous ses ombrages, ce n'était pas toujours quelque ample et majestueuse période qu'il construisait. Il lui arrivait de songer aux moyens de faire rentrer dans l'ordre les chanoines de Dammartin, prétendant au maintien de leurs privilèges, en portant un costume qui n'était pas régulier, ou de contraindre à l'obéissance l'abbé de Rebais, ou l'abbesse de Faremoutiers, qui refusait de reconnaître le droit de visite ecclésiastique. Mais, surtout, il entendait avoir raison de la résistance de l'abbesse de Jouarre, qui se prétendait indépendante de la juridiction épiscopale. Or, l'abbesse de Jouarre, Henriette de Lorraine, avait, elle aussi, le goût de la lutte et se montrait intraitable.

Bossuet, dans son jardin, dut rêver à la bataille qu'il avait engagée contre elle. Un arrêt du Parlement avait donné raison à l'évêque de Meaux, mais quand celui-ci, pour jouir de sa victoire, s'était présenté devant l'abbaye, il n'avait pu s'en faire ouvrir les portes, et il lui avait fallu attendre un nouvel arrêt.

Il l'obtenait enfin, et le 2 mars 1692, accompagné du lieutenant-général de Meaux, il mettait le siège devant le monastère. Il en faisait forcer les portes, mais l'abbesse ne consentait pas à se rendre, et, battant en retraite de cellule en cellule, elle s'échappait, ne donnant pas à Bossuet la satisfaction de se voir humiliée.

A Germigny, l'Aigle de Meaux se reposait, comme pouvait se reposer son esprit dominateur, en songeant

à abattre, après les calvinistes proscrits, les jansénistes
et les quêtistes.

May-en-Multien, sur la route de Meaux à Soissons, a
été occupé par les Allemands du 3 au 10 septembre. Le
3 septembre — un jeudi — un peu avant cinq heures du
matin, une vingtaine de uhlans, arrivant de la direction
de Soissons, entraient dans le village.

« Je fus probablement le premier témoin de cette
invasion, dit M. l'abbé Mongrolles[1]. Je me trompe : un
brave homme, un cultivateur, fut accosté sur la route,
à un kilomètre du pays, par ce groupe d'éclaireurs,
qu'il eut la naïveté de prendre pour des Anglais... »

Ce fut, comme on sait, une erreur fréquente : l'imagination populaire voyait les Allemands avec les uniformes
de 1870. Nos ennemis profitaient volontiers de cette
confusion.

« — Nous avons perdu nos camarades anglais, dirent
les uhlans, savez-vous quand ils sont partis d'ici et
quelle direction ils ont suivie?... Cinq minutes plus tard,
ces cavaliers passaient sous mes fenêtres.

« Vers huit heures, deux automobiles découvertes,
où se trouvaient quatre officiers, passèrent, ralentissant
leur allure. Peu de temps après, c'était un autre peloton
de uhlans : ceux-ci descendirent de cheval devant le
presbytère, et ils me demandèrent du vin. Comme je me
montrais assez peu disposé à faire leur volonté, ils
entrèrent malgré moi et me poussèrent rudement vers
la porte de la cave, me forçant à y entrer le premier. Ils
ne prirent que trois bouteilles et sortirent. Je m'estimais
heureux de m'en être tiré à si bon compte, mais ce
n'était que le commencement de mes peines. Bientôt
afflua le gros de l'armée, infanterie, cavalerie, artillerie

1. Communication de M. l'abbé Mongrolles, curé de May-en-
Multien.

et nous fûmes comme submergés par ce flot d'ennemis
arrogants qui se posaient en maîtres et se vantaient
d'entrer le lendemain dans Paris. Le presbytère fut alors
constamment envahi par des groupes de trente ou quarante hommes. Les premiers prirent tout ce que nous
avions et ne laissèrent rien pour les autres, ni pour
nous. L'évidence même de la dévastation n'empêchait
pas les autres de nous menacer, ma mère et moi. Nous
nous attendions à tout souffrir de la brutalité des
envahisseurs. Le défilé des troupes était incessant; toute
la plaine, à l'ouest du village, était couverte d'Allemands.
Je ne saurais dire avec quelle joie je les vis, le mercredi
9 septembre, commencer un mouvement de retraite. Ce
mouvement, entamé à une heure de l'après-midi, ne se
précipita qu'à neuf heures du soir; ils partirent à travers
des champs de betteraves pour aller reprendre la route
de Crouy-sur-Ourcq. Ils furent en mouvement toute la
nuit. Ce ne fut qu'au petit jour que je respirai en voyant
la plaine débarrassée. Cependant, tous n'étaient pas
encore partis, hélas!

« A cinq heures du matin, j'apercevais cinq cuirassiers français, en tête desquels marchait un officier,
s'arrêtant à quelque cent mètres du presbytère. Je courus
vers eux, je répondis, avec l'empressement que vous
imaginez, à toutes leurs questions. Le lieutenant voulait
pousser jusqu'à Crouy; je lui représentai qu'il se heur-
terait à des forces ennemies considérables, et je l'invitai
à venir vider une des rares bouteilles que j'avais pu
cacher. Les cuirassiers pénétrèrent chez moi — et dans
quel état était mon pauvre logis! — laissant un cavalier
en sentinelle, à la porte. Le lieutenant m'avait à peine
demandé de quoi écrire que la sentinelle se précipita
dans la maison en criant : « Les voilà! »

« Dans le même moment, nous étions assaillis par
une grêle de balles. Un feu nourri était dirigé sur nous.

Les cavaliers remontaient à cheval, en hâte. Malheureusement, l'un deux, le brigadier Henri Flé, était mortellement frappé, tandis qu'un sous-officier était légèrement blessé au côté... »

Le curé de May-en-Multien fit transporter le corps à l'église. Une quinzaine de Prussiens étaient revenus dans le village, et, dans l'ignorance où on était des nouvelles, on pouvait se demander s'ils ne précédaient pas d'autres troupes, ayant changé de direction. Ils disparurent tout à coup.

« Le lendemain, le lieutenant que j'avais reçu un instant chez moi reparaissait, avec un peloton que commandait un capitaine. Ce peloton venait rendre les derniers honneurs au brigadier. Le lieutenant me dit qu'il avait craint que je n'eusse été fusillé. Mais les jours d'épreuves étaient passés. »

Il n'y eut pas d'action à May-en-Multien, en dehors de ces coups de fusil tirés sur le presbytère. Il n'y eut pas de maisons détruites ou brûlées, mais toutes celles qui étaient abandonnées furent saccagées et pillées. Ce qui ne pouvait être enlevé était brisé. Ce n'étaient plus que des monceaux de débris sans nom.

Une pauvre vieille femme, Mme Laforest, fut la victime de la sauvagerie allemande. Un dragon prussien était entré chez elle et avait exigé qu'elle lui donnât à boire. Elle avait obéi et, dans le moment qu'elle lui apportait un verre de vin, cette brute s'était précipitée sur elle. Mme Laforest avait essayé de le repousser. Le dragon, exaspéré de la résistance de cette septuagénaire, lui tira à bout portant un coup de mousqueton, qui l'atteignit au bras droit, puis remonta à cheval. Sa victime succomba quelques jours après à l'hôpital de Meaux.

Les Allemands avaient établi une ambulance dans la maison des Sœurs. Parmi les blessés se trouvait un sous-lieutenant français. Ces blessés furent presque tous emmenés par eux dans leur retraite.

Le village de Congis eut aussi ses victimes. Les Allemands y arrivèrent dans l'exaspération de l'élan victorieux des troupes françaises. Ils avaient dû abandonner des munitions sur la route, ils étaient affolés de fureur devant ce retour de fortune de nos armes. Ils commencèrent par arrêter le curé, M. l'abbé Leroy, en l'accusant d'avoir fait des signaux, du haut du clocher de l'église, « d'avoir trompé le mouvement, d'avoir trahi »[1]. Sa détention dura vingt-quatre heures, et il s'attendait, d'un instant à l'autre, à être fusillé, comme on lui avait annoncé qu'il le serait. Un officier allemand, un commandant, l'avait menacé d'un autre supplice : « Je vous ferai enfermer dans un bastion, lui avait-il dit, et on vous y laissera mourir de faim ».

Il n'était resté à Congis que quelque cent vingt habitants, qui furent rançonnés et pillés. Des Allemands avaient préparé la destruction du village ; ils avaient amassé des tas de bois et de la paille, imbibés de pétrole, devant les maisons ; ils avaient appendu aux fenêtres des draps également imprégnés de pétrole. Ils n'eurent pas le temps, pressés par nos troupes, d'achever l'œuvre barbare qu'ils avaient commencée.

Mais ils avaient commis là deux de ces crimes qu'ils renouvelèrent si souvent, assassinant deux vieillards avec des raffinements de férocité. L'un, Louis Jourdaine, avait soixante-treize ans et était presque impotent. Les Allemands trouvèrent plaisant de le contraindre à puiser de l'eau avec un seau pendant toute une journée. Quand, à bout de forces, il abandonnait le seau, on le lui remettait dans les mains en le piquant à coups de baïon-

---

1. Communication de M. l'abbé Leroy, curé de Congis.

nette. Pourquoi ce pauvre homme inoffensif avait-il été fait prisonnier? Vers le soir, comme, malgré ses efforts pour obéir à ses bourreaux, il ne pouvait même plus esquisser le geste qui lui était commandé, un soldat le tua d'une balle qui l'atteignit au cœur, et un autre, alors qu'il était déjà tombé, lui ouvrit le front avec sa baïonnette.

L'autre, Joseph Dalissier, employé de ferme au Gué-à-Tresmes, avait été arrêté alors qu'il revenait, n'ayant pu trouver le foin qu'il avait été chercher au village. Les Allemands exigèrent de lui des vivres que cet humble journalier ne pouvait leur donner. Alors, ils s'emparèrent de lui, l'entraînèrent dans le parc du château Sergent, séjour momentané de l'état-major, lui croisèrent les bras, solidement liés par des cordes, le placèrent devant un arbre et firent de ce malheureux une cible, exerçant monstrueusement leur adresse à ce qu'aucun coup ne fût d'abord mortel.

Le cadavre, trouvé le lendemain, avait reçu une vingtaine de balles[1].

Le contre-coup de ces événements, vous plaît-il de le saisir sur l'âme d'un petit bourgeois parisien? C'est une histoire qu'on nous a contée entre Chauconin et Neufmontiers. Elle nous a paru avoir quelque saveur.

Ce petit bourgeois — appelons-le M. Dupont — avait là une maison. « Sa » maison! Pendant la bataille de l'Ourcq, M. Dupont n'avait songé qu'à elle. Il avait travaillé toute sa vie pour la faire construire, ayant, comme tant d'autres dont l'existence s'est passée entre les quatre murs d'un bureau, formé ce rêve de se retirer, la soixantaine sonnée, à la campagne. Ce rêve, il l'avait réalisé au prix de sévères économies et de longs petits

1. Témoignage de M. E. P., en date du 11 octobre 1914.

sacrifices, compensés, depuis que l'architecte lui avait remis la clef, par sa joie de propriétaire. Ce n'était guère qu'un assez modeste pavillon, entouré d'un terrain dont on avait vite fait le tour. Mais, quand M. Dupont disait « ma » maison et « mon » jardin, son visage s'épanouissait. Il avait assez peiné, pendant sa carrière active, pour conquérir ce toit, où il se sentait assuré du lendemain, où, quand il le faudrait, il s'éteindrait en paix, au milieu des siens — *chez lui.*

Pour l'embellir sans dépasser ses médiocres ressources, cette maison qui lui était si chère, il s'était mis à tous les métiers, avec une adresse stimulée par le sentiment, délicieusement goûté, de la possession. Il s'était fait peintre, menuisier, tapissier, décorateur. Depuis qu'il l'habitait, avec sa femme et sa fille, il ne s'occupait que de l'aménager plus coquettement. Le retraité avait dessiné lui-même les allées de son mince domaine, il avait planté des arbres, soigneusement entourés de tuteurs, dont il espérait un jour quelque ombrage, et, mêlant l'utile à l'agréable, il s'occupait opiniâtrement de son potager. Ses goûts bucoliques étaient satisfaits : M. Dupont était heureux.

Puis la guerre était survenue. Les nouvelles alarmantes s'étaient répandues. L'invasion s'étendait ; les Allemands arrivaient. L'ancien sous-chef de bureau n'avait jamais eu l'occasion d'être héroïque, mais il aimait tant sa maison que, malgré ce qui menaçait, il n'eût jamais songé à la quitter, prêt à tout braver pour veiller sur son bien. Sa femme, cependant, n'avait pas eu cette constance, et elle avait exigé le brusque départ, le refuge cherché à Paris. M. Dupont avait dû céder : de quel dernier coup d'œil, plein d'inquiète tendresse, il avait, en la quittant, embrassé sa villa !

Au lendemain de la victoire, quelles que fussent encore les difficultés, l'anxiété de revoir sa maison

l'avait rendu ingénieux : il était parvenu à faire le
voyage qui était sa préoccupation dominante. A mesure
qu'il s'approchait, son cœur se serrait davantage ; sur
la route, il avait déjà constaté bien des ruines, bien des
traces d'une lutte acharnée. Enfin, après qu'il eut traversé un petit bois, au détour du chemin, il aperçut son
toit. Il eut d'abord un soupir de soulagement : la façade
paraissait intacte. Mais il éprouva de grandes angoisses
en trouvant la grille d'entrée arrachée. Le jardin, ce
jardin qu'il entretenait amoureusement, était bouleversé,
creusé de trous profonds. Il se hâta vers le corps de
bâtiment, dont la porte n'existait plus, et il demeura
atterré devant le lamentable spectacle qui s'offrit à lui.
Le mur, encore debout, lui avait donné, de loin, l'illu-
sion que son logis eût été épargné, mais il n'en restait
plus que la carcasse. Le côté droit de la maison avait
été éventré et cette déchirure énorme avait amené
l'écroulement de toute une partie de la construction.
L'escalier s'était trouvé coupé en deux et les marches
supérieures se suspendaient dans le vide. Ce n'était plus
qu'un amas sans nom de plâtras, de meubles déchi-
quetés, de charpentes tombées de la couverture, de
fragments de poutres du plancher. Par l'immense échan-
crure des combles, le jour pénétrait sur ces décombres
et éclairait brutalement l'horreur de la destruction. Rien
n'indiquait plus les cloisons des pièces, et on ne pouvait
reconnaître ce qui avait été le salon qu'à un lambeau
de tenture, subsistant par hasard.

— Mon salon, mon beau salon ! s'écriait M. Dupont,
sortant de sa douloureuse stupeur.

Puis, comme s'il eût voulu s'assurer qu'il ne fût pas
en proie d'un affreux cauchemar, il essaya de faire
quelques pas, d'escalader ces monceaux de choses informes, et il faillit disparaître dans une crevasse. Il ne
s'en tira qu'à grand'peine, et meurtri, il revint vers

l'entrée : seule, une chambre de l'aile gauche de la maison avait moins complètement souffert. Mais c'était là les traces d'un abominable pillage et d'une stupide dévastation : glaces brisées à coups de crosse de fusil, tenture et tapis lacérés, fauteuils dont les baïonnettes avaient crevé l'étoffe, souillures du passage de brutes.

— La chambre de ma fille ! dit M. Dupont, suffoquant devant cette vision du désastre.

Alors, il sortit, s'assit sur ce qui restait du perron, et, silencieusement, il se mit à pleurer. Il pleurait sa maison, édifiée au prix du labeur de toute une vie, il pleurait son foyer anéanti, sur ce qui avait été le dédommagement, tant attendu, de quarante années de patientes privations.

Il leva soudain la tête : il reconnut, près de lui, un vieil homme, un paysan auquel il avait parfois demandé quelques conseils pratiques, quand s'étaient élevées ses ambitions pour la culture de son jardin.

— Eh bien, monsieur Dupont, dit le paysan, vous vous désolez ! Vous avez pourtant trouvé trois murs sur quatre. Je sais bien qu'ils ne tiennent plus guère, mais si vous veniez jusqu'à ma ferme !.. Vous la chercheriez longtemps. Elle est comme rasée. Un tas de pierres noircies, c'est tout... C'est dur, à mon âge... Ah ! les sauvages !.. J'avais quatre grands fils au feu... ils m'en ont tué deux... J'espère bien que les deux autres contribueront à leur faire payer ça... Ça et tout le reste, et leur invasion, et toutes les belles jeunes vies fauchées par eux, et tous leurs crimes !

Le bonhomme ne se plaignait pas. Dans sa détresse et dans son deuil, il ne pensait pas seulement à lui. Son visage mal rasé, où repoussaient des poils rudes, était grave et résolu, et, dans ses petits yeux, habituellement clignotants, brûlait une flamme de colère.

M. Dupont se sentit quelque gêne de son désespoir

et de ce qu'il avait d'égoïste, lui qui n'avait subi qu'une perte matérielle. Ce vieillard, bien plus durement atteint, voulait d'abord que le pays fût vengé.

Il était resté dans le village quand les Allemands y avaient mis le feu, il avait erré dans les champs. Il avait vu la bataille.

— Il y a tout de même eu un bon moment, dit-il... C'était vers deux heures de l'après-midi... Les Prussiens commençaient à battre en retraite, attaqués par nos troupes. Une trentaine d'entre eux s'étaient réfugiés dans votre maison, où ils s'abritaient pour tirailler...

— Ici ? fit M. Dupont, ayant peine encore à s'accoutumer à l'idée que sa pacifique villa eût été le théâtre d'un combat.

— Mais ils s'attardèrent, et ce fut là le bon moment... Un de nos obus fit sauter en l'air toute cette canaille allemande... Il n'est pas resté un des leurs.

Malgré son air sérieux, un petit rire muet, à ce souvenir, remua les lèvres du vieil homme. M. Dupont, quoi qu'il en eût, sourit aussi. L'exemple de cette victime de la guerre qui oubliait sa misère et son chagrin pour se réjouir d'un épisode de la lutte, funeste à l'ennemi, le gagnait. Il se trouvait le cœur allégé à la pensée de cet anéantissement de Teutons. Un souffle mâle passait en lui ; il lui semblait soudain respirer une odeur de carnage, et, si débonnaire qu'il fût habituellement, il se sentait devenir terrible.

— Alors, insista-t-il, c'est ici que cela s'est passé ?

— Ici... C'est l'obus qui a fait ce grand trou, à droite... Un fameux projectile, et qui a fait de la bonne besogne...

M. Dupont rentra à Paris, non plus abattu par la vision d'un désastre, mais bouillant d'une fièvre martiale. Il ne songeait plus qu'à ce massacre d'ennemis en sa maison — non pas une autre, mais la sienne. Il sen-

tait le besoin de se confier à tout le monde, de dire ce
qu'il devait, depuis, répéter tant de fois, avec une petite
bouffée d'orgueil qui effaçait l'amertume de sa ruine, la
mélancolie de n'être plus qu'un propriétaire de pierres
calcinées :

— Monsieur, j'ai tout perdu... Mais trente Prussiens
ont été tués *chez moi*... vous entendez... *chez moi !*

CHAPITRE V

Nous nous souvenons de cette impression singulière
que nous éprouvâmes, lors de notre première sortie de
Paris, aussitôt après la victoire de la Marne, de nous
trouver, à partir de Lagny, en pays anglais. Il n'y avait
plus là un soldat français : l'armée britannique occupait
seule cette région, jusqu'à Château-Thierry. On sait que,
ayant sa part dans la vaste bataille, elle avait énergiquement concouru, dans la région qui lui avait été désignée comme champ d'action, à la retraite des Allemands.

On avait peut-être fait sauter avec trop de précipitation le pont de Lagny : moins de dix minutes après
l'explosion, l'ordre arrivait de différer sa destruction.
Mais des pointes d'éclaireurs s'étaient montrées jusqu'à
Couilly. Ces cavaliers, descendant de cheval, s'étaient
attablés dans un cabaret, payant leur dépense. Les habitants, trompés par leur uniforme de guerre, les avaient
d'abord pris pour des Anglais ou des Belges. Les uhlans,
en petit nombre, s'étaient gardés de les détromper.

Au delà de Couilly, les villages étaient déserts, et c'était une étrange vision. Toutes les fenêtres closes. Pas un être vivant, si ce n'est quelque chat effaré ou quelque poule, fouillant le sol de son bec. La population avait disparu. n'était pas encore rentrée, n'osant croire encore à la délivrance. Partout, nous nous heurtions à cette solitude, troublée seulement par le passage de détachements anglais.

Plus loin, c'étaient les cantonnements de nos alliés, et la longue file de leurs voitures de ravitaillement, dont les flancs recélaient un monde de choses. Les soldats qui venaient, après de dures étapes, d'être engagés dans une suite de chaudes actions, avaient la coquetterie de paraître frais et reposés : sur le bord de la route, ils se rasaient, ils procédaient à leur toilette avec des soins de temps de paix devant leur cantine au couvercle levé d'où ils puisaient d'innombrables ustensiles, assis sur des caisses vides. D'autres faisaient la cuisine, sous les yeux de quelques villageois, étonnés des ressources qu'ils tiraient des inépuisables fourgons. Tommy était prompt, d'ailleurs, aux libéralités, et avec une cordialité de geste qui suppléait à une conversation difficile, il faisait volontiers goûter sa marmelade nationale.

Où les Allemands avaient passé, nous avions vu des monceaux de bouteilles volées et vidées par eux, jetées dans les champs où ils avaient fait halte. On reconnaissait les campements anglais à l'abandon de boîtes de fer-blanc, dont ils avaient été les honnêtes possesseurs.

Un peu avant Coulommiers, à chaque tournant de la route, des écriteaux, en grandes lettres. annonçaient, comme le mieux installé de la ville, l'Hôtel de l'*Ours*. Nous le cherchâmes, en arrivant... Ce fut là notre première rencontre avec les dévastations de nos ennemis.

et notre impression, qui fut surtout une impression de dégoût, est restée vive.

La ville venait d'être délivrée. On n'avait pas encore eu le temps de clôturer avec des planches les maisons dévastées. La porte de l'hôtel avait été arrachée. Nous entrâmes dans la première pièce, qui avait été le bureau, et où tout disait le pillage récent, les glaces brisées, les meubles disloqués, la table à casiers fendue à coups de hache, les tiroirs, qui avaient été forcés, jetés au milieu de la pièce, avec un éparpillement de papiers, la tapisserie des murs pendant en lambeaux, le parquet même troué par places, comme si on y eût suspecté quelque cachette. Etaient-ce des soldats qui avaient passé là ? On pouvait encore éprouver de la surprise devant ces ravages de bandits, qui avaient manifestement fouillé partout pour trouver de l'argent.

De là nous pénétrions dans ce qui avait été le salon de l'hôtel, où tout avait été enlevé, où il ne restait qu'un bout de tapis déchiré. Puis nous nous trouvions dans la cour, où se présentait un autre répugnant spectacle. Près du hangar, un chaos d'épaves de toute sorte, dédaignées après le sac de la maison, des matelas crevés, des ustensiles de cuisine cassés, des planches d'acajou qui avaient été la caisse d'un piano, des gravures encadrées dont le verre était émietté, pêle-mêle avec un collier de cheval, enlevé de l'écurie, une voiture d'enfant n'ayant plus que deux roues, une cage d'oiseau.

Au milieu de la cour, une longue table avait été transportée, reposant véritablement sur un lit de vaisselle cassée. Elle était encombrée de bouteilles, d'assiettes, de plats dans lesquels se trouvait encore, avec des morceaux de viande, de la sauce figée. Les chaises étaient renversées.

On avait la sensation du départ précipité des Allemands. Ils se livraient à la satisfaction de leur goinfre-

rie : soudain, l'alarme avait été donnée, interrompant
leur quiétude. Les Anglais, qu'ils croyaient éloignés,
arrivaient en force. Ce fut un sauve-qui-peut désordonné
de ce détachement au repos : les cavaliers sautaient en
selle, les fantassins s'armaient en hâte... Nous pouvions
reconstituer facilement cette scène en découvrant des
traces de la fuite. Un officier avait oublié son carnet, où
on lisait cette mention, corroborant ce qui nous avait été
déjà dit : « Rien à craindre dans les villages : se faire
passer pour des dragons belges ». Sur un autre feuillet,
cet ordre méthodique à observer dans les réquisitions :
des cartes du pays, de l'essence, du vin.

Ils avaient fui, mais après avoir pendant leur occupation de la ville, — elle avait duré exactement cin-
quante-deux heures, — fait souffrir à Coulommiers tous
les maux de l'invasion, et, comme on va le voir, avec des
raffinements de cruauté pour leurs otages.

Les forces de l'armée de von Kluck descendaient de
Compiègne, en glissant au sud-est du camp retranché
de Paris. Leur irruption dans Coulommiers paraissait, le
2 septembre, inévitable. Ce jour-là, un mercredi, avait
été douloureux : on avait vu passer des émigrés du
Nord, en longues théories, épuisés par la marche, donnant une vision d'angoisses et de misères. Puis c'étaient
quelques centaines de soldats belges, échappés de Namur, ayant rejoint nos lignes, obéissant à des ordres et
à des contre-ordres confus, dirigés enfin sur la gare.
Les réfugiés semaient d'inquiétantes nouvelles, qui décidèrent au départ, quelque difficile qu'il fût devenu,
nombre d'habitants. Les services publics étaient évacués ; la caserne Beaurepaire était vidée de ses derniers hommes.

Le lendemain, des troupes anglaises apparurent, mais
ne faisant guère que traverser la ville, en raison des

dispositions générales du haut commandement. Le vendredi, dans l'après-midi, on entendit tonner l'artillerie allemande, installée sur le plateau de Doue. A la tombée du jour, des coups de feu avaient crépité près de la briqueterie de Montauglaust. La nuit du 4 au 5 se passa dans une anxieuse attente. « Cette nuit, dit un témoin, était superbe, pleine d'étoiles. Un moment, dans ce grand silence, un chant jeune, d'une poignante poésie, s'éleva : c'étaient des Anglais (ils occupaient encore le poste de la mairie) qui chantaient en chœur un hymne du pays. A deux heures du matin, ils reçurent l'ordre de partir. L'Allemand pouvait venir... »[1].

Il n'arriva qu'à huit heures. Deux hommes l'attendaient, deux hommes dont le nom mérite d'être retenu, car ils donnèrent l'exemple du devoir courageusement accepté, le maire, M. Delsol, un vieillard de soixante-dix ans, et le procureur de la République, M. Chatry, qui était resté, bien qu'il eût été invité à quitter Coulommiers avec les autres fonctionnaires de l'arrondissement. M. Chatry s'était installé à l'Hôtel de Ville.

L'appariteur de la mairie, M. Detais, avait été envoyé en reconnaissance vers l'avenue de Rebais. Des cavaliers s'emparèrent de lui. Alors, résolus à subir personnellement toutes les épreuves pour que la ville fût épargnée, MM. Delsol et Chatry, le premier ceint de l'écharpe municipale, le second ayant revêtu sa toge de magistrat, se présentèrent au-devant de l'ennemi. M. Chatry parlait allemand. Il réclama d'abord la mise en liberté de M. Detais qui, en raison de ses fonctions secondaires, ne pouvait avoir aucune responsabilité. — « Les habitants ont tiré sur nos soldats », leur répondit brutalement un officier. Quelques instants plus tard, le maire et le procureur de la République étaient encadrés par deux pelo-

---

1. *Le Démocrate de Seine-et-Marne*, 30 septembre 1914.

tons de uhlans. Le premier peloton se faisait conduire par M. Delsol pour opérer la reconnaissance des ponts. En tête du second, sous la menace de revolvers braqués sur lui, marchait M. Chatry. Il dut assister à un premier pillage de la gare et à la destruction des installations de la poste et du télégraphe. Le maire et le magistrat étaient dès lors désignés comme otages.

Cependant, le gros des troupes pénétrait dans la ville. L'état-major, se divisant en deux groupes, s'établit dans la propriété de M. Abel Leblanc, aux Capucins, et sur la place de l'Hôtel-de-Ville, dans la maison du Dr Alleaume[1]. L'ennemi manifestait aussitôt ses exigences,

1. A noter, ces souvenirs de M. Paul Birault, reproduits dans *La Brie* (30 octobre 1914) sur le général von Kluck à Coulommiers ;

« Il était ce jour-là d'une humeur charmante, il s'amusait à lire au passage les plaques des rues de la petite ville; les unes portent les noms pittoresques d'autrefois : rue de la Pêcherie, cour de l'Ange; d'autres évoquent les vertus des sociétés modernes : avenue du Balayage, boulevard de la Mutualité. Dans la chaleur bruissante de cette journée de septembre, l'auto qui filait doucement vers le centre de la ville semblait glisser sur les pentes qui descendent jusqu'aux bords du Grand-Morin ; le chef germain, sans doute, se sentait gagné par la douceur de ce paysage harmonieux, et comme rien ne creuse davantage que les émotions artistiques, dès qu'il fut arrivé il commanda qu'on lui apportât à manger. Le cuisinier, venu deux heures d'avance, avait fait le nécessaire, il avait vidé dans une grande bassine trois boîtes de petits pois, empruntées à l'épicier voisin, il y avait ajouté quatre livres de lard et fait bouillir le tout ensemble à plein feu; il y avait là quantité suffisante pour le général et ses deux aides de camp, mais le maître-queux avait raffiné son menu en y ajoutant des sardines à l'huile, que von Kluck préfère à toute autre galanterie, à condition qu'elles soient largement arrosées de champagne.

« Cette légère collation terminée, von Kluck fit venir la femme du jardinier français, gardienne de la propriété, pour l'interroger : « Les maîtres sont à l'armée, bien; avez-vous des enfants? Cinq fils sous les drapeaux, parfait. Je leur promets ma protection quand ils seront incorporés dans l'armée allemande. » Tout en s'égayant ainsi en propos légers, von Kluck fait dresser par la servante trois lits dans un petit salon du rez-de-chaussée, pour lui et deux géné-

en répétant que le pays était riche et pouvait fournir tout ce qu'on lui demandait. M. Chatry avait d'abord obtenu, par la fermeté de son attitude, une sorte d'ordre relatif dans les réquisitions. Mais, dès l'après-midi, la troupe dévalisait les magasins et le pillage devenait général. Les devantures des boutiques, les portes, les volets des maisons étaient enfoncés à coups de hache. On chargeait sur des voitures tout le butin trouvé. Puis ce furent, pendant la nuit, d'ignobles orgies, dont les officiers donnaient l'exemple.

« Le lendemain, a écrit un habitant de Coulommiers, la ville présentait l'aspect d'une effroyable dévastation. Les rues étaient encombrées d'une épaisse litière, sur laquelle voisinaient les objets les plus divers provenant du saccage des maisons, d'innombrables tessons de bouteilles jetés par les fenêtres après avoir été vidées, et jusqu'à la literie arrachée des habitations. » Les éclats de verre jonchaient tellement le pavé que, de peur que les chevaux ne fussent blessés, ordre fut donné de procéder à un nettoyage sommaire.

raux de sa suite, puis il commande que dans toutes les autres pièces on jette une épaisse litière de paille pour son escorte; il surveille lui-même son installation, et, satisfait, il dit : « C'est ici la dernière étape, après demain nous quitterons Coulommiers pour entrer à Paris. » Campé devant la femme du jardinier, droit, grand et fort, large des épaules, il la domine de toute sa taille; d'un regard dur il fixe la vieille paysanne qui ne peut retenir ses larmes et dit : « Dans huit jours, vous serez Allemande. »

« Cependant, devant la maison du général se sont rangés des musiciens. Von Kluck paraît en haut du perron et fait un signe : le concert commence. Des officiers allemands logés chez l'habitant ont « invité » tous les Français qu'ils ont trouvé à venir à la musique; l'orchestre de von Kluck, ont-ils ajouté, est composé des meilleurs artistes de l'Allemagne, ils sont sans égaux pour jouer *Carmen* et la *Mascotte*, œuvres préférées du général. « Dans deux jours, trois au plus, dit un jeune officier de l'état-major, ils nous feront danser sur les boulevards, aux bras des midinettes ! »

Les Allemands, qui arrivaient de la vallée de l'Oise, étaient au nombre de vingt-cinq mille hommes, Prussiens et Wurtembergeois. Leur artillerie occupait les hauteurs de la ville. Enivrés de leur marche rapide avec le Nord et l'Est, ils se croyaient certains de la victoire définitive. — « Dans deux jours, disaient-ils, nous serons à Paris. » Et ils ajoutaient, en riant lourdement : « Paris aura faim... Paris aura soif... »

Le maire et M. Chatry luttaient désespérément auprès des autorités militaires pour empêcher les exactions qui se commettaient. Tout ce qu'ils obtinrent fut la protection de l'hôpital — où les Allemands avaient d'ailleurs amené des blessés — et celle de l'Hôtel de Ville. Il fut exigé, par contre, que le maire publiât un avis aux habitants les invitant à se rassurer, avis qui n'eût pas été sans ironie, alors que les soldats abusaient de la force de toutes les manières, s'il n'eût été donné par ordre. M. Chatry, par sa connaissance de l'allemand, était contraint à s'occuper de tout ce qu'imposaient les envahisseurs, de plus en plus insatiables. Il se préoccupait aussi aux besoins de la ville et cherchait à organiser un service de boulangerie, les ouvriers ayant disparu. Il fut obligé, acceptant toutes les tâches pénibles pour empêcher de nouvelles violences, d'accompagner dans les hôtels un capitaine d'état-major qui avait la prétention de lui faire assurer la table des officiers. A l'Hôtel de l'*Ours*, il remarqua, malgré ses anxiétés, qu'un soldat avait revêtu la livrée abandonnée par un domestique.

La musique — et ce fut un supplice pour la tristesse des habitants — donna, dans l'après-midi, un concert sur la place de l'Hôtel-de-Ville. Pendant ce temps, le procureur de la République multipliait ses interventions en faveur des personnes particulièrement maltraitées. Mais laissons-le raconter lui-même les heures dramatiques qu'il devait bientôt traverser :

J'étais à peine de retour, dans la soirée, à l'Hôtel de Ville, qu'un officier, portant sur sa casquette une large bande rouge, grand, la face enluminée, le nez rouge et pelliculeux, vint me chercher dans la salle du secrétariat, en me disant : « Mettez votre *casque* et suivez-moi. » Puis il reprit : « Vous avez déclaré que vous ne saviez pas où il y avait de l'avoine, on vient d'en trouver ; tu es un menteur, cochon, viens voir avec moi. » J'allai avec l'officier allemand dans le grenier du moulin de la ville, appartenant à M. Tourneur, défoncé et mis au pillage par les Allemands. J'y vis, en effet, de l'avoine. Je fus même l'objet d'injures redoublées. « — Cochon, tu seras fusillé. » En même temps, il me mettait le poing sous le visage. Je protestai, en déclarant que j'ignorais la présence de cette avoine. L'officier me riposta plusieurs fois : « — Cochon, ferme ta gueule! » En même temps, je fus bousculé et violenté au bras et à l'épaule. L'officier me contraignit ensuite à faire le tour de la ville, pour chercher d'autre avoine. Je fus encore insulté et bousculé dans le second magasin de M. Tourneur, en présence de plusieurs personnes, et notamment de M. Libersac. L'officier distribua également, dans ce magasin, des coups de pied au derrière à des gens qui se trouvaient auprès de nous. « — Si, dans une heure, tu n'as pas trouvé d'autre avoine, me dit-il, tu seras fusillé. » J'allai, avec Libersac, à la recherche d'autre avoine, notamment chez M. Prieur, aux docks de Coulommiers, chez M. Larrivée et chez M. Permingeat. J'en trouvai un peu, mais les Allemands connaissaient mieux que nous ces dépôts, pour les avoir déjà pillés. Je revins place de l'Hôtel-de-Ville, avec Libersac. Je fus, de nouveau, insulté par le même officier, tandis que, à côté de lui, s'en trouvait un autre, grand, pâle, tête nue, un monocle à l'œil, qui ricanait, en disant : « Vous êtes responsable, c'est vous qui êtes responsable. » Puis le premier officier me fit des reproches de ce que la lumière du gaz tombait. Je lui expliquai en vain que nous avions été abandonnés par les ouvriers de l'usine. Il reprit : « La ville est riche, nous le savons ; on pourrait demander ici un million, deux millions ; si, demain matin, huit heures, tu n'as pas trouvé cent mille francs, tu seras fusillé, et la ville bombardée et incendiée. » Je répondis : « Vous pouvez faire de moi ce que vous voudrez, mais il m'est impossible de vous fournir cette somme, tous les

habitants capables de la fournir étant partis avec leur argent. »
Alors, je fus arrêté et conduit, baïonnette au canon, par plu-
sieurs soldats, à l'état-major, maison Beslier, située rue Le
Valentin. En cours de route, rue de la Pêcherie, je rencontrai
le maire, qui revenait de l'Hôtel de Ville, et le mis au courant.
Quelque temps après, M. Delsol et le secrétaire de la mairie,
M. Bard, venaient me rejoindre dans la cour de la maison
Beslier...

Ce récit, dans sa minutieuse exactitude, note, pour
ainsi dire minute par minute, les épreuves de M. Chatry.
Son supplice, devant ce qui semblait alors inévitable,
allait commencer :

On mit en face de moi, qui occupais le milieu, une table de
jardin avec une lampe. En face, au premier étage, dans l'encadrement d'une fenêtre obscure, je vis qu'on nous observait.
J'aperçus une grande silhouette, et j'entendis, au cours d'une
conversation à mi-voix le mot « procureur de la République »,
prononcé en français, et le mot allemand « regierung », qui
veut dire gouvernement. Il résulte de mon enquête que les
Allemands avaient dit à deux bonnes de la maison Beslier que
nous devions être fusillés.
Au bout d'un certain temps, des soldats en armes nous con-
duisirent tous les trois rue de la Pêcherie, dans la maison d'un
marchand de couleurs, nommé Couesnon, qui avait été enfoncée
par les Allemands et qui leur servait de poste. On nous emmena
dans le cabinet de toilette de la maison. Au bas de l'escalier,
un soldat montra un bidon d'essence de pétrole au secrétaire
de la mairie en lui disant : « Si on tire sur nous, nous donnerons un coup de fusil dans ce bidon, et nous brûlerons la maison, et vous avec ». Pendant la nuit, nous fûmes gardés par des
sentinelles qui se relayaient d'heure en heure. Au début, un
soldat nous apporta un fauteuil, une chaise et un matelas. Mais
les sentinelles qui se succédèrent furent moins complaisantes.
Au cours de la nuit, j'entendis, en allemand, la conversation
suivante : « — Le procureur de la République sera fusillé ; on
est allé chercher de « joyeux frères » de la compagnie pour le
tuer ; on a balayé la rue pour que ce soit beau ; on a trouvé des

lettres dans son habitation et, à 12 heures, il y passera. » Un autre soldat répondait : « — Tu sais, il entend l'allemand, il est éveillé, et il comprend ce que tu dis. » Vers deux heures du matin, le peloton arriva ; le chef me dit d'avancer seul. J'avais fait des recommandations aux autres, je leur fis mes adieux. Quelques minutes après, le chef, se ravisant, dit : « Tous les trois. » Nous descendîmes l'escalier [1]...

C'est ici que se place un épisode macabre, d'une ironie de tortionnaires. Dans la salle à manger de la maison, des officiers buvaient et fumaient. Tout à coup, l'un d'eux s'assit devant un piano qu'on avait traîné là, et il dit aux prisonniers, en excellent français :

— Ecoutez bien ceci, Messieurs, c'est un morceau de circonstance.

Et il joua, en prenant, par dérision, un air lugubre, la *Marche funèbre* de Chopin !

A quels autres qu'à des Allemands pouvait venir cette abominable idée ? M. Chatry vit, dans la pièce voisine, les soldats graisser et charger leurs fusils, et le sous-officier graisser son revolver.

On fit sortir les otages, et, vers le milieu de la rue Centrale, on les aligna sur le trottoir, le peloton se plaçant sur le trottoir opposé. Le procureur de la République, le maire et le secrétaire de la mairie attendaient la mort. Vingt minutes, vingt terribles minutes se passèrent.

Cependant, une singulière animation régnait subitement dans Coulommiers. Des estafettes passaient, des commandements retentissaient. On attelait en hâte des voitures où l'on entassait, avec les bagages des officiers, quantité d'objets volés ; derrière leurs volets, les habi-

1. Récit de M. Paul Chatry, confirmant la déposition orale faite par lui à la Commission nationale, constituée par décret du 23 septembre 1914, chargée de constater les actes commis par l'ennemi, en violation du droit des gens,

M. CHATRY, PROCUREUR DE LA RÉPUBLIQUE
A COULOMMIERS
QUI A ÉTÉ OTAGE ET SUR LE POINT D'ÊTRE FUSILLÉ.

tants voyaient des soldats courir, heurtant aux portes
des logis occupés par des détachements ; c'est alors que
le souper de l'Hôtel de l'*Ours* avait été brusquement
interrompu. Les troupes se formaient, en bon ordre,
d'ailleurs. Les automobiles de l'état-major emportaient
successivement les hôtes, un instant auparavant si
arrogants, de la maison Alleaume. Un gros commandant, mal réveillé, paraissait particulièrement stupéfait,
et on l'entendit dire dans son effarement : « Eh quoi, on
ne va plus à *Paris ?* »[1]. D'inquiétantes nouvelles étaient
arrivées, motivant brusquement le départ des Allemands,
ne se sentant plus en sûreté dans la ville, si nombreux
qu'ils fussent, et allant prendre position au delà de la
ville.

Les otages profitaient, d'une façon inespérée, du
trouble que jetait chez nos ennemis la détermination de
ce mouvement. Dans la hâte de ce repliement, l'ordre
d'exécution n'avait pas été transmis. Mais les prisonniers
ne savaient rien, et, quand on leur commanda de se
mettre en marche, à la suite d'une compagnie qui
s'était rassemblée, ils purent croire qu'on avait seulement décidé de les fusiller plus loin.

Les colonnes s'organisaient, se rejoignaient, s'ébran-
laient. Par une forfanterie bien allemande, dans le but
de tromper les habitants qui observaient ce mouvement
inattendu, un capitaine arrêta ses hommes dans la rue
Le Valentin, et leur fit faire, avec une particulière sévérité, une série d'exercices, plusieurs fois recommencés,
jusqu'à la perfection prussienne.

Le maire, le procureur de la République et le secrétaire de la mairie, encadrés dans les troupes, durent
prendre leur vive allure, monter rapidement la côte de
Montauglaust. A force de volonté, malgré son grand âge,

1. *Le Démocrate de Seine-et-Marne*, 10 octobre 1914.

M. Delsol, s'appliquait à dissimuler son épuisement.
A ce pas pressé, on les fit passer tous les trois de l'arrière à l'avant de l'armée. Puis, à deux kilomètres de
Coulommiers, ce fut une halte, sur la route de La Ferté-
sous Jouarre. Cette fois, le moment suprême était sans
doute venu.

Mais, après une nouvelle attente, un major, portant
l'uniforme des hussards de la mort, s'approcha d'eux, et
leur dit laconiquement : « Vous êtes libres ». Il était
quatre heures du matin.

Cette détermination que, dans leur ignorance des
événements s'accomplissant dans la région, ne pouvaient
s'expliquer les captifs soudainement délivrés, leur parut
d'abord un piège. Ils purent, cependant, en passant le
long des troupes, descendre la côte qu'ils avaient gravie,
et rentrer à Coulommiers, occupé encore par des
arrière-gardes, établies sur les ponts où des barricades
constituées avec des charrettes renversées avaient été
improvisées.

Dans la matinée, de bonne heure, un aéroplane
anglais apparaissant au-dessus des bois de Montapeine,
survola la ville, bravant la fusillade dirigée contre lui. On
entendit aussi une violente canonnade. A dix heures, les
derniers Allemands, redoutant d'être encerclés, s'éloi-
gnaient par la porte de Meaux. Un instant après, salué par
quelles acclamations de joie ! apparaissait un Anglais, en
motocyclette, suivi bientôt d'une automobile où se trouvaient deux officiers. Puis ce furent des détachements de
cavalerie, et l'un des cavaliers abattit, d'un coup de
sabre, comme en un exercice de manège, un drapeau
prussien attaché à un réverbère.

La canonnade redoubla d'intensité, mais, maintenant,
on pouvait comprendre ce qui se passait. Les troupes
britanniques débordaient de Guérard, de La Ferté-Gaucher, de la rive gauche du Grand-Morin, et leur artillerie,

installée sur le plateau de Chailly et sur les hauteurs
du Vieux Saint-Augustin, mitraillait les Allemands en
retraite.

Le soir, les Anglais arrivaient en nombre à Coulommiers, tout chauds encore des combats qu'ils avaient
victorieusement livrés. Le mardi 8 septembre, le maréchal French, dont le rôle avait été si important dans
la bataille des deux Morin, faisait son entrée à
l'Hôtel de Ville[1]. Les Anglais, promptement, rétablis-
saient le télégraphe et pourvoyaient à l'éclairage de la
ville.

On découvrait, à la mairie, des cartouches incendiaires dont les Allemands devaient faire dans les
villages environnants un si large emploi[2].

... Nous nous revoyons, à travers nos souvenirs, dans
une auberge de Coulommiers, pillée comme les autres

---

1. Sans entrer dans le détail des opérations militaires, qui ne
sont pas l'objet de ce livre de souvenirs et d'impressions, il peut
être utile de rappeler quelle était, le 6 septembre, les positions des
armées adverses.

Armées alliées. — 6ᵉ armée française. L'aile droite sur la Marne
vers Meaux; l'aile gauche vers Betz.

Forces anglaises : ligne Jouy-le-Châtel-Lumigny-Villeneuve-le-
Comte.

5ᵉ armée française à Courtacon. L'aile droite sur Esternay.

Corps de cavalerie du général Conneau entre la droite anglaise
et la gauche de la 5ᵉ armée française.

Armées allemandes. — IVᵉ réserve et IIᵉ corps à l'est de l'Ourcq
et faisant face à cette rivière.

IXᵉ division de cavalerie à l'est de Crécy-en-Brie.

IIᵉ division de cavalerie au nord de Coulommiers.

IVᵉ corps à Rebais.

IIIᵉ et VIIᵉ corps au sud-ouest de Montmirail.

Toutes ces troupes constituaient la première armée allemande
et étaient dirigées contre la 6ᵉ armée française sur l'Ourcq, les forces
anglaises et contre la gauche de la 5ᵉ armée française.

2. En février 1915, un monument provisoire a été élevé, dans
le cimetière de Coulommiers, à la mémoire des morts de la guerre.

pendant l'occupation, mais qui, avec des moyens de fortune, tentait de reprendre son activité, en demandant à ses hôtes de n'être pas difficiles. Un colonel et un lieutenant de l'armée britannique déjeunaient. Nous causions avec eux, nous les complimentions de leur action énergiquement opportune. Ils s'inclinaient légèrement, gardant l'élégance d'une attitude réservée sur la part qu'ils avaient prise à ces batailles. Nous généralisions peu à peu la conversation, et l'un de nous exprimait les espoirs qui nous faisaient battre le cœur. Le colonel parut surpris que nous usions de ce mot « espoirs ».

— Certitude! fit-il, laconiquement.

Et, allumant un cigare, il ajouta, en nous regardant de ses yeux clairs :

— Affaire de temps.

Le lieutenant, qui parlait moins bien français que son chef, ajouta au bout d'un instant :

— Allez... gare...

A la gare, des soldats hissaient sur des wagons plats des pièces de canon prises aux Allemands. Un train, sur une autre voie, était arrêté. Il contenait quelques centaines de prisonniers, vautrés sur la paille, venant d'Esternay. Nous devions en voir beaucoup d'autres, depuis. Ceux-ci nous laissèrent une impression de répugnante laideur, surtout.

Nous étions montés dans un wagon et nous demandions à un sergent territorial quelle était leur attitude. Étaient-ils abattus? Gardaient-ils quelque arrogance ?

Nous ne savons ce qu'était ce sergent dans la vie civile, mais il s'était révélé bon psychologue et son observation put, en effet, s'appliquer à tous les soldats allemands prisonniers.

— Ils sont, fit-il, ce que vous voulez qu'ils soient,

humbles à faire pitié, ou goguenards, ou bravaches...
Ces b.....-là, qui ne sont pas malins, pourtant, comprennent tout de suite leur intérêt à paraître semblables
à l'idée que se font d'eux ceux qui les interrogent.

Mais, les enveloppant d'un coup d'œil dédaigneux,
le sous-officier ajouta :

— Au reste, tout ça, c'est de la racaille...

CHAPITRE VI

Aux alentours de Coulommiers. — Exactions et cruautés allemandes.
— Une héroïque bravade. — Les fusillades. — « Avez-vous
tiré ? » — Le martyre de Rebais. — Fantaisies sadiques. — Le
maire de Villeneuve-sur-Bellot. — Les souvenirs du professeur
Delbet. — Une revue à La Ferté-Gaucher. — Les crimes du château de La Mazure. — Les dévouements français. — Les instituteurs de Sablonnières.

Les environs de Coulommiers évoquent le passage
des troupes allemandes, leurs ravages, leurs habitudes
d'exécutions sommaires. On ne saurait prétendre ici à
donner complète la douloureuse liste des victimes de
l'invasion. Mais ces notes permettront à ceux qui suivent
pas à pas l'histoire de la guerre, pour maudire plus
encore un abominable ennemi, de recueillir par leurs
questions, dans ces villages, d'émouvants souvenirs.

Au nord-ouest de Coulommiers, c'est Guérard, où
l'artillerie allemande s'intalla sur le plateau de Lumière,
dominant la vallée du Grand-Morin. En quelques heures,
la position avait été solidement fortifiée. Le mouvement
de retraite que suivirent les forces qui étaient parve-
nues jusque-là rendit, heureusement, ces préparatifs de
défense inutiles.

Mais dans le peu de temps que les Allemands, venus
par Maisoncelles, occupèrent Guérard, ils avaient fait
bien du mal, en dehors des pillages accoutumés. Là

encore, l'erreur des habitants s'était produite, prenant les Prussiens pour des Belges.

Le maire et le curé furent arrêtés. Des otages furent emmenés en captivité. Un malheureux homme, tout inoffensif qu'il parût, fut fusillé au Bois-Brillant. L'aventure d'une autre victime, Joseph Maitrias, est dramatique.

Il suivait la route, arrivant de Crécy, lorsqu'il entendit le *Wer da* d'une sentinelle. Que répondre? L'inutilité de parlementer avec ce soldat lui apparut sans doute. Une colère patriotique le prit à la pensée de la présence des Allemands dans le pays. Par une généreuse bravade, il répondit :

— France !

A peine avait-il prononcé ce mot qu'il tombait frappé d'une balle.

Immédiatement, au sud de Coulommiers, c'est Mouroux, où des engagements eurent lieu entre Anglais et Allemands. Quelques soldats de l'armée britannique reposent dans le cimetière. Là aussi, pillages, ravages, cruautés. Deux jeunes gens furent enlevés par les Prussiens et disparurent.

Près de là, à Pommeuse, les habitants furent contraints à travailler à la construction d'une barricade. L'un d'eux, pour servir d'exemple, fut attaché à la roue d'une voiture ; un autre, un enfant, le jeune Magnan, fut suspendu, en dehors du parapet du pont, sur le Grand-Morin. Une maison de garde fut incendiée. Il est superflu de parler des déprédations coutumières.

A Saint-Augustin, fusillade d'un cultivateur, nommé Roger, sans même une apparence de prétexte. Vols et exactions. Plaisanteries allemandes, aussi. Des soldats trouvèrent dans l'atelier d'un menuisier deux cercueils; ils les transportèrent devant le perron de la mairie et

REBAIS. — BIJOUTERIE PAUTREAU ET CAFÉ LANGLOIS INCENDIÉS PAR LES ALLEMANDS
DANS LA NUIT DU 4 SEPTEMBRE 1914.

s'amusèrent à arrêter les gens qu'ils rencontraient, en leur disant : « C'est pour vous ».

A *Chailly*, incendies de maisons et de granges, dévastations, habitants soumis à de véritables tortures, comme ceux qu'on força à suivre des cavaliers lancés au grand trot, tandis que les soldats qui encadraient ces prisonniers les piquaient à coups de lance. A Faremoutiers, où un brave cycliste anglais avait démoli, sans quitter sa machine, deux uhlans, exactions de toutes sortes, emprisonnement de trois otages.

A Pécy, autour de Pécy, plutôt, ce fut la bataille, le commencement de l'offensive. A Pézarches — les Allemands n'allèrent pas plus loin dans cette région — on fut sous les bombes anglaises et allemandes : un duel d'artillerie s'était engagé entre les Prussiens, installés à Touquin, et les Anglais qui s'avançaient de Lumigny à Rozoy et étaient postés à la Fortelle et derrière la butte de Lumigny.

Remontons vers Coulommiers, à l'est. C'est *Courtacon*, qui souffrit beaucoup, après des escarmouches qui s'étaient livrées sur le territoire de cette commune, tour à tour occupée par des chasseurs à cheval et des tirailleurs algériens, par les Allemands, de nouveau par des chasseurs à pied français et reprise par des forces ennemies. Celles-ci s'acharnèrent sur ce malheureux pays, y mettant le feu, emmenant des otages auxquels ils adjoignirent un enfant de quatorze ans [1]. En pénétrant

1. Les Allemands s'obstinaient à voir des francs-tireurs dans les plus inoffensifs habitants. « — Ah ! dit un officier à l'un des otages, voilà les fameux francs-tireurs, vous serez tous fusillés. » Un autre disait à l'un de ces otages : « — Vous, large poitrine, alors vous pouvoir bien fusiller. » Et ils avaient chaque fois des rires de joie cruelle. Quand on voulait parler, la sentinelle nous bourrait de coups de crosse en vociférant : « — Taisez, cochons de Français ! » *(Souvenirs recueillis par M. Louis Daussat.)*

dans la maison Rousseau, un officier dévisagea un jeune homme qui s'y trouvait et il lui demanda à brûle-pourpoint : « Avez-vous tiré? » Par une fatale interprétation de cette question, Edmond Rousseau, qui avait récemment passé devant le conseil de révision, comprit qu'on lui demandait s'il avait tiré au sort, et il répondit affirmativement. Ce fut sa condamnation. Conduit derrière la maison Delorme, adossé à un mur, il fut fusillé. Les otages, le maire en tête, M. Linstrumelle, avaient dû suivre une colonne prussienne qui gagna la route de La Ferté-Gaucher, puis obliqua vers Jouy-sur-Morin, qu'elle traversa [1] au delà de la côte de Soigny; on les fit s'arrêter et on les aligna le long d'un hangar. M. Linstrumelle retrouva dans sa poche un bout de papier et un crayon; il écrivit son nom sur cette feuille à demi déchirée et la passa à ses compagnons qui l'imitèrent. S'attendant à la mort, ils faisaient connaître leur identité. Mais, à leur grande surprise, après ces angoisses de l'attente, la colonne reprit sa marche, les laissant devant le hangar... Avant de les laisser libres, on s'était plu à cette affreuse comédie. Ils revinrent, après avoir fait mille détours pour ne pas rencontrer d'autres troupes, à Courtacon, qu'ils trouvèrent en flammes.

C'est Mauperthuis, où les Allemands tenant le maire, M. Landry, pour responsable de la mort d'un soldat tué par les Anglais, lui avaient annoncé qu'il serait fusillé et il l'eût été, en effet, sans le mouvement de retraite qui se dessina. Un réfugié des environs, M. Denest, fut assassiné par les Prussiens. Assassinés aussi, le gardien de la ferme de Champ-Brisset, et un Suisse qui se trouvait avec lui, nommé Knell.

1. Jouy-sur-Morin devait être, le lendemain, le théâtre de charges furieuses des Sénégalais.

C'est Amillis, qui était à peu près abandonné par ses
habitants. et où les Allemands enfoncèrent les portes à
coups de hache.

Puis, au delà de Coulommiers, dans la direction du
nord-est, c'est la malheureuse petite ville de *Rebais* qui
fut vraiment martyrisée. Le 4 septembre, dans l'après-
midi, un engagement avait eu lieu entre une patrouille
anglaise et un détachement des troupes allemandès qui
occupaient déjà la ville. Les Anglais eurent trois hommes
tués [1]. Or, les Allemands, après avoir poursuivi cette
patrouille, imaginèrent de faire expier aux habitants
cette attaque, et ils commencèrent par mettre le feu à la
menuiserie Rivière. L'incendie gagna des maisons voisines, dont ils avaient brisé les portes. Ce n'était qu'une
préface à toutes les violences qui devaient être commises.
Dans la nuit, des officiers qui s'étaient logés dans la
maison de M. Perrin, où ils s'étaient enivrés, imaginèrent,
tout à coup, de se donner le spectacle d'un autre
incendie, pour essayer des engins de rapide destruction.
Ainsi fut brûlée la bijouterie Pautreau. Mais, auparavant,
tous les objets présentant quelque valeur avaient été
volés. Un sac à main que portait Mme Pautreau lui fut
arraché. Les bombes incendiaires étaient, en effet, très
efficaces, et les flammes gagnèrent vite d'autres logis.
Des soldats aidaient d'ailleurs à leur action en jetant de
la paille dans le brasier. D'autres, pendant ce temps,
dévalisaient les habitants, revolver au poing; on ne les
épargnait pas, même après les avoir dépouillés. Il y a eu,
à ce sujet, la déposition de M. Griffaut, âgé de soixante-
dix-neuf ans, à qui les pillards ne se contentèrent pas
d'arracher sa montre et huit cents francs contenus dans
un portefeuille, mais qu'ils laissèrent, après l'avoir

1. Un blessé anglais, qui était tombé sur un trottoir de la place,
fut achevé par les Allemands.

frappé à coups de crosse, dans un état lamentable, la
balle d'un revolver lui avait labouré le front.

Le lendemain, ce furent des réquisitions hors de mesure avec ce que pouvait fournir une petite ville, en
argent et en bouteilles de champagne. L'adjoint au maire
fut arrêté. Des coups de fusil étaient tirés au hasard :

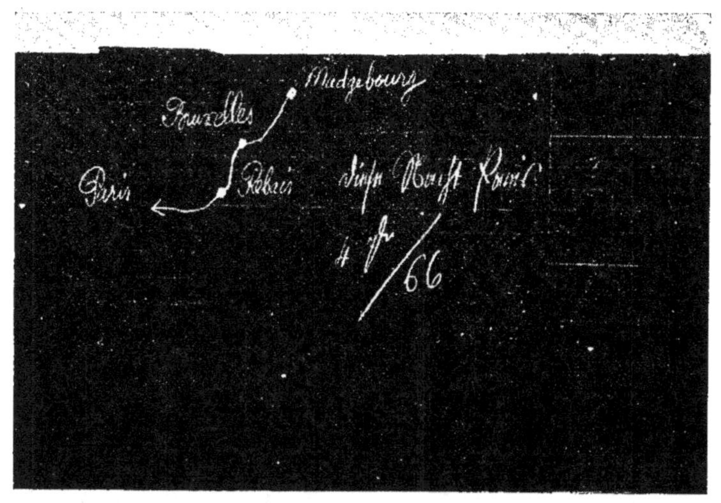

TABLEAU NOIR DES ÉCOLES DE SAINT-LÉGER
ILLUSTRÉ PAR LES ALLEMANDS PENDANT L'OCCUPATION.
(Photographie communiquée par M. le juge de paix de Rebais.)

ainsi fut blessée mortellement une vieille femme,
Mme Fary, dans le moment qu'elle fermait les volets de
sa maison[1]. Les habitations qui n'étaient pas brûlées
étaient pillées : ce fut, pendant deux jours, de la sauvagerie déchaînée.

L'ennemi ne se borna pas à ces exactions. Il eut des

1. « La balle avait été retournée. Elle a été retrouvée, et je l'ai chez
moi. » *(Communication de M. Hannard, juge de paix de Rebais.)*

fantaisies sadiques. Des uhlans pénétrèrent dans la boutique d'une commerçante, s'emparèrent d'elle, la déshabillèrent entièrement et l'attachèrent nue à son comptoir. Une autre femme, opposant une résistance désespérée, les soldats essayèrent de la pendre. Une autre encore, à Saint-Denis-les-Rebais, fut déshabillée de force, et liée à un matelas, où des brutes abusèrent d'elle, sous les yeux de sa belle-mère, impuissante à la défendre, et de son jeune fils[1].

Il faut rappeler, au nord de Rebais, la lutte très vive qui se livra à La Trétoire. L'ennemi occupait une forte position sur la rive gauche du Petit-Morin. Il en fut délogé, avec de grandes pertes, par l'armée britannique, le 8 septembre.

A *Villeneuve-sur-Bellot*, les Allemands débouchant par les hauteurs de Montflageol et par la route de Sablonnières, arrivèrent, nombreux, et manifestèrent des exigences impossibles à satisfaire. Le maire, M. Estocq, dut conduire, à La Chapelle-Véronge, un chargement de farine dont la quantité fut trouvée insuffisante. Il comparut devant un général qui lui reprocha une tentative de résistance des habitants de Bellot, tentative d'ailleurs imaginée par lui. — « Je ne suis pas maire de Bellot, dit M. Estocq, mais de Villeneuve. » — « Villeneuve, Bellot, c'est la même chose, répliqua le général. Vous serez fusillé. »

M. Estocq fut emmené et gardé par des soldats. La surveillance s'étant relâchée un instant, il s'élança vers le Grand-Morin. Mieux valait encore risquer de se noyer que d'être placé devant le peloton d'exécution. Mais on courut à sa poursuite et il fut rattrapé. Alors, on le lia à un peuplier de la rive, les cordes si serrées qu'elles entraient dans sa chair. Il resta là six heures, six mortelles heures. Des soldats creusèrent un trou près de

1. Rapport de la Commission d'enquête.

l'arbre, en lui disant que ce serait sa fosse. Un autre,

COFRE-FORT ÉVENTRÉ PAR LES ALLEMANDS DANS LA MAISON
DE Me BAUDOIN, NOTAIRE DE REBAIS.
(Photographie communiquée par M. le juge de paix de Rebais.)

brandissant une hache, l'en menaçait, en lui disant que,
puisqu'il ne voulait pas mourir sous les balles prus-

siennes, un bon coup de hache pourrait les remplacer [1].

M. Estocq put croire que ce supplice allait, en effet, lui être réservé. On le détacha de l'arbre et on le roula dans une bâche, la tête seule émergeant. Ce fut encore une autre agonie. Une circonstance, à laquelle il dut son salut, le délivra. Un sous-officier venait à sa recherche, pour qu'il servît de guide aux troupes, se mettant en marche. Il fut, en effet, encadré dans le peloton de tête. Les Allemands étaient arrivés sur la route de Culoison, quand ils reçurent le feu de l'artillerie anglaise. Les dispositions de combat furent aussitôt prises, et M. Estocq, bien qu'exposé aux obus britanniques, se trouva abandonné par son escorte. Il rejoignit quatre autres prisonniers, tout à coup oubliés, comme lui, et tous les cinq purent, après s'être cachés toute la journée, regagner Villeneuve.

Voici *La Ferté-Gaucher*, avec sa vieille et lourde église. Les Français en avaient fait sauter les ponts sur le Grand-Morin ; les Allemands essayèrent de les rétablir, puis s'avisèrent de combler la rivière en y jetant des matériaux de toute sorte. Ils se servirent d'abord du pont d'une propriété privée, celle de Mme Delbet, après l'avoir rapidement consolidé avec deux chevalets.

Le professeur Delbet a conté cet épisode, d'après les souvenirs encore tout récents de sa mère. Le pont ayant été déclaré praticable, un général affectant l'élégance, uniforme serré, monocle à l'œil, s'approcha de Mme Delbet et l'invita à assister au défilé de ses troupes.

— Ce sera une revue, madame, une revue fort intéressante... Vous verrez, cela vous intéressera beaucoup.

L'entrée des appartements est sous la porte cochère. Tout en parlant, le général fait apporter deux fauteuils dans cette sorte de vestibule. L'invitation prend l'accent d'un ordre. Ma

1. *Le Démocrate de Seine-et-Marne*, 17 octobre 1914.

MUR LONGEANT LA ROUTE DU VILLAGE DE SABLONNIÈRES, CRÉNELÉ PAR LES ALLEMANDS
POUR LA DÉFENSE DU VILLAGE LORS DE LEUR RETRAITE LE 8 SEPTEMBRE.

pauvre mère est obligée de s'asseoir dans un des fauteuils, à côté du général, et, pendant sept heures, de onze heures et demie à six heures et demie, elle a assisté au défilé des troupes allemandes sous sa porte.

Le général, tout en examinant ses hommes au travers de son monocle, prenait des attitudes de causeur dans un salon. Les cavaliers défilaient trois par trois. L'un d'eux ayant fait tomber avec sa lance une tête de buffle, trophée de chasse que j'ai relégué là, le général donna immédiatement l'ordre de défiler deux par deux.

C'est pendant cet interminable défilé qu'il a tenu à ma mère des propos extraordinaires, où s'alliaient le cynisme et le mensonge.

— Madame, quand vous serez Allemande, car vous allez être Allemande, vous serez très fière d'avoir vu passer mon armée sous votre porte. Je ferai d'ailleurs faire une plaque, une belle plaque, que l'on clouera là, pour mentionner le fait.

Comme ma mère protestait à l'idée de devenir Allemande, l'autre se prit à rire de ce gros rire germain, qui dépasse les bornes du ridicule chez ceux qui veulent le rendre élégant.

— Mais c'est chose faite. Vous ne pouvez pas vous défendre. Oui, je sais, vos amis les Anglais, vos amis les Russes... Les Anglais ? Sur terre, ils ne comptent pas. Quant aux Russes, ils ne savent pas ce que c'est qu'une armée... Croyez-moi, ils n'ont pas d'armée... Restent les Français, c'est une race dégénérée, tout à fait abâtardie. Vous devez le savoir, puisque vous êtes d'une famille de médecins. Les Français sont finis. Je puis bien vous dire ce que nous en ferons. Ce sera notre ultimatum ; j'en ai envoyé le texte, il y a quelques jours. Voilà. Nous garderons les plus beaux hommes ; nous les marierons à quelques solides Allemandes, et ils pourront peut-être avoir encore de beaux enfants. Quant aux autres survivants, nous les enverrons tous en Amérique...

Voilà les thèmes qu'un général allemand a développés pendant sept heures à une Française de soixante-dix-sept ans. Ses propos étaient ponctués par le sabot des chevaux, le cliquetis des sabres et le roulement des canons [1]...

1. Le *Figaro*, 12 septembre 1914.

Mme Delbet devait avoir la joie de revoir passer, mais de beaucoup en moins bon ordre, et en sens inverse, les mêmes troupes, poursuivies par des dragons français et des fantassins anglais.

Mais, dans La Ferté-Gaucher et autour de La Ferté-Gaucher, les Allemands avaient eu le temps de piller et de tuer. Pour le pillage, il s'était fait avec méthode, et devant le magasin de MM. Poilvert et Gautheron, notamment, stationnèrent des camions où toutes les marchandises furent entassées.

L'erreur sur les uniformes, qui fut fréquente dans cette région, causa la mort d'un ouvrier, M. Mourrier. Il prit pour des Anglais des officiers allemands arrivant en automobile. Il se jeta au-devant de la voiture, en criant : « Arrêtez, les Allemands sont encore là ! » Un des officiers lui brûla la cervelle d'un coup de revolver. Un petit commerçant, M. Dubois, fut tué devant sa porte.

Mais un attentat abominable fut celui qui fut commis au château de La Mazure. Là demeurait un vieillard, M. Quénescourt, paralysé et cloué dans un fauteuil. Il avait auprès de lui une domestique et une femme, réfugiée des régions envahies, à laquelle il avait donné l'hospitalité. Quelques Allemands, parmi lesquels se trouvait un sous-officier, envahirent la maison. Ils assaillirent les deux femmes. L'une d'elles, la domestique, s'enfuit, gagna une ferme voisine. Les soldats la poursuivirent et la ramenèrent à La Mazure, où ils la déshabillèrent. D'une main débile, M. Quénescourt fit effort pour saisir un revolver. Alors, les Allemands le fusillèrent dans ce fauteuil d'où il ne pouvait bouger. Cette exécution ne modifia pas leurs desseins. La servante, traînée par eux, contrainte à enjamber le cadavre de son maître, se débattait désespérément. Le sous-officier, qui s'était attaqué à elle, l'abandonna à deux

soldats, pour s'emparer de l'autre femme, dont il arracha
les vêtements. Il ne pouvait être permis qu'aux membres
de la commission d'enquête, portant d'accablants témoignages contre la bestialité de l'ennemi, de continuer un
tel récit. Ces ignominies s'accomplissaient dans la
chambre du mort, tandis que le poids de son corps
l'ayant fait tomber, il gisait sur le parquet ensan-
glanté[1].

A ces horreurs, à ces crimes, à ces souvenirs de
toutes les infamies allemandes, opposons le dévouement
de bons Français. Nous voici à *Sablonnières*, presque à
la limite du département de la Marne. On se battit à
Sablonnières : les Allemands en furent repoussés dans
ces journées de septembre qui virent leur recul sur toute
la ligne. Mais, après avoir perdu la vallée du Grand
Morin, l'armée du général von Kluck essayait encore de
tenir sur le Petit-Morin. Par là, tentait-elle un retour
offensif.

L'invasion du village fut subite. Une fois de plus, les
habitants prirent les Allemands pour des Anglais : ils
furent vite détrompés.

La situation était critique pour tout le monde. Elle
l'était particulièrement pour quatre cavaliers français,
dont un maréchal des logis du 27e dragons, détaché en
pointe d'arrière-garde. Ils s'étaient arrêtés quelques
instants dans le logis de l'instituteur et de l'institutrice
du pays, M. et Mme Bougréau.

Les cavaliers eurent un moment l'idée follement
téméraire de résister — à quatre ! — à l'ennemi. Mais
c'était condamner le village à être détruit. Avec beaucoup de présence d'esprit, sans vouloir penser aux risques qu'ils couraient, M. et Mme Bougréau cachèrent les

1. Rapport de la Commission d'enquête. *Le Démocrate de Seine-
et-Marne*, 30 septembre 1914.

soldats dans le sous-sol de l'école des filles. Le plus pressé était, en effet, de leur sauver la vie. Aidé du maire, M. Fournier, et d'un conseiller municipal, M. Bougréau dessella les chevaux et enfouit les harnachements. L'école était déjà cernée. Les Prussiens se répandaient dans Sablonnières et commençaient leurs réquisitions avec leur habituelle brutalité.

Le maréchal des logis Raquette songeait à son devoir, cependant. Ce devoir était, coûte que coûte, de prévenir ses chefs du mouvement des Allemands. Mais comment s'évader? M. Bougréau ne chercha pas à le retenir : il se résolut, au contraire, à l'aider et à le guider, à partager ses dangers. Il lui donna des vêtements civils, et il sortit avec lui de la maison, les deux hommes affectant un grand calme. Ils poussaient l'un et l'autre une bicyclette. Ce soin de montrer peu de hâte leur permit de traverser une partie du village sans être inquiétés. Mais à peine étaient-ils montés en selle qu'un coup de sifflet retentit : ils étaient poursuivis. Ils donnèrent de vigoureux coups de pédale, gagnèrent une avance qui n'eût pu leur servir longtemps, pourtant, si l'instituteur, à qui tout le pays était familier, n'eût brusquement entraîné son compagnon dans une ruelle par laquelle ils pénétrèrent dans une cour de ferme. Ils s'y abritèrent quelque temps, et, quand ils purent croire leurs traces perdues, ils se lancèrent dans la campagne. M. Bougréau connaissait tous les sentiers. A quelques kilomètres de là, il indiqua au dragon la route de Coulommiers.

Mais le retour de l'instituteur fut dramatique. Il ne put éviter la rencontre d'une colonne allemande, qui s'empara de lui. Les protestations étaient vaines. M. Bougréau se trouvait prisonnier.

A la hauteur du hameau des Brodards, des coups de feu retentirent : les troupes françaises occupaient Bellot, et leurs patrouilles avaient donné l'alarme. Les Allemands rebroussèrent aussitôt chemin, mais leur colère se tourna contre leur prisonnier. Il fut conduit dans un petit bois, où on lui fit subir un interrogatoire. On l'avait dépouillé de son veston, de son gilet et de sa chemise, et il demeurait le torse nu. On fouillait ses poches : on n'y trouva qu'un titre de rente, qu'un officier déchira. Puis, furieux de n'avoir pas fait d'autre trouvaille, il lui cracha au visage.

Les balles, cependant, continuaient à siffler. Les Allemands se couchèrent, exigeant, sous la menace de revolvers, que M. Bougréau se tînt debout.

Mais les Français, ayant constaté leur infériorité numérique, se replièrent. Les Allemands reprirent leur marche, poussant leur victime à coups de pointe de lance. L'un de ces coups de pointe avait blessé sérieusement au côté l'instituteur. On arriva enfin auprès de Doncy, où il fut relâché, par un caprice du commandant de la colonne, lui recommandant d'annoncer partout que, dans moins de quatre jours, Paris serait occupé.

M. Bougréau se dirigea vers Sablonnières. Après ces rudes épreuves, ce n'était pas à lui qu'il songeait, mais aux trois autres soldats, cachés dans le sous-sol de l'école. Il savait sa femme pleine de sang-froid et de résolution, mais la cachette était médiocre. L'école elle-même avait dû être occupée. Qu'était-il arrivé pour ces malheureux et pour les habitants du village, rendus responsables, si cette retraite avait été découverte ?

M⁰ᵉ Bougréau, à force d'adresse et de volonté, avait réussi à les préserver, en détournant l'attention des Allemands. A chaque instant, elle avait tremblé pour eux, mais elle avait déployé tant de diplomatie que le sous-sol n'avait pas été visité.

— Ils sont toujours là ?

Telle avait été la première question de l'instituteur, ne voulant pas penser à sa blessure. D'une minute à l'autre, cependant, de plus minutieuses investigations pouvaient avoir raison des précautions prises jusque-là. Mais que de difficultés pour assurer la fuite de ces trois hommes, pour les faire sortir d'une maison où était l'ennemi, et alors que le village était partout gardé !

L'instituteur et sa femme, assistés du maire, tinrent conseil. Il fallait attendre un moment propice. Vers une heure du matin, après un interminable défilé de convois d'artillerie devant le logis, ce moment sembla venu. M. Bougréau, oubliant ses fatigues et ses périls de la journée, refit bravement pour ses hôtes, qui avaient endossé des habits civils, ce qu'il avait fait pour le maréchal des logis. Il les guida, à travers mille difficultés, au milieu de continuelles alertes, jusqu'à un champ d'oseraies, au delà des lignes prussiennes. Mme Bougréau avait très vaillamment aidé son mari dans cette opération où ils risquaient leur vie.

Au mois d'octobre 1914, l'instituteur de Sablonnières recevait une lettre du chasseur à cheval Pagès, qui lui contait comment ses camarades et lui avaient pu rejoindre, à Villeneuve-le-Comte, les Anglais. Il le remerciait chaudement de son dévouement. « Nos chefs, disait-il, dans une lettre naïve et touchante, m'ont promis de vous récompenser. » Au commencement de 1915, M. et Mme Bougréau, étaient cités, en effet, à l'ordre du jour de la nation[1].

Le lendemain du jour où ces soldats français avaient été ainsi sauvés, les Anglais, ayant pris possession des hauteurs sur la rive gauche du Petit-Morin, attaquaient Sablonnières. Les Allemands s'y étaient solidement retranchés, mais un régiment écossais, dans une charge superbe, enleva le village, emportant comme trophées trois canons.

---

1. Témoignage oral de M. et Mme Bougréau. — *Pages d'histoire locale : les Prussiens chez nous*, Coulommiers, décembre 1914.

CHAPITRE VII

Les notices sur La Ferté-sous-Jouarre conviennent
que cette petite ville n'a à montrer aucun monument
curieux; mais Jouarre, avec la crypte de son église, ses
souvenirs gallo-romains, ses sarcophages anciens, n'est
qu'à 3 kilomètres, et la route est jolie. En revanche, les
guides s'accordent à dire que ses environs sont char-
mants, dans la vallée du Petit-Morin et dans celle de la
Marne.

Si des indications historiques sont données, elles
apprennent que la ville, qui s'appelait jadis La Ferté-
Ancoul, du nom d'un seigneur du xiie siècle, semblant
avoir été assez peu recommandable, fut, à diverses
époques, le théâtre de luttes violentes, notamment au
xvie siècle, au temps des guerres de religion, et « qu'elle
fut plusieurs fois pillée ».

Elle devait l'être plus qu'elle ne l'avait jamais été, au
commencement de septembre, dans le pénible chapitre
qui s'ajoutait à son histoire. Elle avait vu Blücher, en
1814, Blücher qui, en se retirant devant Mortier et Marmont, avait fait sauter le pont sur la Marne, ce qui

empêcha Napoléon, se désespérant de n'avoir pas d'équipages de pont, de le poursuivre et de l'écraser. Cent ans
après, elle devait voir von Kluck. En 1870, elle avait
connu aussi l'occupation prussienne.

Les Anglais, le 3 septembre 1914, étaient à La Ferté :
les dispositions générales leur firent évacuer la ville pour
aller prendre position sur les hauteurs des Bondons et
de la Gambière. Les Allemands arrivaient par Montreux-
aux-Lions.

Ils arrivèrent et s'installèrent aussitôt en maîtres, bien
renseignés, se dirigeant sans tâtonnements vers les maisons les mieux fournies. Le général von Kluck se rendit
à l'Hôtel de ville, où un de ses officiers fit arborer le
drapeau prussien. Il y trouva le maire, M. Lallier, et un
conseiller général, M. Duburcq, qui s'était offert à l'assister. Avec beaucoup de sang-froid et de dignité, servi
d'ailleurs par sa connaissance de l'allemand, M. Lallier
chercha à discuter les réquisitions imposées à la ville et
manifestement trop lourdes. Les officiers d'état-major
à qui il eut affaire semblèrent se rendre à ses raisons et
affectèrent de promettre quelque modération.

Elle n'était pas sans ironie, car, pendant ces conver-
sations, les Allemands s'étaient répandus dans La Ferté-
sous-Jouarre, pillaient les boutiques et pénétraient dans
les logis les plus aisés, brutalisant les habitants, emportant tout ce qui était à leur convenance. Les officiers
n'étaient pas les moins prompts dans ces visites domi-
ciliaires, braquant leur revolver sur ceux qu'ils dévalisaient. En une heure, la ville avait été mise à sac, et
les rues étaient jonchées de débris de toutes sortes.
L'ennemi, par habitude, emportait des objets paraissant
être le plus inutiles, fût-ce pour les jeter et les briser un
instant après. D'autres qui, depuis la frontière, avaient
l'expérience du vol, découvraient les cachettes de l'argent et des bijoux ou, avec le geste de mettre en joue, se

les faisaient révéler. Les portes des maisons inhabitées étaient abattues à coups de crosse ou à coups de hache. Ce banditisme militaire parut aux victimes supérieurement organisé. Elles avaient été dépouillées avec autant de sûreté que de rapidité.

Certains pratiquaient ce pillage avec une manière de bonne humeur, en gens à qui tout a réussi. « Vous allez être Allemands, disaient-ils, nous garderons votre pays. » Les soldats étaient tous persuadés de n'être plus qu'à 10 kilomètres de Paris.

Von Kluck s'était fait conduire à l'hôtel de l'Epée, où on avait apporté pour lui du champagne de grande marque, « réquisitionné » dans les caves les mieux garnies. Pour ce repas, il se contenta d'un potage, d'un poulet sauté, de petits pois, d'une salade et de dessert. Une ordonnance avait surveillé de près la cuisinière, comme si on eût craint une tentative d'empoisonnement. Le général réclama instamment une omelette aux confitures, mais il fut impossible de trouver des œufs. Il paya, d'ailleurs, son dîner, mais après avoir demandé quel était le tarif habituel[1]. Pour le prix de la chambre qu'il occupa, il dit de s'adresser à la mairie.

Cependant, des dispositions avaient été prises en cas d'attaque. Les Allemands avaient occupé des points stratégiques et avaient fortifié, sur les bords de la Marne, une maison à laquelle s'attachent des souvenirs historiques, le château de l'Isle, une construction du xviiie siècle, élevée sur une terrasse surplombant la rivière. Elle avait encore grand air, avec ses deux ailes, ses hautes fenêtres, ses balcons de fer, ses vastes pièces.

C'est là que, au retour de Varennes, la famille royale s'était arrêtée, le 24 juin 1791. Le maire, Regnard de l'Isle, fervent royaliste, avait offert son hospitalité. A

____
1. *Le Démocrate de Seine-et-Marne*, 21 novembre 1914.

l'entrée de La Ferté-sous-Jouarre, la foule, attendant la berline, qui arriva vers 2 heures, était houleuse, et avait acclamé les députés qui ramenaient les fugitifs. La voiture avait disparu, aussi vite que le lui permettait sa lourdeur, sous le portail, et les Fertois, peu à peu, plus curieux qu'hostiles, avaient envahi le pont pour apercevoir, sur la terrasse, les commissaires de l'Assemblée, faisant les cent pas, le dauphin et sa sœur, qui jouaient sous les yeux de Mme de Tourzel. On vit bientôt descendre Louis XVI, dans un habit brun tout fripé : il convia Barnave, Pétion et Marbourg à dîner avec lui ; mais les commissaires déclinèrent l'invitation, en prétextant qu'ils ne pouvaient retarder leur correspondance. Le roi se mit à table et mangea avec son appétit habituel.

La femme du maire, Mme Regnard de l'Isle, ne voulut pas consentir à prendre place à la table royale. Coiffée de son plus beau bonnet de ménagère, son trousseau de clefs pendu à la ceinture de son tablier, veillant à tout, elle servit elle-même la reine et se tint debout derrière sa chaise, tant que dura le dîner [1].

On se retrouva sur la terrasse, et Regnard de l'Isle essaya de provoquer un cri de « Vive le roi ! » qui n'eut pas d'écho. A 5 heures, l'adjudant-général Dumas donna le signal du départ et la berline reparaissait ; la foule s'était grossie ; malaisément contenue par la garde nationale, elle manifestait de l'irritation. La reine s'apeura. Un député breton, venu de Paris, Kervélégan, recommanda à Pétion la vigilance, dans la crainte qu'on ne tentât d'enlever la famille royale. La voiture passa le pont, enfin, et s'engagea sur la route de Meaux, où elle parvint vers 8 heures du soir, pour entrer, au milieu des huées, dans la cour de l'Evêché, où Louis XVI et

1. G. Lenôtre, *le Drame de Varennes.*

Marie-Antoinette devaient coucher avant leur retour à Paris.

La maison, un peu décrépite seulement, existait encore : il n'en reste plus que des ruines. La Ferté-sous-Jouarre ne fut délivrée qu'au prix du bombardement des positions allemandes par les Anglais (le premier obus, éclatant le 9 septembre, à midi et demi, tua six ordonnances de l'état-major). La vieille demeure de Regnard de l'Isle, d'où l'ennemi s'efforçait de mitrailler l'armée britannique, fut atteinte et s'écroula.

D'autres maisons, dans la rue des Pelletiers, la rue de la Barre et sur la place de l'Hôtel-de-Ville, furent anéanties par les obus. La situation devenant intenable pour les Allemands, ils quittèrent la ville en hâte, faisant sauter le pont. C'est à cette retraite précipitée que MM. Lallier et Dubucq durent leur salut. Ils avaient été pris comme otages, et on les avait emmenés jusqu'à Bécard, poussés à coups de crosse pendant la montée de la côte. Oubliés au milieu du désarroi général, ils se trouvèrent peu à peu abandonnés à un sous-officier. Celui-ci proposa à ses prisonniers de les laisser disparaître, moyennant une rançon, qu'il fixa modestement à 10 francs. La proposition, comme on imagine, fut acceptée.

— « Je croyais valoir un peu mieux que cela ! » disait en souriant le maire, délivré, venant reprendre possession de son cabinet [1].

Nous nous rappelons notre arrivée à La Ferté-sous-Jouarre ; nous venions de Coulommiers et de Jouarre. La petite ville sortait lentement de son cauchemar, comme avec une hésitation à croire à ce réveil. L'une des premières boutiques qui s'ouvrait était celle d'un pharmacien : il faisait quelques pas dans la rue et avait un geste de stupeur en apercevant la carcasse de ce qui avait été

1. *Pages d'histoire locale : les Prussiens chez nous.* Coulommiers, 1914.

une entreprise de plomberie. Une vieille femme balayait devant sa porte des monceaux de choses brûlées.

Près du pont détruit, quelques personnes attendaient les barques, qui, glissant sur les herbes de la Marne, menaient d'une rive à l'autre. De l'autre côté de la rivière, nous apercevions les maisons incendiées qui achevaient de se consumer. Un prêtre, averti qu'une automobile militaire rentrait à Paris, s'offrait à réunir les lettres, en disant : « C'est moi la poste! » Mais il n'avait dans les mains que peu d'enveloppes; on n'avait pas eu le temps d'écrire; on constatait les ravages, on se racontait ce qu'*ils* avaient fait; on se donnait des nouvelles : il y avait encore des uhlans dans les bois. Un maréchal des logis d'artillerie avait fait, à lui seul, trente prisonniers, deux d'entre eux lui servant de rabatteurs. On parlait des villages où les Allemands, en s'en allant, avaient jeté des bombes incendiaires.

Nous passions l'eau, et nous heurtant à un extraordinaire enchevêtrement de fils télégraphiques arrachés, nous contemplions l'étendue des ravages. Cependant, près du pont écroulé, sous la pluie qui tombait, nous avions la surprise de rencontrer un pêcheur intrépide qui, un vieux caban jeté sur les épaules, jetait sa ligne avec sang-froid. Comme nous ne pouvions nous empêcher de nous étonner qu'il se livrât en un pareil moment à cette distraction :

— Que voulez-vous que je fasse? me répondit-il, il faut bien tromper le temps, je ne peux pas rester chez moi : je n'ai plus de maison !

Dans cet écrit, notre pauvre cité
Par moi, Seigneur, humblement vous supplie...

C'est La Fontaine, fils de Château-Thierry, qui parlait ainsi de sa ville, dans une requête adressée à Fouquet pour que l'opulent surintendant vint à l'aide des habitants, préoccupés du mauvais état de leur pont. Château-Thierry, depuis longtemps, n'est plus « une pauvre cité ». Bâtie en amphithéâtre sur une colline dont la Marne baigne le pied, elle n'est pas sans quelque coquetterie.

Château-Thierry fut occupée du 2 au 9 septembre, et l'occupation y fut lourde, comme partout où passèrent les Allemands. Mais, bien que bombardée préalablement, la ville ne souffrit que partiellement. Quelques maisons seulement, au bord de la Marne, furent atteintes, entre autres, l'Hôtel de l'*Eléphant*. Dans les environs immédiats, les ravages furent plus complets, comme à Chierry, où les deux châteaux de Varolles et de Moque-Souris, incendiés, ne devaient plus présenter que des ruines.

Pendant huit jours, le pillage avait été pratiqué méthodiquement. Les magasins avaient été vidés, rue par rue, et on vit là les camions sur lesquels les Allemands chargeaient, posément, en travail commandé, les marchandises et les objets volés. Les blessés encore valides quittaient, pendant quelques heures le collège, transformé en hôpital, pour prendre leur part de butin.

Les exigences de l'autorité militaire allemande étaient naturellement hors de toute mesure. Malgré les menaces incessantes, il se trouva quelques gens de cœur pour tenir tête à l'ennemi, et pour ne pas céder à toutes ses prétentions. Ces menaces, d'ailleurs, ne furent pas éloignées de leur réalisation. On trouva, après la fuite des envahisseurs, des sacs remplis de ces pastilles incendiaires dont ils avaient fait usage ailleurs.

Nous nous souvenons d'avoir vu, dans ces jours de septembre qui suivirent la victoire, entre La Ferté-sous-Jouarre et Château-Thierry, des villages qui brûlaient encore. Les habitants, assis sur le bord de la route, regardaient, avec une farouche résignation, se consumer

leurs maisons qu'ils avaient été impuissants à sauver.
Combien dérisoires étaient les pompes à bras qu'ils
avaient mises en batterie contre les engins de destruction
allemands !

Mais l'abattement dura peu. Ces braves gens se
remettaient bientôt à l'œuvre, relevaient les ruines,
reconstruisaient un logis, retrouvaient, après cette catastrophe, leur énergie pour se refaire un foyer. La vie a
repris ses droits.

A quelles fantaisies de sauvages se livrèrent les Allemands, auprès de Château-Thierry ! A Courboin, ils
entrèrent dans une ferme, s'emparèrent du fermier et le
dépouillèrent de tous ses vêtements : « Ce sera plus
commode pour vous fusiller ! » lui dit un officier. Ce fut
par miracle que le malheureux entièrement nu, put s'é-
chapper.

Le 9 septembre, les troupes de l'armée Franchet d'Espérey [1], pénétraient dans Château-Thierry poursuivant
de près l'ennemi, dont le départ avait été si précipité
qu'il n'avait pas eu le temps de détruire les ponts. « La
route, les rues de Château-Thierry, a dit un témoin,
étaient jonchées de sacs, d'équipements, de fusils ». Les
Allemands avaient laissé à l'hôpital la plupart de leurs
blessés. Aux alentours de la ville, la cavalerie anglaise
avait chargé avec un magnifique entrain des escadrons
de uhlans, et dans un rapport, le maréchal French parlait de cette charge d'une façon pittoresque : « Ils ont
traversé, écrivait-il, aussi facilement qu'un canif dans
de la toile d'emballage. »

1. On sait que les armées Maunoury et Franchet d'Espérey —
celle-ci de concert avec l'armée anglaise — s'étaient successivement
dégagées. L'offensive de l'armée Maunoury avait arrêté les Allemands menaçant le général Franchet d'Espérey et le maréchal
French. A leur tour, le 9 au soir, ceux-ci libéraient le général Maunoury du danger d'enveloppement.

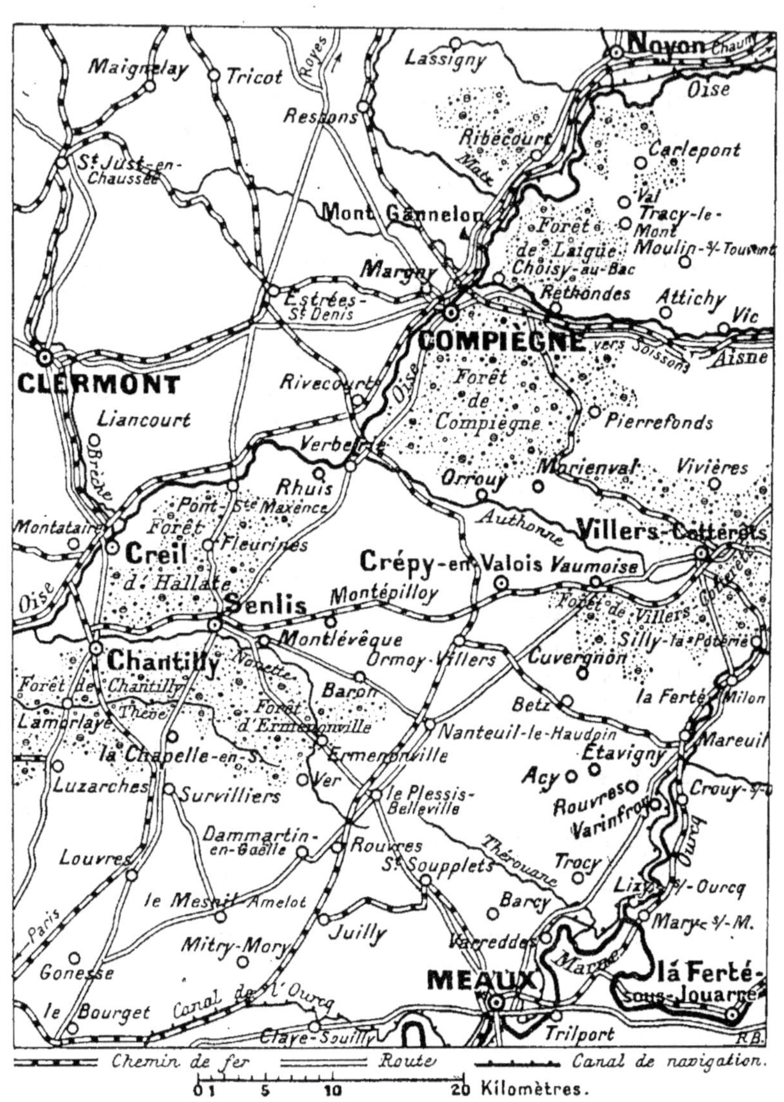

DE NOYON A MEAUX.

CHAPITRE VIII

Autres temps, mêmes drames. — Compiègne, ses forêts, ses chemins
et ses fastes. — Deux hôtes très différents, Guillaume de Prusse
et Nicolas de Russie. — Les Primitifs de l'incendie. — Le major
Otenin et sa mort héroïque. — L'occupation en 1870. — Discrets
amateurs de tapisseries.

Partout l'ennemi avance dans le Nord. Laon, Vervins,
Guise sont dépassés de toutes parts. Depuis plusieurs
jours les émigrants, les troupes en retraite apportent les
nouvelles les plus alarmantes, et la certitude de l'invasion que rien ne peut arrêter, de l'occupation prochaine
de Compiègne à son tour. Par où les uhlans vont-ils
arriver? Sans doute par le Francport, par Vieux-Moulin,
par Janville. On prête l'oreille, on interroge l'horizon.
La ville est plongée dans les plus poignantes alarmes...
Sommes-nous en septembre 1914? Non, nous sommes
en 1814, au mois de février. L'agitation est la même,
l'angoisse semblable, les dangers aussi proches. Mais
que de différences dans les épreuves, à un siècle de distance! Si elles sont plus prolongées lors de la première
invasion, combien plus lourdes et plus cruelles pendant
la seconde! Si Compiègne est en 1814 le théâtre d'un
exploit guerrier célèbre entre maintes dans l'histoire
moderne, pendant combien de jours, de semaines, de
mois, le bruit du canon, et les projectiles même qui
tombent du ciel ou sont envoyés par un canon dont la
portée, il n'y a pas si longtemps, eût été jugée du

domaine de l'extravagance et du rêve, viendront-ils rappeler sans répit aux habitants la proximité d'un ennemi cent fois plus hostile qu'il y a cent ans, mille fois plus implacable et affolé de cruauté et d'horreur que celui dont la présence, entre ces deux invasions culminantes, en 1870, pesa lourdement et de façon permanente sur toute la région !

Mais du rapprochement entre la défense de Compiègne en 1814 et l'hallucinant aller et retour de 1914, dans sa rapidité et sa véhémence, naîtront d'elles-mêmes les différences et les leçons. Pour bien des années à venir, elles feront de cette ville un des points où la curiosité sera le plus avide et les enseignements les plus durables, car la cupidité et l'insolence s'y seront étalées avec le plus d'éclat, et l'abaissement dans l'insuccès y aura fait ses premières preuves.

Avant de rappeler ce qui est de l'histoire et ce qui est en train d'en devenir, il n'est pas inutile, quoique Compiègne soit une des villes les plus visitées et les plus connues, de rappeler sa physionomie et sa situation. L'une et l'autre sont caractéristiques de ce qui nous est cher en France; l'une et l'autre servent à mieux comprendre les événements.

Compiègne est placée entre une rivière et une forêt. La forêt est admirable; elle est profonde, accidentée, riche en ressources, abondante en villages, inépuisable en aspects. La rivière, elle, est un des chemins les plus importants vers le cœur de la France, si l'on admet que ce cœur est Paris, et comment ne pas l'admettre? L'Oise, en temps de paix, est un merveilleux véhicule de richesses; en temps de guerre, une terrible voie d'invasion. L'Aisne relie Compiègne, une des portes de Paris, aux régions lorraines. L'Oise qui relie la cité aux régions belges, finit par l'emporter sur sa rivale, qu'elle absorbe, et cela justement à l'entrée même de la ville. Aussi

Compiègne se trouve placée à un angle, à une jonction qui fait d'elle une ville prospère, mais aussi une ville exposée et une ville directement visée.

Cette situation lui a valu un rôle sinon capital, du moins important dans l'histoire. Compiègne n'est peut-être pas une ville à dénouements, mais du moins à épisodes retentissants. On s'explique que Jeanne d'Arc y ait été le gage d'une lutte sans merci, que le major Otenin y ait été le modèle de l'héroïsme et de la résistance, et que les Allemands de 1914 aient quitté avec rage une aussi riche proie et une position aussi précieuse.

Dans la vallée fertile où s'épanouit sa beauté et où son activité fluviale s'exerce, Compiègne est une des étapes principales des éternels brigands. Lorsque, avant cette guerre, des signes non équivoques de leurs mauvais desseins se multipliaient, se reproduisant chaque année, ceux qui avaient la perception de l'avenir s'attendaient à ce qu'elle fût, en cas de revers, atteinte dans le plus bref des délais. Alors on ne songeait pas à la monstrueuse violation de la Belgique, et au retard que ce crime devait faire éprouver à ceux qui l'auraient commis. On voyait l'arrivée rapide par la vallée de l'Aisne, soit insuffisamment défendue, soit impossible à barrer contre une invasion torrentielle.

Cette vallée de l'Aisne, luxuriante, délicieuse, qui n'évoque en temps de paix que des idées de richesse, de repos, de rêverie, devient donc un redoutable chemin de guerre. Elle mène en ligne droite à Soissons. En s'approchant, de cette direction, vers Compiègne, elle se resserre entre les deux forêts d'inégale importance, mais toutes deux magnifiques, et suffisamment accidentées pour se transformer en défenses profondes, infranchissables : la forêt de Laigue, et celle, beaucoup plus vaste, de Compiègne (respectivement 15.000 et 4.000 hectares en chiffres ronds).

D'autre part, ces deux belles forêts s'étendent seulement sur la rive gauche de l'Oise dans les deux angles que l'Aisne forme avec elle, la forêt de Laigue dans l'angle aigu, celle de Compiègne dans l'angle obtus. Sur la rive droite, la vallée est plus d'une fois resserrée par des hauteurs peu considérables, mais assez nettement accentuées : le Mont Ganelon en amont de Compiègne, la colline qui domine Margny, prolongement de Compiègne de l'autre côté de l'eau, puis en aval, Armancourt, etc.

L'Oise elle-même forme une route extrèmement sillonnée : un mouvement de batellerie des plus importants fait communiquer les Flandres avec Paris même. Le port de Janville au nord de Compiègne, celui de Compiègne même, celui de Pont-Sainte-Maxence, celui de Creil, jalonnent dans cette partie du département un trafic incessant que les espions allemands connaissaient bien, dont ils comptaient profiter, et qu'une légende, non encore contrôlée, montrait au début de la guerre comme ayant été traîtreusement utilisé pour certaine entreprise de transport de munitions qui aurait été découverte à temps par un hasard heureux.

Les deux rivières, « chemins qui marchent », qui font l'importance de la situation de Compiègne, sont elles-mêmes doublées très étroitement, jusqu'à une grande distance de la ville, par des routes d'un intérêt considérable : l'une qui vient de Bruxelles par Saint-Quentin et Noyon et va à Paris par Verberie, Pont-Sainte-Maxence et Senlis ; l'autre qui suit le parcours de l'Aisne et vient presque en ligne droite de Soissons, en passant par Vic-sur-Aisne et Attichy. Cette dernière franchit l'Oise et va directement sur Beauvais par Clermont. C'est dire combien la première dans le sens vertical et la seconde dans le sens horizontal peuvent jouer un rôle décisif. Mais ce ne sont pas encore les seules grandes voies de communi-

CHOISY-AU-BAC APRÈS LE PASSAGE DES ALLEMANDS.

Photo E. Hutin.

cation dont Compiègne est le centre. Entre celle de
Soissons et celle de Senlis est la non moins belle route
qui allant vers Crépy-en-Valois et Betz mène en pleine
Seine-et-Marne. Entre celle de Noyon et celle de Beau-
vais est la non moins belle route qui par Ressons et
Montdidier mène jusqu'à Amiens !

Est-ce tout ? Pas encore, car l'Oise et l'Aisne sont
triplées par des lignes de chemin de fer qui épousent
étroitement leur parcours et celui des routes de terre,
et les autres routes que nous venons de désigner sont
elles-mêmes doublées quoique un peu moins rigoureusement par des voies ferrées.

Telle était la clef que les Allemands possédèrent
pendant quelques jours et qu'ils durent rendre. Ils l'ont
amèrement regrettée et ils cherchèrent, comme on le
verra, à faire payer à Compiègne la dure déconvenue
infligée à leur rapacité.

Mais cette déconvenue n'était pas la seule. Une autre,
singulière, et pour ainsi dire tragi-comique, était réservée
à leur orgueil.

Compiègne, on le sait, est une ville royale, et pour
ainsi dire demeurée telle. Sa devise est : *Regi et regno
fidelissima*, et les républicains, qui ne sont pas en mino-
rité dans cette région aristocratique, n'ont jamais songé
à demander qu'elle soit changée, car elle peut être inter-
prétée dans le sens d'une fidélité aux souvenirs historiques que la royauté et les rois y laissèrent. Ces
souvenirs, qui se rattachent à toute une succession de
siècles, sont concentrés dans un édifice grandiose : le
Palais. Sur l'emplacement du vieux donjon de Charles V,
Louis XIV avait édifié un château qui à son tour disparaît pour faire place, sous Louis XV, à la noble et
simple architecture de Gabriel. Louis XVI en voit l'achè-
vement. Napoléon le transforme intérieurement et le
décore, pour y épouser et y éblouir la fille de l'empereur

autrichien. Louis XVIII et Louis-Philippe y passent.
Napoléon III y séjourne régulièrement tous les automnes
pendant près de vingt ans. Les chroniques de Compiègne
sont riches en détails fastueux, en anecdotes piquantes,
en visites illustres. Des volumes entiers n'ont pas été de
trop pour relater tout cela. Mais entre les divers hôtes
qui se sont succédé dans les temps plus rapprochés du
nôtre, il en est deux surtout dont le voyage devait hanter
la pensée allemande. Dans les dernières années du
Second Empire, le roi de Prusse Guillaume, accueilli
sans défiance. Dans les premières années de notre siècle,
Nicolas II, souverain de notre alliée la Russie, accueilli
avec transports.

Quelle tentation pour un homme capable de tous les
crimes et porté à toutes les ambitions, que d'occuper
un édifice aussi illustre non plus comme son aïeul, en
invité qui médite la conquête, mais en conquérant véritable, et d'y effacer, en s'y imposant par l'effroi, le souvenir de son ennemi qui y avait été appelé par l'amitié !

L'occasion souveraine fut manquée comme l'occasion
stratégique.

Les troupes de von Kluck n'accomplirent pas à Compiègne en 1914 d'actions guerrières qui fissent oublier
les heures difficiles que firent passer à celles de von
Krafft et aux uhlans de von Geismar, en 1814, le major
Otenin et sa poignée de braves.

Cette histoire vaut la peine d'être rappelée. Car le
petit fait d'armes d'il y a un siècle conserve toute sa
grandeur, et les visiteurs de la France délivrée ne manqueront pas, quand ils visiteront Compiègne, de rechercher les points où se sont passées les choses glorieuses
ou douloureuses de notre histoire. La terrasse où le
major Otenin succomba n'excitera pas moins leur émotion que ne provoquera leur curiosité la cour où les
soldats allemands ont emballé dans des camions de la

Croix-Rouge les mobiliers et les objets d'art volés dans les propriétés voisines.

Justement, par une curieuse et saisissante coïncidence, le monument d'Otenin venait d'être érigé à Compiègne peu de temps avant que la guerre ne fût déclarée.

D'ailleurs ne verrons-nous pas, dans une autre région, l'inauguration du monument de Montmirail précéder de peu de semaines une nouvelle bataille destinée peut-être à devenir aussi célèbre que la première, plus même peut-être, puisqu'elle fit partie de la grande bataille libératrice.

Le 1ᵉʳ mars 1814, après une longue succession de craintes et d'espérances se succédant presque quotidiennement, Compiègne s'attendait définitivement à l'arrivée de l'ennemi. En 1914, cette arrivée fut infiniment plus foudroyante. Une force imposante était signalée à Noyon. Ce qui rassure un peu les habitants, c'est que Soissons a été délivrée. Au contraire, de notre temps, ce fut lorsque Compiègne eût été occupée que Soissons fut près de l'être.

On s'attend donc, en 1814, à voir les « Cosaques » apparaître sur le Mont Ganelon ou sur la hauteur de Margny, ou déboucher par l'Aisne, venant de Rethondes et du Franc-port. Il ne tarde pas en effet à s'en montrer des patrouilles isolées, tantôt à Clairoix, tantôt à Choisy-au-Bac, c'est-à-dire aux portes mêmes de Compiègne. Des alternances de désastres et de résistances heureuses : la capitulation de Soissons consentie par Moreau, puis la victoire de Craonne, puis la défaite de Laon, puis la reprise et de nouveau la perte de Noyon, tour à tour calment et font renaître les perplexités des Compiégnois, jusqu'au 14 mars. C'est alors qu'Otenin se révèle.

Le hasard des déroutes l'avait amené ici quelques jours auparavant. Son régiment était dispersé ou dévoyé. Toujours est-il qu'il prend bientôt la direction d'une défense presque sans défenseurs. Un bataillon de la

COMPIÈGNE. — EFFET DU BOMBARDEMENT.

Photo E. Hutin.

Garde devait être affecté à la défense du Palais, mais il avait reçu l'ordre d'aller se battre à Soissons au moment même où Compiègne allait être investie ! Que reste-t-il à Otenin ? Une centaine de soldats de diverses provenances et une garde civique guère plus nombreuse, mais beaucoup moins aguerrie. On a promis des renforts, mais arriveront-ils ? Rien n'est plus douteux. Cela n'empêche pas Otenin de prendre toutes les mesures nécessaires pour fortifier la ville. Heureux temps héroïques où l'on pouvait se flatter de rendre une cité imprenable en en *fermant les portes* et en les barricadant avec quelques troncs d'arbres de la forêt prochaine ; en coupant une route avec une tranchée ; enfin en établissant, face au débouché attendu, une batterie... de deux pièces de canon ! Ce sont pourtant les moyens dont les cent hommes et les quelques gardes urbains disposent, et qu'ils préparent du mieux qu'ils peuvent.

Ajoutez que dans les villages environnants, les paysans, plus ou moins bien armés, feront le coup de feu contre les patrouilles étrangères et concourront à la défense générale, — et qu'à cette époque, on ne se croira pas en droit de brûler pour cela des villages entiers, comme les Allemands l'ont fait pour tous ceux... dont les habitants étaient partis.

Une alarme assez chaude a lieu le 14 mars, des hussards prussiens, au nombre d'une vingtaine, s'étant montrés sur la route de Noyon, à un kilomètre des premières maisons de Compiègne. Les artilleurs d'Otenin avaient alors fait tonner leurs canons jusqu'à trois fois, et les hussards s'étaient enfuis. Les gardes civiques également.

Enfin, dans la nuit arrive un bataillon de renfort, ayant à sa tête le commandant Le Comte. Cette fois, les événements vont prendre de l'ampleur et du tragique, et le caractère héroïque va s'accentuer.

Dès le 15 au matin, l'artillerie ennemie précède des troupes en nombre, et commence à attaquer de la route de Noyon. Les deux pièces françaises ripostent vaillamment. Les habitants, oubliant leur récente alarme, font le coup de feu ; les paysans se soulèvent dans les villages environnants au son du tocsin et, des hauteurs, harcèlent les Prussiens.

Ceux-ci accentuent leur offensive : des « boulets » tombent dans la ville et jusque sur le Palais. A deux reprises, des parlementaires ont été envoyés à qui on a refusé de capituler. Le commandant Le Comte répond à la deuxième de ces sommations qu' « on ne rendra la ville que lorsque l'ordre en serait donné par Sa Majesté l'Empereur ». L'ennemi, alors bat en retraite. Les diverses « ruses de guerre » — ne répétons pas l'expression de notre attendrissement devant la candeur de ces épopées, — mises en œuvre par Otenin pour faire croire à des moyens de défense infiniment plus redoutables, ont momentanément réussi.

Nouvelle période de calme relatif et de triomphe modeste, entremêlée d'alertes, jusqu'au 29. A cette date, les uhlans de Geismar, revenus en devançant des forces cette fois considérables, s'emparent des hauteurs de Margny. Nous nous sommes trop hâtés de dire à l'instant que l'Allemand n'incendiait pas encore les villages dont les habitants défendaient leurs foyers. Les uhlans de von Geismar parcourent les rues de Margny en secouant au bout de leurs lances des bottes de paille enflammées et détruisent ainsi une soixantaine de maisons. Von Geismar fait dire par un paysan au commandant de Compiègne « que chaque fois qu'il ferait sonner le tocsin, il en coûterait quelques villages à la France ».

Il n'y a donc de différence, en faveur, si l'on peut dire, de notre époque, que dans la généralisation du système et dans le perfectionnement du matériel incendiaire.

Ajoutons que des femmes, des vieillards et des enfants furent massacrés au cours de ce haut fait.

Le 30 mars, l'histoire de la défense de Compiègne par Otenin entre dans le sublime.

Paris a les Alliés sous ses murs, et l'on a décidé de prendre enfin Compiègne coûte que coûte. Une colonne allemande est envoyée de Noyon et doit forcer le passage de l'Oise. Une seconde colonne, composée d'une brigade entière commandée par le général von Krafft, vient de Soissons pour prendre la ville par le côté de la forêt.

Alors, les 1.500 hommes dont dispose Otenin se multiplient, animés par un homme intrépide et résolu à tout. Ici, c'est un bataillon qui, avec le commandant Baudry, force la colonne de Noyon, malgré son artillerie, à renoncer au forcement de l'Oise. Là, ce n'est qu'une poignée d'hommes qui défend avec succès la Porte-Chapelle (porte où commence, du côté du Palais, la route de Soissons). Enfin, c'est du côté de la forêt, face aux Beaux-Monts, d'où les ennemis canonnent violemment le parc et le Palais, la pauvre petite artillerie d'Otenin, qui, mise en action à propos, fait fuir, après leur avoir infligé de fortes pertes, les régiments prussiens qui arrivaient au pas de charge sur la terrasse.

Nous nous sommes, au commencement de ce récit, laissés aller à sourire tant les horreurs de la présente guerre font paraître les guerres antérieures, pourtant formidables, des jeux d'enfants, si admirables de valeur qu'ils soient. Mais le frisson d'enthousiasme s'empare de nous quand même, lorsque Otenin, au moment même où tant d'ennemis se dispersent, où leur élan est arrêté, se trouve frappé d'une balle au front devant ce Palais, dont il a pu, avec quinze cents hommes, en tenir en échec dix-huit mille.

— L'ennemi n'est pas entré? demande-t-il pendant
que la vie l'abandonne.

Il rayonne quand on lui répond que non.

— J'avais bien dit qu'il n'entrerait pas!... Vive l'Empereur!

Comment les étrangers revinrent à la charge, et cessèrent à la « rentrée des Lys » d'être considérés comme
des ennemis, cesse d'appartenir à la tragédie et n'a pas
à être relaté ici. Il n'est, cependant, pas sans à propos
de rappeler que Compiègne pensa alors mourir de faim
pour que pussent manger à leur appétit les Alliés de
toutes armes et de toutes nations.

C'est ainsi que, dans ses effets plus ou moins lourds,
l'histoire se recommence.

En 1870, l'invasion fut lente et pesante, agissant à la
façon du reptile qui enlace et étouffe sa proie. Le département de l'Oise, et Compiègne en particulier, ne furent pas
le séjour de batailles importantes, d'actions énergiques,
de dramatiques épisodes. Ce fut l'oppression silencieuse,
la tyrannie constante et accablante. De là pour nous
l'absence d'aventures à rappeler telles que le chevaleresque
fait d'armes du major Otenin. En revanche, par rapport
à 1914, l'énormité de la contribution de guerre, qui
dépassa trois millions, et séjour prolongé, pendant plusieurs mois, dans le Palais où Guillaume 1er avait été
(en reconnaissance) reçu merveilleusement une des
dernières années de l'Empire.

Nous verrons tout à l'heure que les Allemands se montrèrent offusqués, lors de leur bref passage en septembre 1914, des soupçons qu'on aurait pu avoir de leur appé-
tence en matière de tapisseries. Pourtant le souvenir
était demeuré au Palais, souvenir bien capable de nous
mettre sur nos gardes, d'une certaine pièce de la suite
de Psyché : *L'Amour et Psyché au bain*, dont la bordure
était fort proprement découpée, ayant été appréciée d'un

collectionneur, d'un amateur de souvenirs, que l'on affirmait être le général von Manteuffel.

Ce général, qu'il ait ou non la conscience pure de ce vol, — mais, ce qui est certain, c'est que la magnifique bordure florale fut volée, — était une manière de tyranneau. qui écrasa de ses exigences la population, ainsi que le personnel du Palais, faisant emprisonner le régisseur pour des repas qu'il ne trouvait pas à son gré; laissant sa soldatesque molester les gens de la même façon que lui.

Ces soldats faillirent, une ou deux fois, brûler le Palais. Des incendies graves se déclarèrent, qu'on eut beaucoup de peine à éteindre. C'eût été une chose fort glorieuse et fort plaisante que le monument, riche de plusieurs siècles de gloire, eût été anéanti par la pipe d'un lourdaud de Poméranie!

Le roi de Saxe vint au Palais de Compiègne et y fit un ou deux séjours. L'histoire ne dit pas qu'il s'y soit conduit ignoblement. C'est, en vérité, admirable.

Il est. au coin de la terrasse des Quinconces, qui surplombe la partie gauche de la place du Palais, un grand vase ornemental contre lequel on voyait venir fréquemment s'accouder, dans leurs colloques, Manteuffel, Bismarck, le roi, d'autres encore. Quel dommage que la France ait fini par oublier ce vase-là, dont les vieux Compiégnois se souvenaient bien.

CHAPITRE IX

Vers le 25 août 1914, Compiègne commença, devant
des signes évidents, à redouter sa troisième invasion du
siècle. De jour en jour, les fugitifs des régions du Nord
devenaient plus nombreux et plus alarmants. Des convois d'automobiles belges passaient pour rejoindre
Le Havre. Le 28 août, le canon se faisait entendre dans
la direction de Péronne et de Chauny; enfin le même
jour, l'armée anglaise entrait dans la ville et le général
French avec son état-major s'installait au Palais, où il
devait à peine séjourner, ses troupes quittant dès le
dimanche 30 la région de Compiègne, dans cette retraite
qui devait s'arrêter à la Marne et se changer en l'immortelle volte-face.

Alors beaucoup de Compiégnois devinrent à leur tour
émigrants; et le lundi, il ne restait dans la ville que
ceux qui étaient décidés à subir toutes les épreuves, à
courir tous les risques. Dès le matin une partie de la
ville, celle qui avoisine la rive, vers le centre, était
avertie déjà que le pont allait sauter par les soins de
l'arrière-garde anglaise; le pont du chemin de fer de

Soissons qui se trouve à l'extrémité, du côté nord, était sacrifié également. Les deux destructions, qui n'arrêtèrent les envahisseurs guère plus de deux ou trois heures, donnent à la population le signal et l'avant-goût des heures douloureuses.

Déjà des ouvriers, des paysans étaient arrivés de la direction de Choisy-au-Bac, annonçant que de nombreuses patrouilles exploraient la forêt. On s'attendait donc à voir déboucher les ennemis tout d'abord par la route de Soissons. C'est par le nord-est et non par l'ouest, non par la route d'Attichy, mais par celle de Monchy-Humières à Margny qu'ils firent leur première apparition.

Cela s'explique par ce fait que les plus grandes forces de l'armée de von Kluck étaient sur la rive droite de l'Oise, ce général ayant renoncé à envelopper Beauvais pour descendre plus vite d'Amiens dans la direction de Paris par Compiègne et Creil.

L'avant-garde parvenue à l'entrée de Margny est suivie sur le plateau par de la cavalerie et de l'artillerie. Un professeur du collège qui, avec l'insouciance ou la distraction des hommes d'étude, était allé flâner « à la campagne » avec un ami, de ce côté, croit d'abord avoir affaire à de nouvelles troupes anglaises. En effet, cette avant-garde est composée de cavaliers coiffés d'un certain bonnet à poil inattendu qui plus d'une fois les fera prendre soit pour des Anglais, soit pour des Russes. Vite détrompés, les promeneurs doivent servir de guides et d'otages, et conduire deux parlementaires jusqu'à l'Oise où des bateliers, dont le rôle n'a pas été précisé de crainte de l'être trop bien, leur firent traverser la rivière.

Il est facile au pèlerin de refaire ce chemin avec les deux émissaires allemands et de reconstituer le spectacle étrange et pénible de cette prise de possession

COMPIÈGNE. — LE PONT APRÈS LA RETRAITE FRANÇAISE.

Photo E. Hutin.

d'une ville sans défense par deux uniques cavaliers. Une foule d'oisifs les suit dans leur bref et direct parcours jusqu'à la mairie — car dans les villes évacuées il reste toujours de quoi faire une foule. On discute sur leur passage ; quelques-uns même les acclament croyant que ces bonnets à poil sont russes. Les deux officiers se cambrent sur leur monture et ricanent.

Ils arrivent devant le vieil Hôtel de Ville Renaissance, les curieux devenant de plus en plus compacts. M. Dumars, juge de paix, les rencontre sur la place, au moment où ils se dirigent vers la porte de la maison municipale.

Résolument il les aborde et leur demande ce qu'ils veulent.

— Nous sommes officiers allemands et nous venons sommer le bourgmestre de rendre la ville.

Les Allemands se croient toujours en Belgique et croient qu'il y a partout un bourgmestre à fusiller comme à Aerschot ou à molester et à emmener en captivité comme à Bruxelles.

— Monsieur le maire est sous les drapeaux, répond M. Dumars avec une attitude énergique. Mais les deux adjoints sont ici. D'ailleurs pourquoi n'avez-vous pas arboré le drapeau blanc ? Vous auriez pu être maltraités par la population.

— Notre artillerie là-haut (en désignant du geste la direction de Margny) l'aurait fait payer cher à votre ville.

— Voici les deux adjoints, reprend le juge de paix, en coupant cette discussion et en montrant M. de Seroux et M. Martin qui sortent à ce moment de la mairie.

M. de Seroux est un homme âgé, mais d'une grande énergie et d'une loyauté admirablement française. Il a fait la campagne de 1870 ; un frère à lui porte les étoiles de général. Rien ne peut lui faire courber la tête, aucune menace ne le ferait reculer d'un pas. Pendant tout le

séjour des Allemands à Compiègne, il fera face avec
autant d'intrépidité que de finesse à toutes les difficultés,
à tous les dangers, il subviendra avec sollicitude à tous
les besoins des habitants. C'est un de ces hommes de
notre race et de vieille race, avec lequel les Allemands
sont toujours forcés de compter. Il saura différer quand
il le faut, tenir tête quand il le doit. C'est, dans le
domaine civil, ce que le major Otenin aura été dans le
domaine militaire, et le courage, comme les obstacles,
n'est pas moindre.

Après avoir expliqué comment la population ne doit
pas être rendue responsable de la destruction du pont,
que les Anglais ont fait sauter en battant en retraite,
il refuse d'accompagner les officiers qui retournent dans
la commune de Margny et il se prépare à la dure tâche
des jours suivants.

A peine les éclaireurs de Margny se sont-ils retirés
que l'on signale l'entrée d'une colonne allemande des
plus importantes par la route de Soissons. Cette fois
plus de dialogues ni de sommations à effet théâtral.
L'armée ennemie prend purement et simplement possession de la place, entre par la porte Chapelle et la
rue d'Ulm, longe le Palais et arrive devant la façade
d'honneur, où elle se masse sur l'esplanade, et envoie
des détachements par toute la ville.

Déjà, en même temps, les pontonniers ennemis tra-
vaillaient à établir un pont de péniches sur l'Oise, et les
forces du côté de Margny commencèrent à traverser.
Un second pont fut établi dès le lendemain matin, et les
troupes qui arrivaient de la direction d'Amiens, comme
celles qui venaient par Choisy-au-Bac, de celle du Nord,
poursuivaient régulièrement leur route marchant vers
Crépy-en-Valois, Verberie, Senlis.

L'ennemi avait bien l'intention de tenir garnison à
Compiègne pendant toute la durée de la guerre, et cer-

taines autorités *inférieures* s'y installèrent en effet, en attendant les *grandes*. Mais pour le moment la ville était surtout un passage (et pourtant fort lourd étant données les exigences qu'ils n'eurent pas toutes le temps de satisfaire). Les marches avaient lieu surtout à la tombée de la nuit, en colonnes par huit. Des habitants ont noté approximativement les régiments qui défilèrent ainsi. Ils appartenaient presque tous à la réserve de l'armée active. Il y avait entre autres une division de réserve de la Garde prussienne. Voici, d'après les remarquables comptes rendus de M. A. Warusfel dans la *Gazette de l'Oise*, les numéros d'un certain nombre de ces régiments : « La compagnie de pionniers du 18ᵉ régiment, où servait comme lieutenant, un lieutenant von Bulow. Il y avait également le 1ᵉʳ régiment d'infanterie et le 1ᵉʳ régiment de landwehr, le 7ᵉ, le 27ᵉ, le 52ᵉ, le 71ᵉ, le 72ᵉ, le 75ᵉ, le 153ᵉ d'infanterie, la 4ᵉ division de cavalerie et le 4ᵉ régiment de cuirassiers (colonel comte von Stalberg), le 74ᵉ d'artillerie. Il devait y avoir, outre le IVᵉ corps, le XIIIᵉ et le Xᵉ ».

Au début, les habitants s'attroupaient pour voir ces défilés, mais bientôt ils eurent l'ordre formel de rentrer chez eux sur le passage des régiments.

Quant aux Allemands destinés à rester, ils firent sans tarder sentir leur méthode et commencèrent à mettre en pratique leurs procédés habituels pour vivre sur le pays. Si par suite de l'habileté des hommes à qui ils eurent à faire, et de la rapidité avec laquelle les événements ne leur permirent pas d'*insister*, ils ne purent satisfaire complètement leurs appétits, du moins les détails qui suivent nous permettent de nous rendre compte de ce qu'ont dû supporter nos départements encore occupés de l'Est et du Nord.

Leur premier acte d'administration fut de frapper la ville d'une réquisition en nature : 15.000 kilogrammes

de viande, 50.000 cigares, et quantité d'autres denrées
dans des proportions analogues, sans compter les chemises, caleçons, chaussures, etc., par dizaine de milliers.

Cette contribution était complétée par le pillage,
pour faciliter la tâche des administrateurs de la cité.
Tous les magasins importants d'habillement, les épice-
ries, les selleries furent vidés de leurs marchandises. En
même temps, une somme d'argent était exigée, et indépendamment de cette somme, les Allemands essayèrent
de se saisir tout d'abord du numéraire qui pouvait
rester dans les caisses publiques. Nous ne tarderons pas
à voir que les opérations ne furent pas aussi fructueuses
qu'ils l'attendaient. Mais nous devons auparavant conter
une histoire d'otages qui changera le lecteur de celles
qu'on trouvera dans les autres chapitres de ce livre, car
elle ne se termina point tragiquement. Le premier
commandant d'étapes à Compiègne fut un certain commandant Luther, celui même qui dirigeait le génie pour
le rétablissement du passage sur l'Oise.

Ce commandant qui, parait-il, se piquait d'une certaine correction de manières, mais qui faisait attendre
pendant plus d'une heure à sa porte un homme aussi
important et aussi vénérable que l'adjoint de Seroux,
commença par se saisir comme otages de ce magistrat
et d'un autre notable de la ville, M. Louis Le Barbier,
avocat et homme de lettres qui avait bravement pris
l'initiative d'accompagner son vieil ami.

Il va sans dire que le prétexte invoqué fut aussi futile
qu'arbitraire. Le même mensonge systématique, d'ailleurs, que toujours.

— Messieurs, des actes d'hostilité ont été commis
par des civils contre nos troupes. Un habitant de Margny
a tiré sur un de nos sous-officiers. Je vous garde donc
comme otages, et si nos soldats sont molestés ici, vous
serez aussitôt fusillés.

En vain, les délégués discutent une accusation visiblement de mauvaise foi ; ils protestent des dispositions résignées de la population, et tout ce qu'ils gagnent, c'est cette réplique :

— On a tué le cheval d'un de nos éclaireurs à la lisière de la forêt. *D'ailleurs nous avons besoin d'otages, et peu importe où et comment nous les prenons.*

Un conseiller municipal, excellent homme qui est très connu à Compiègne, M. Piquet-Duc et qui mêle beaucoup de jugement à sa bonté fit alors remarquer au commandant Luther que s'il fusillait M. de Seroux, et même s'il le retenait simplement captif, ce n'était pas le moyen le plus pratique d'assurer le paiement des réquisitions qui venaient d'être exigées. Ce raisonnement, lumineux pour la cervelle allemande, eut pour résultat le relâchement immédiat de M. de Seroux qui retourna à la mairie étudier les moyens de protéger Compiègne le plus possible en satisfaisant le moins possible aux exigences de l'ennemi.

Cependant les réquisitions pleuvaient en même temps sur Margny, et l'adjoint Sarrazin, qui remplaçait le maire absent, s'efforçait de remplir les devoirs difficiles de sa tâche. Dès le mardi soir un officier vint le chercher et l'amena pour tenir compagnie, également en qualité de futur fusillé, à M. Louis Le Barbier.

Pendant le court trajet de Margny à Compiègne, des coups de fusil avaient retenti dans le voisinage de l'escorte et des soldats s'étaient précipités en criant : « On tire sur nous ! » Une femme, Mˡˡᵉ Desessart, institutrice, eut le courage de s'avancer à son tour au-devant de l'officier, et de démontrer que ces détonations provenaient des fusils allemands eux-mêmes, tirant sur un aéroplane français qui venait de passer à ce moment. Par exception — est-ce bien par exception ? se demandera-t-on quand on aura lu jusqu'au bout ces récits — l'officier admit la

version de la Française et, détail comique, tourna sa
colère contre les soldats qu'il traita de menteurs et de
l'usuel *Schweinkopff*, en agrémentant le compliment de
quelques coups de cravache.

M. Sarrazin fut alors présenté à M. Le Barbier par les
Allemands ; c'est-à-dire que ces deux Compiégnois qui
ne se connaissaient point, et qui, comme dans beaucoup
de nos villes, n'avaient cherché à se connaître pour
cause d'opinions politiques différentes, apprirent sur
l'instant à éprouver une estime réciproque.

M. Louis Le Barbier, qui est un écrivain de beaucoup
de verve et qui d'autre part, dans des études fort sérieuses
et par des missions en Afrique, a dénoncé plus d'une
fois les périls allemands, a le calme imperturbable
devant lequel le Boche cède souvent, et le tour d'esprit
narquois qui le déconcerte toujours.

Lorsqu'il eut fait connaissance de son cofusillé,
M. Le Barbier se mit en devoir de passer la soirée et la
nuit en attendant le matin de l'exécution.

Il alla tout d'abord dénicher un vieux fauteuil afin
de dormir à la belle étoile, plutôt que de subir la tem-
pérature de four d'une caserne de cavalerie. Puis il prit
dans ce qui avait été la bibliothèque des officiers français
un volume des mémoires du duc d'Aumale.

Le flegme avec lequel, après avoir fait connaissance
de l'adjoint de Margny, et dîné en tête à tête avec lui,
il partagea son temps entre la lecture, la promenade et
une observation amusée des allées et venues allemandes,
sans négliger de fumer une fidèle et excellente pipe, lui
valut, sur ses gardiens, un avantage marqué. On a les vic-
toires qu'on peut. Celle d'en imposer par la force morale
à des hommes prêts à vous passer par les armes n'est
pas dépourvue de valeur.

Il trouva même le moyen d'attirer une punition sur
la tête de quelques soldats allemands qui avaient saccagé

le logement d'une femme de cantinier, et cette intercession d'un otage n'est pas sans saveur non plus.

Pendant tout ce temps-là, un chef alors tout-puissant
était arrivé à Compiègne et s'était rendu au Palais. Il se
trouve que des démarches furent alors tentées auprès de
lui, en faveur de Compiègne et des otages, par deux
dames de la société compiégnoise dont l'une, femme
d'un officier français, est alliée à la famille régnante de
Bavière.

Tour à tour les deux prisonniers furent libérés et le
redoutable von Kluck promit d'« épargner » Compiègne,
— qu'il avait, semble-t-il établi, *la consigne* de ne pas
détruire.

Lorsque M. Sarrazin rentra à la mairie de Margny,
il apprit qu'en représailles du soi-disant guet-apens
contre les troupes allemandes, on avait brûlé de fond en
comble une maison et une ferme.

Quant aux réquisitions de vivres, elles s'opérèrent
avec tant de régularité — et d'énergie — que pendant
trois jours les boulangeries ne travaillèrent que pour
l'armée allemande exclusivement : pendant trois jours
les quatre mille habitants qui restaient sur dix-huit
mille durent se passer de pain.

Les envahisseurs eurent l'espoir de mettre de même
la main sur les ressources financières, Compiègne étant
justement considérée par eux comme une ville riche.
Mais les villes riches ne se contentent pas de recevoir ;
elles paient, et c'est ce que fit justement le receveur des
contributions, payant si bien d'avance les appointements
et les diverses autres dettes, et faisant si exactement
des opérations de « balance » que l'actif fut assez bien
entamé par le passif, l'avoir par le doit, qu'au moment
de la visite allemande, il se trouva en caisse seulement
quelques centaines de francs.

Cette visite fut faite par un détachement que com-

COMPIÈGNE. — LE BUREAU DE POSTE APRÈS L'OCCUPATION ALLEMANDE.

Photo E. Hutin.

mandaient deux officiers et que, pour lui donner apparence légale, un notable, l'avoué Poilane, « accompagnait » entre deux soldats, baïonnette au canon. La scène ne manqua pas d'un certain comique (à Compiègne, le comique lutta avec le tragique durant l'occupation). Les deux officiers font une entrée belliqueuse dans le petit bureau de la Perception. Les soldats entourent le bâtiment, portant, outre leurs armes, des pots de confiture qu'ils ont « rencontrés » en chemin.

— C'est ici la Caisse municipale?

— Oui, messieurs.

— Vous avez ici tout l'argent de la ville ?

— Tout l'argent.

— Veuillez nous le remettre.

— Je ne puis le faire, répond le receveur, M. Boidard, qui pendant tout ce temps ne se départit pas d'un sang-froid méritoire, que contre un mot signé du maire m'enjoignant de vous livrer ma caisse.

— C'est inutile, reprend un des deux officiers, en montrant d'un air terrible le pauvre avoué-otage qu'on aperçoit au dehors entre ses deux gardiens, un conseiller envoyé par la municipalité est avec nous. Veuillez ouvrir votre coffre-fort.

— Voici.

L'officier non sans précipitation fait main basse sur l'argent, compte 831 francs — et vingt-cinq centimes, — et dit, sans gaîté :

— C'est tout ?

Le receveur alors démontre la parfaite tenue de ses livres, la légitimité rigoureuse des récentes opérations, et se met en devoir d'établir en présence des officiers un bordereau de celle qu'il est obligé maintenant de faire. Pendant ce temps un des deux officiers dit à l'autre quelque chose comme :

— *Wir kommen zu spät* (Nous venons trop tard).

Puis, pendant qu'il serre sa prise dans un sac, l'autre va faire un tour à la cuisine, se fait servir une jatte de café, et s'attendrit (lui aussi père de famille) sur les fils de la perceptrice, qui sont tous deux sous les drapeaux. Supposons que ce père sensible n'avait pas trop de crimes sur la conscience depuis son passage en Belgique.

A la mairie, un intendant se fit délivrer le montant de la réquisition d'argent dont avait été frappée la ville. Grâce à une discussion serrée, M. de Seroux était arrivé à faire réduire cette contribution à 5.000 francs. Il n'y eut pas d'autre incident que l'expression ravie avec laquelle, voyant de l'or, l'intendant fourra dans sa poche, pour ses besoins personnels, un rouleau de vingt-cinq louis, cependant que l'adjoint, dans sa grosse moustache blanche, réprimait un sourire.

Pourtant, si les Allemands prenaient tout l'argent qu'ils pouvaient, il s'en rencontra *un qui en donna !* Ce fut un hobereau d'une vingtaine d'années. Très soigné de sa personne, très fat, au sortir d'un grand dîner d'officiers, il interpella, en passant devant l'Hôtel de ville, le brave concierge, Villette, qui répondit avec de la simplicité et du courage à ses questions passablement oiseuses.

— Qu'est-ce que c'est que ce monument ?

— L'Hôtel de ville.

— Qu'est-ce que c'est que ce nom là, M. Loubet, gravé sur cette plaque de marbre ?

— C'est un ancien président de la République.

— La République ? nous ne connaissons pas ça.

— C'est notre gouvernement, à nous.

— Comment s'appelle votre bourgmestre ?

— Celui qui remplace notre maire, c'est M. le baron de Seroux.

— Peuh ! il n'y a pas de noblesse en France ; il n'y a qu'en Allemagne qu'il existe une noblesse.

— Pardon, Monsieur, il y a des nobles en France comme en Allemagne, et il y a aussi des gens braves.

Le noble officier, après s'être adressé des compliments personnels qu'on ne lui demandait pas, mais évidemment destinés à rappeler à l'admiration l'officier subalterne qui l'accompagnait, demande alors à M. Villette ce qu'il fait là, dans sa loge, et celui-ci lui répond que, chargé des comptes du bureau de bienfaisance, il s'occupe de secourir des malheureux qui grâce aux Allemands n'ont pas eu de pain pendant trois jours.

— Et ce monsieur-là, qui est-ce ?

— C'est M. Le Barbier, administrateur d'un hôpital où sont des vieillards réfugiés qui n'ont pas eu de pain non plus pendant ces trois jours-là.

— Bah ! on peut se passer de pain. J'ai été plus de trois jours sans en avoir.

— Vous aviez autre chose.

— Voulez-vous que je vous donne pour votre hôpital ? dit alors le baron à l'administrateur qui, flegmatiquement, accepte, jugeant que cela servira toujours à soulager ses besogneux.

Là-dessus les deux officiers, le titré et son compagnon, tirent de leur portefeuille des billets de banque... dont la valeur totale se montait à trente francs.

Les deux Compiégnois se regardèrent en souriant après cette visite et le vieux concierge remarqua que c'était toujours cela à déduire des trente milliards que l'Allemagne attendait.

Peu de temps après, il était abordé par un autre officier qui, lui demandant un renseignement et trouvant qu'il ne lui répondait pas assez vite, le frappait avec brutalité et le jetait sur les pavés. Quel était le *bon Allemand* des deux officiers ?

Un des grands désagréments de l'occupation fut la saleté indescriptible qui résultait du mouvement inces-

LE PONT DU CHEMIN DE FER DE COMPIÉGNE A SOISSONS

Photo L. Hutin

sant des troupes, détritus, preuves du passage des chevaux et des équipages, témoignages de celui des hommes. Les Compiégnois furent requis, sans distinction d'âge, de sexe ou de rang social, de se faire balayeurs, et ce ne fut pas un spectacle dénué d'originalité que de voir l'armorial et la plèbe réunis pour cette tâche et la prenant, du reste, avec une bonne humeur qui, encore une fois, dérouta les conquérants.

Il ne nous reste qu'à parler de ce qui se passa dans l'édifice le plus illustre, dans ce Palais dont Compiègne est justement fière, et pour lequel on pouvait tout redouter à un moment où les Allemands traversaient la France en cyclone, échauffés par toutes les ivresses et capables, ils ne l'avaient que trop montré, de tous les vandalismes.

Le Palais de Compiègne est un des plus beaux de notre pays. Il a la majesté et la simplicité. C'est une des plus belles œuvres de Gabriel. Sa cour, sa colonnade et ses façades du côté de la ville rappellent en plus ample et en plus imposant l'ensemble de la place du Palais-Royal. Du côté du parc, les lignes simples et sévères, quoique non sans amabilité, offrent un magnifique développement.

Dans l'intérieur, les deux grands escaliers d'honneur, la riche et ample salle des fêtes, décorée par Girodet ; les grands appartements où demeurent de splendides souvenirs, mobilier ou décoration, des séjours de Napoléon et de Marie-Louise, constituent certainement un des cadres, non pas seulement princiers, mais souverains, les plus représentatifs que l'on puisse concevoir de la puissance triomphale.

Indépendamment de cette beauté inhérente à son histoire et à son organisme, le Palais s'enorgueillissait avant la guerre de trésors qui, apportés peu à peu, à partir du moment où il devint musée plutôt que rési-

dence, procuraient à tous visiteurs (beaucoup d'Allemands voyageaient alors chez nous...) un véritable
éblouissement. Nous voulons parler des diverses séries
de tapisseries des xviie et xviiie siècles qui ornaient les
anciens appartements des maréchaux, l'escalier d'Apollon, les salles de musique, du Conseil, des aides de camp,
les appartements de l'aile droite, autant dire le Palais
tout entier ; suite merveilleuse de composition et de
couleur de l'*Histoire d'Esther* ; suite guère moins admirable de *Jason et Médée* ; chinoiseries ; pièces détachées
des « Résidences royales » ; Gobelins d'après les cartons
de Raphaël ; grandes chasses de Louis XV, bien d'autres
encore, sans compter les tapisseries d'ameublement de
Beauvais, composaient un musée de la tapisserie véritablement exceptionnel, se montant à plus de cent ouvrages, et bien digne de suggérer à quelque Attila la
tentation de les décrocher, après avoir séjourné dans ce
décor et pris des attitudes — en attendant de prendre
des objets.

Aussi un des premiers soins — une des premières
surprises — du général qui vint prendre possession de
la demeure jadis et pas encore impériale, fut-il de s'enquérir de ces tapisseries qu'il ne voyait plus, mais sur
lesquelles il était parfaitement renseigné.

Il lui fut répondu par le conservateur, M. Mourey,
que ces choses précieuses avaient dû être enlevées pour
toutes sortes d'excellentes raisons.

— Ah ! oui... les Barbares ? fit d'un ton à la fois ironique et froissé le guerrier.

Mais la crainte des Barbares, ou tout au moins de
leurs exploits comme experts, est le commencement de
la sagesse. L'écrivain Meïer Graeffe n'a-t-il pas écrit,
dans un feuilleton aussi célèbre qu'apprécié à sa valeur,
du *Berliner Tageblatt,* que tout ce qui est beau, de quelque provenance que ce soit, *doit* appartenir à l'Alle-

magne? Le sous-secrétaire d'Etat des Beaux-Arts, M. A. Dalimier, avait donc été un homme infiniment sage en venant, dès le milieu d'août, ordonner et faire exécuter le prompt et complet déménagement de la collection de tapisseries, qui refleurira d'autant plus brillante, qu'elle n'aura pas été déracinée, mais simplement mise en serre.

Quoi qu'il en soit, von Kluck, non plus que le prince Eitel, qui passa à Compiègne le 8 septembre, ne firent pas subir trop lourdement leur pouvoir sur le Palais de Napoléon, et la raison de cette modération serait demeurée assez mystérieuse sans un certain petit détail que nous dirons dans un instant.

Si des chefs aussi huppés se montrèrent relativement débonnaires de parti pris visible, leurs subordonnés ne pouvaient que suivre le mouvement. Aussi, le commandant d'étapes, personnage burlesque s'il en fut, le hauptmann Sabath, comique depuis son nom, jusqu'à sa personne ventripotente et peu haute, les yeux en boule qu'il roulait furieusement lorsqu'il voulait se rendre terrible, sa mimique de gros pantin agité, et ses cris de pot à tabac en fureur, fit beaucoup plus de bruit que de mal.

Sabath entra en fonctions le 4 septembre, ô symbole! comme successeur de Luther! Dans les discussions avec la municipalité, sa lourdeur et ses colères n'étaient pas de force avec la logique froide et la finesse de tactique d'hommes tels que MM. de Seroux, Martin et Le Barbier. Aussi, lorsque ceux-ci lui prouvaient que la ville n'était pas en état de satisfaire à telle ou telle demande exorbitante, Sabath s'apaisait tout en gardant l'air furieux pour la forme, et envoyait un de ses soldats réquisitionner au marché des « têtes de choux », *Kopfe Kohl*, pour lesquelles il semble avoir eu une prédilection particulière.

COMPIÈGNE. — EFFETS DU BOMBARDEMENT.

Photo L. Hutin.

On a conservé de ce hauptmann, pas trop mauvais diable, un souvenir amusé, et une proclamation dont il serait dommage de ne pas reproduire ici le style et l'orthographe :

PUBLICATION

Moi, le Commandant d'Étapes,
je me charge à partir de ce jour de l'Administration de l'Étape COMPIÈGNE, comprenant les localités suivantes :

COMPIÈGNE ET ENVIRONS

En cette qualité je confirme les autorités locales à la condition qu'elles exécutent strictement mes ordres, et je garantie à la population ma protection en tant qu'elle reste paisible.

Toute action préjudiciant les personnes de l'armée allemande, les installations de communication publique, les chemins de fer, le télégraphe et le téléphone, sera punie très sévèrement n'importe que pareille action sera exécutée par des personnes de sexe mâle ou féminin.

A parreille punition s'exposera la commune sur le territoire de laquelle ces crimes se passent. Les communes seront responsables des malfaiteurs et auront à supporter les punitions les plus sévères.

Toute personne criminelle, mâle ou féminine, atrappée en flagrant, sera immédiatement fusillée.

Toute localité, où des personnes de l'armée allemande seront traitreusement blessées, empoisonnées, ou tuées, sera immédiatement incendiée.

Toute tentative sera atteinte par les mêmes punitions.

Pour ménager les intérêts de la population paisible je fixerai conjointement avec les autorités locales les livraisons à faire. La population est tenue de suivre exactement les ordres des autorités locales.

Compiègne, le 4 septembre 1914.

SABATH.

En somme, tout ce beau discours, où l'incendie et la

fusillade sont qualifiés de « punitions », prouve que si les
Compiégnois ne s'étaient pas tenus sur leurs gardes, si
quelque incident malheureux s'était produit, si les Allemands avaient eu temps et licence d'agir à leur guise,
la ville aurait pu souffrir tout comme Nomeny, Senlis,
Clermont-en-Argonne et tant d'autres, même en dépit
du mot d'ordre mystérieux qui tint toute cette soldatesque en relative mansuétude.

Et maintenant, quel était ce mot d'ordre auquel nous
avons fait plusieurs fois allusion, et qui éclairera tout le
présent chapitre sur les véritables intentions des Allemands?

Il est certain qu'ils n'ont pas fait de révélations sur
leurs plus secrètes pensées, surtout après que l'échec de
leur plan commença de se dessiner. Mais il est facile de
déduire d'un fait, de quelques paroles et d'une simple
observation psychologique, des conséquences suffisamment rigoureuses.

Le fait : dès l'entrée en possession du Palais par les
troupes ennemies, dont les chefs connaissaient les
moindres détails de l'édifice, la disposition, le contenu,
l'histoire, les aménagements de toutes les pièces et
dépendances, une partie, la partie centrale, depuis la
salle des fêtes jusqu'aux petits appartements, c'est-à-dire
tout l'ensemble habité par Napoléon Ier et Marie-Louise,
avec les galeries d'apparat qui s'y rattachaient, *fut barrée
et rigoureusement interdite*. Mais cela, bien entendu, non
pas seulement aux Français, mais à tout soldat allemand, et même aux officiers. C'était une zone réservée.
A telles enseignes, que le dévoué brigadier du Palais,
M. Ducellier, que son service appelait à visiter cette zone
pour les soins d'entretien habituels, se vit brutalement
expulsé.

Réservée à qui? Tout finit par se savoir, fût-ce à
mots couverts, et même entre ennemis, pendant les mo-

ments d'accalmie d'une occupation, des questions sont hasardées et des confidences s'échappent. Or, plus d'une fois, des sous-officiers allemands firent entendre à... des personnes bien placées pour savoir les choses, que cette partie inaccessible du Palais était réservée à « une grande Excellence ! »

Laquelle ? Von Kluck ? Non ; il ne tenait qu'à lui de s'y installer. « Une plus grande Excellence encore ! Grande, très grande Excellence ! »

Le Kronprinz ? Il était occupé ailleurs. « Très grande Excellence ! Plus grande encore que cela ! »

Ces indications, complaisamment données, et avec un ravissement quasi religieux, par des fonctionnaires et des officiers subalternes, en disaient tout autant que le respect des officiers supérieurs eux-mêmes et l'aveu involontaire qu'il impliquait.

La plus grande Excellence était visiblement celle qui voulait effacer, par son séjour, celui d'une autre « Excellence » plus grande encore que la sienne, celle dont le Palais gardait le souvenir éblouissant, lors des fêtes de 1904. Ainsi la psychologie vient à l'appui des faits et des paroles. Quel rêve ! Du cabinet de travail de Napoléon, diriger la conquête de la France ! Être la terreur du monde dans le lieu même où Nicolas II en avait été l'affection et l'espoir ! D'ailleurs la marche même des armées, l'ampleur infiniment plus grande des opérations et du cadre, la possibilité d'un investissement de Paris avec une zone considérablement étendue, tout indiquait que Compiègne devait être, pour 1914, ce que Versailles avait été en 1870.

Alors s'explique tout naturellement la consigne générale de ne pas détruire de fond en comble **la résidence impériale**, et de ne pas épuiser et anéantir dès l'abord toutes ses ressources.

La thèse que nous venons de développer ici sera

naturellement contestée. On l'a même prévue, puisqu'on l'a contestée avant même qu'elle fût aussi nettement précisée. Mais pour ceux qui comprennent et qui savent, aucun démenti sur ce point n'aura de valeur.

Quant au reste, si les Allemands respectèrent le Palais de Napoléon et ne purent pas, et pour diverses causes — une suffit, l'absence... — couper, comme en 1870, la somptueuse bordure d'un panneau de tapisserie des Gobelins, ils se rattrapèrent royalement sur les maisons environnantes. Divers hôtels particuliers sur la place du Palais, furent pillés de fond en comble, entre autres la maison du comte Orsetti, où l'on ne laissa ni un fauteuil ancien, ni une pièce d'argenterie, ni un objet d'art.

Les mobiliers et les collections que l'on déménageait ainsi, étaient apportés avec soin dans la cour d'honneur, — le Palais servait tout de même à quelque chose — emballés expertement et chargés sur des fourgons automobiles signalés au respect par un signe sacré : cette Croix Rouge qu'un banditisme hypocrite déshonore quand il l'arbore, et bombarde quand elle abrite ses victimes, ou bien des vieillards et des enfants.

Toutefois, pour qu'on ne puisse pas dire qu'ils étaient passés par Compiègne sans voler quelque chose, les « Boches » — en la circonstance ils ne méritent pas d'autre nom que ce vocable dérisoire — s'approprièrent quelques armes sans valeur des panoplies de la salle des Gardes, et quelques pièces de l'échiquier de Napoléon, pour permettre aux plaisants de dire, après la bataille de la Marne, qu'ils savaient mieux dérober le jeu de l'empereur que s'en servir.

Les jeudi, vendredi et samedi 10, 11 et 12 septembre virent successivement un changement d'allures des envahisseurs, des angoisses plus grandes de la population, et la délivrance de la ville.

Angoisse mélangée d'espérances, encore vagues au début. Car dès le 5 au soir, on vit arriver des convois de blessés qui devenaient plus nombreux encore le lendemain. Des réserves prussiennes quittaient Compiègne dans la soirée du 6 et se rendaient vers le sud-est, dans la direction des canonnades qu'on entendait, lointaines, mais continues. A partir de ce moment jusqu'à la nuit du 9 au 10, les troupes de renfort descendirent continuellement; mais au 10, elles refluèrent vers le Nord! A toute éventualité, dès le 6, le hauptmann Sabath, désormais légendaire à Compiègne, avait quitté sa résidence de l'Hôtel de ville, pour se loger plus modestement dans un petit hôtel situé près de la voie du chemin de fer, de l'autre côté de l'Oise. Les Allemands devenaient de plus en plus nerveux, et de peur de sautes de colère, les habitants devaient redoubler de prudence, et cacher surtout les espérances que ces signes meilleurs leur faisaient concevoir. D'ailleurs une anxiété les prenait : Compiègne pouvait demain devenir le lieu de combats acharnés, fatalement destructeurs : l'on commençait de la mettre fortement en état de défense.

En avant de la ville, et surtout dans la partie sud, des barricades étaient élevées, des tranchées creusées, des batteries d'artillerie installées dans les propriétés où elles pouvaient le mieux se dissimuler et dominer. Une école, l'école Saint-Germain, avec ses jardins entourés de murs fort épais, fut transformée en une véritable forteresse. Tout s'annonçait comme pouvant amener la destruction de Compiègne. Il y eut, le 11 et le 12, des combats d'artillerie, entre les batteries allemandes placées sur les hauteurs de Margny et les pièces françaises qui approchaient par le sud, du côté de Royallieu, et quelques maisons furent démolies.

L'on se préparait également à la bataille du côté du Palais, et, par conséquent, de la forêt. Un officier supé-

rieur, qui logeait au Palais, réclama impérieusement
pendant ces dispositions, au brigadier Ducellier « les
plans des fossés », c'est-à-dire des anciens remparts qui
entourent encore des parties du parc, et contribuent à
son pittoresque. Et, comme il lui était objecté que les
bureaux de la conservation ne contenaient pas de tels
plans, qu'il était possible que l'on trouvât dans les
services d'architecture, à une assez grande distance
du côté de l'Oise, cet officier entra dans une violente
colère.

— Trouvez-moi ces plans tout de suite, ou je fusille,
je saccage !

Avec le plus grand sang-froid, M. Ducellier conduisit
le furieux dans les bureaux, lui montra les casiers et
tiroirs, le priant de chercher lui-même, et la colère
tomba. Ce simple fait montre d'abord que le commandement même avait été déconcerté par la volte-face des
événements, puisque, minutieusement renseigné sur la
topographie, il égarait ou perdait de vue les indications
qu'il possédait et eût mises à profit de sang-froid. Mais
cela prouve aussi et surtout, à nos yeux, et en terminant
nous en donnerons une autre preuve encore, que du
moment que la « Grande Excellence » ne semblait plus
devoir habiter le Palais, on se souciait de le saccager
comme d'allumer un cigare... réquisitionné.

Mais ce dessein lui-même échoua. Dans la nuit du
12 au 13 septembre, sans autre forme de procès, les
Allemands quittèrent Compiègne. Evitant la forêt, par
laquelle ils redoutaient un mouvement tournant (est-il
besoin de dire que cette forêt ne fut jamais « incendiée »
comme la légende en avait couru à Paris dans les jours
affolés de la marche en avant?), ils traversèrent l'Oise et
détruisirent leurs ponts de bateaux. Les habitants, au
matin, ne purent en croire leurs yeux.

Le dimanche, à onze heures, les troupes françaises

faisaient leur rentrée au milieu des acclamations et des fleurs.

Ce n'est que plus tard, quand le département de l'Oise aura été entièrement libéré, que l'on pourra savoir quelles souffrances infinies ont subies les villages des environs, si beaux, si bien entourés de riches cultures, si divers entre eux. Dans tous ou presque tous, il y avait quelque bijou d'église, la plupart du temps d'époque romane mais suivant le caprice des siècles rendu plus curieux encore par quelque addition du xiii⁰ siècle ou de la Renaissance. D'admirables châteaux historiques surgissaient aux points les plus pittoresques, parmi les verdures et les fleurs. Tout cela donnait une idée de bonheur, de travail, de traditions fortes ou raffinées, dont la grandeur échappait, à cause de leur simplicité, à nous-mêmes, et à plus forte raison à la race vile et féroce qui nous espionnait, notait les proies, projetait les brigandages.

L'on sait déjà, par les obscurs et haletants récits des réfugiés au début de la guerre, que les pillages furent abondants et les massacres nombreux. L'on connait les points où les luttes furent le plus acharnées, les bombardements le plus écrasants. Quelles *promenades* ferons-nous dans ces pays quand ils seront *délivrés*! Aussi réservons-nous toute la partie nord des environs de Compiègne pour le volume où l'âpre joie d'avoir fait triompher la justice et le droit compensera les ruines que nous rencontrerons sur notre passage, les crimes qui nous seront racontés.

Dans leur marche en avant, il suffisait d'un geste, d'un regard, ou même du simple caprice de leur ivresse furieuse, pour que les Allemands missent à feu et à sang les villages les plus paisibles. Ils tuaient de tout jeunes gens ou des enfants comme à Monchy-Humières; fusillaient des groupes de fugitifs égarés, comme à Marqué-

LE PALAIS DE COMPIÈGNE TRANSFORMÉ EN HOPITAL.   Photo E. Hutin.

glise. Ils incendiaient des communes comme Choisy-au-Bac. Enfin du fait de cette guerre infâme, d'admirables églises, comme celle de Tracy-le-Val, ne sont que monceaux de décombres. Peu importe que nos obus, dans les épisodes des luttes, aient contribué par leurs ripostes ou leurs attaques, à ces irréparables destructions. Discuter là-dessus est bon pour les Allemands, et ce serait tomber dans un piège que de les suivre dans de tels débats. La guerre allemande est la cause de tant de beautés et d'existences perdues. Voilà seulement ce que nous avons à retenir. Voilà ce que nous avons à répéter.

Pour les événements et les actes de sauvagerie qui eurent lieu au sud de Compiègne, entre l'occupation de cette ville et la bataille de la Marne, on trouvera plus loin un chapitre qui les résume. Mais nous ne saurions terminer celui-ci sans établir encore la preuve que les Allemands cherchèrent à se venger sur le chef-d'œuvre d'art et le monument d'histoire qu'est le Palais, de la déception que leur en causa l'abandon précipité.

Pendant les mois suivants, nombreux furent les taubes qui visèrent l'édifice. On compta un jour plus d'une demi-douzaine de projectiles en droite ligne, dans le parc, à cent mètres de la façade. Enfin dans les derniers jours de juin et les premiers de juillet, et à d'autres reprises depuis, des obus provenant de pièces à longue portée, et qui visaient indiscutablement l'illustre résidence, tombèrent dans le grand parc et sur la route de Soissons, creusant des trous énormes. En septembre, d'autres obus démolirent des maisons dans la ville, déterminèrent des incendies et tuèrent des infirmières et des enfants.

Or, ce n'était pas seulement une fureur de vandales qui se manifestait là, mais aussi et surtout un des plus grands crimes de lèse-humanité qui se puisse concevoir, mais qui est devenu un des procédés courants de cette race.

Car ils savaient admirablement que le Palais était devenu un hôpital. Ah! la vision que nous eûmes en automne 1914 de ces souffrances infinies parmi ces dorures et ces glaces! Dans les galeries immenses éclairées par les vastes baies, les lits de douleur se succédaient sans fin. Ce qu'on appelait jadis la *Salle des Fêtes*, avec ses colonnes dorées, ses plafonds aux glorieux emblèmes, prenait par sa destination nouvelle, de son appellation même, une poignante ironie. Des femmes silencieuses veillaient, en robe blanche à la croix rouge, qui avaient été quelques mois auparavant d'insouciantes et élégantes mondaines. C'est sur ce lieu auguste et sacré que les *Barbares* (ah! oui, les Barbares, bien que le mot ait froissé la délicatesse de von Kluck) dirigeaient sans raison militaire les fruits homicides de la Science!

CHAPITRE X

Senlis, ville royale, avait déjà une chose exquise : sa grâce ; une chose sublime : son clocher. Elle a acquis une chose célèbre : ses souffrances. Elle a conservé son clocher, repris sa grâce, et gardera à jamais la célébrité de ses épreuves, car ce sont les premières qui nous furent révélées après que le fléau, ayant été arrêté dans sa marche de cyclone, nous commençâmes de respirer et d'apprendre... Les incendies et les fusillades de Senlis furent connus de bonne heure. L'on ne pouvait encore concevoir la possibilité d'attentats comme le bombardement de Reims, malgré les crimes à jamais maudits de Louvain, de Malines et de Termonde, car on ne croyait pas que l'horreur pût se répéter avec un tel acharnement. La destruction de Louvain fut une douleur pour l'univers civilisé. Les embrasements de Senlis furent un chagrin infini pour Paris et un deuil pour l'Ile-de-France. On ne savait pas exactement l'étendue du désastre ; on le grandissait d'autant plus par l'imagination, que l'on commençait à connaître le mot de « Louvain français » qu'avait employé un des chefs des incendiaires. C'étaient

les premières ruines, ou presque, que coururent voir les
Parisiens une fois délivrés de leur propre anxiété. Depuis,
nous sûmes le destin d'autres villes plus lointaines comme
Clermont, Sermaize, Gerbéviller, le martyre infiniment
plus douloureux que celui de la belle et délicieuse Senlis,
subi par Nomeny, par les villages de la Meuse, par ceux
de la Marne où, à chaque pas, on enregistrait des destructions nouvelles. Mais Senlis, en tant que suppliciée,
gardera toujours son auréole. Si elle voulait spéculer sur
ce renom (payé chèrement, pourtant) qu'elle eut dès les
premières heures, si elle tenait seulement à entretenir
les haines vigoureuses et les saines défiances, elle ne
réédifierait pas son Palais de Justice calciné, au moins
l'une de ses rues détruites, et les abords dramatiques de
sa gare. Elle entourerait, au contraire, ces ruines qui font
un tel contraste avec son charme et sa gracieuse paix, et
qui deviendraient de plus en plus belles, de plus en plus
nobles avec les années. On y ferait chaque septembre
des pèlerinages où l'on redirait la cruauté du Germain,
sa soif de sang et de vin, sa volonté méthodique de détruire chez nous tout ce qu'il y a de finesse et de délicate
gloire.

Mais, savons-nous faire durer la malédiction? Com-
prenons-nous comment il faudrait perpétuer, par de tels
spectacles, les leçons de l'histoire? La vie reprend vite
ses droits et recommence promptement à répandre ses
bienfaits chez nous, — et ce n'est pas une des moindres
raisons pour lesquelles les Allemands nous envient et
sont repris de fureur périodique d'en finir avec nous.
Peut-être les aspects tragiques de Senlis disparaîtront-
ils sous la renaissance de ses aspects fleuris et heureux.
Hâtons-nous donc de décrire le décor avant de raconter
le drame.

Quand on longe, par le chemin de fer entre Chantilly
et Creil, l'immense et ravissante plaine entourée de

forêts presque de toutes parts, où entre ciel et terre Senlis apparaît, presque à l'horizon, comme un joyau scintillant, on ne peut découvrir cet espace de lumière sans un battement de cœur. Un beau point de vue de France, c'est comme un résumé de toute la France.

Ce qui produit et accentue cette impression, c'est cette svelte pointe du clocher, qui, si grande que soit la distance, s'aperçoit dominant la claire tache que fait la ville parmi les campagnes, et ponctue fièrement l'espace. On comprend que la haine d'un ennemi se complairait à abattre ces jalons de gloire que sont les flèches de nos cathédrales. Ils allèguent la présence d'observateurs et de mitrailleuses dans nos tours et nos clochers, mais ils savent bien que ce qui les guette de là-haut, c'est encore moins les vigies militaires que l'histoire elle-même, et le jugement de l'humanité. C'est contre cet écrasant invisible qu'ils tirent avec acharnement. Senlis était un des plus nobles buts et des plus dominants qu'ils eussent rencontrés dans leur marche, le beffroi d'Arras ne devant que plus tard éprouver leur ressentiment.

Il est plusieurs façons d'aborder Senlis. Si, simplement, on y arrive par le chemin de fer qui se raccorde à Chantilly, l'on traverse des cultures plantureuses et l'on passe quelques jolis villages tels que Vineuil, Saint-Firmin, Courteuil, Saint-Léonard. L'arrivée alors par la gare est avenante, agréable, et rien de plus. De beaux quinconces, un cours spacieux et ombragé, une large voie qui annonce la ville paisible et aisée, donnent certainement une impression de bien-être, mais n'escomptent pas l'originalité de la ville elle-même.

Si l'on vient de Paris par la grande route après avoir longé, par Pontarmé, la forêt de Chantilly, cette belle voie nationale séparant cette forêt de celle de Pontarmé, contiguë elle-même à celle d'Ermenonville, on éprouvera de saines et vivifiantes sensations rustiques, et l'entrée

dans Senlis, sàns caractère particulier, évoquera seulement l'idée d'un centre commercial, agricole, non
dépourvu d'importance. L'accès, en venant de Crépy-en-
Valois, accentuerait beàucoup plus la physionomie
agreste de la charmante cité, reine de cultures assise à
l'ombre d'un dais de forêts.

Mais, si cela est possible au pèlerin, il lui sera toujours conseillé de se rendre de préférence à Senlis en
venant du nord, par exemple de Compiègne, en passant
par Verberie, par Pont-Sainte-Maxence, et en traversant
la forêt de Halatte, au centre de laquelle le village de
Fleurines, dominé par la belle éminence de Saint-Christophe, offre une image de paisible bonheur. C'est alors
qu'ayant quitté la lisière de la forêt, on apercevra Senlis,
à l'extrémité de grasses prairies, telle qu'elle devait
apparaître à nos aïeux, commandant la plaine, et surmontée de sa cathédrale au clocher d'une élégance
suprême, fier, et non pàs orgaeilleux. Sans doute, l'aspect devait, au moyen âge, être plus imposant, car les
remparts gallo-romains, aujourd'hui détruits ou demeurant à l'état de vestiges emprisonnés dans des jardins de
maisons bourgeoises, et l'enceinte extérieure, remplacée
par des boulevards qui en suivent à peu près exactement
la trace, devaient affecter une allure plus féodale et belliqueuse. Toutefois, grâce aux bouquets d'arbres qui
masquent ou qui ornent assez bien ce qui paraîtrait trop
moderne à l'imagination la plus complaisante; grâce
aussi à l'élévation, bien que modérée, de la cité de ce
côté par rapport aux campagnes, et enfin au faubourg
villageois qui s'amorce à ses pieds, conservant une physionomie de tous les temps, Senlis se présente ici à nos
yeux comme ancienne, française et royale.

L'impression n'est pas diminuée en entrant, car on
aura des visions de poternes anciennes, de vieilles rues
sévères et pourtant affectueuses, d'aristocratie sans mor-

gue, et surtout, on sentira que dans une ville pourtant peu immense on peut, grâce au tracé circulaire, quasi en spirale, se laisser aller, en y mettant un peu de bonne volonté, au plaisir de s'égarer.

Toute cette vieille ville, accrue de parties modernes et de paisibles faubourgs, contient sur un espace restreint des·monuments d'une véritable beauté ou d'un intérêt historique nullement négligeable, tels que la cathédrale, les églises désaffectées de Saint-Frambourg et de Saint-Pierre, l'évêché, les restes de l'ancien château royal, l'Hôtel de ville, l'ancienne église Saint-Aignan, et diverses vieilles demeures des plus intéressantes, entre autres l'hôtel de Raoul de Vermandois.

Une grande et spacieuse voie moderne, la rue de la République, coupe Senlis en deux parties inégales : celle dont nous venons de parler, et une autre, plus silencieuse, plus endormie, qui descend doucement vers la gentille rivière de la Nonette, qui coule parmi des jardins maraîchers et des champs, et que dominent encore les anciens remparts. Il faut un effort d'esprit pour les reconstituer belliqueux, ces remparts, il est vrai un peu diminués par l'exhaussement du sol, mais que pourraient franchir deux ou trois hommes se faisant la courte échelle. Les guerres furent pourtant sanglantes et on les jugea terribles, où la Jacquerie alliée à la bourgeoisie sévit contre les grands seigneurs. Mais qu'est-ce que les moyens d'attaque ou de défense enfantins de jadis, pour lesquels une muraille avec quelques·créneaux et un fossé étaient chose redoutable, auprès des épouvantables engins de destruction que les progrès·de la science (dire de la civilisation serait d'une ironie trop banale) ont mis entre les mains des hommes?

Il est certain que les instruments à bombarder et à incendier que les Allemands apportaient avec eux dans leur marche vers·Paris, semblent si disproportionnés et

Cliché Durand.

SENLIS. — LE CLOCHER DE LA CATHÉDRALE.

11

si grotesquement effroyables contre une petite ville gracieuse, aimable et délicate comme Senlis, que leur rôle en devient plus ignoble et plus absurde que partout ailleurs. Dans les autres grandes villes qu'ils ont fracassées, françaises ou belges, ils ont prouvé une férocité sans pareille; à Senlis, ils apparaissent comme le colosse qui frappe à coups redoublés un être faible et sans résistance. C'est peut-être, en ce sens, le dernier mot du « colossal ».

Senlis a été très joliment et justement, d'ailleurs, appelée le « Reliquaire du Valois ». Quand un reliquaire est en orfèvrerie et peut être chargé sur un fourgon (au besoin de la Croix-Rouge), les Allemands le déménagent; quand c'est une cathédrale tout entière, entourée d'un ensemble de vieilles demeures et de nobles monuments, ils bombardent ou incendient... Seulement, ils ne réussissent pas toujours à détruire autant qu'ils voudraient.

Durant la journée du mardi 1ᵉʳ septembre, les armées allemandes, suivant les vallées de l'Oise et de l'Authonne, — parcours qui enveloppe Senlis d'un vaste arc de cercle, dont la corde serait déterminée, à peu près en droite ligne, par ces points : Saint-Leu-d'Esserent, Chantilly, Senlis, Crépy-en-Valois — s'approchaient rapidement de la ville. Les bruits du canon, qui s'entendaient depuis plusieurs jours, sourdement d'abord, lors de la bataille de Lassigny, beaucoup plus distinctement depuis que Compiègne avait été atteinte, puis dépassée, devenaient plus nourris. Mais les habitants de Senlis ne croyaient pas encore au fléau, malgré les nouvelles plus ou moins exactes qui leur venaient, à chaque instant, du Nord, par les réfugiés, automobilistes, etc. Ils étaient, d'autre part, rassurés par l'arrivée de deux régiments de notre armée d'Afrique, et ils ne se doutaient pas que le lendemain ceux-ci seraient remplacés par les troupes allemandes.

La canonnade continua toute la nuit du mardi au

mercredi. A l'aube, un duel d'artillerie commença aux portes mêmes de Senlis, les batteries allemandes étant placées sur les hauteurs à l'ouest, à Chamant et à Montépilloy, et une batterie française s'étant arrêtée en avant des dernières maisons de Senlis, du côté de Bon-Secours.

Mais la partie était trop inégale. Nos soldats risquaient d'être tournés par la forêt d'Ermenonville. Ils battirent en retraite, notre artillerie se retirant, vers midi, par la route de Senlis à Pontarmé, que prolonge la rue de la République, dont il a été parlé plus haut.

Il est une autre rue importante de Senlis qui, traversant la ville perpendiculairement, coupant l'ancienne ville en deux parties égales, forme un angle aigu avec celle de la République, le sommet de l'angle étant au faubourg Saint-Martin, naissance de la route nationale. C'est par cette rue, dénommée du Châtel, puis de Paris, que l'infanterie et les Marocains se replièrent les derniers, et engagèrent des combats successifs avec les Allemands, qui débouchaient à Senlis par le nord et le nord-ouest. Ces escarmouches, qu'on a pu sans trop d'exagération appeler la bataille de Senlis, eurent lieu à plusieurs reprises, et les dernières se produisirent à une heure assez tardive pour que la fatalité décidât du sort de la ville et du drame dont le maire, M. Odent, fut la déplorable victime.

Voici donc, en grande partie établi sur le témoignage du vénérable et courageux archiprêtre de la cathédrale, M. l'abbé Dourlent, chanoine honoraire de Beauvais, le récit de ces événements, dont on devra toujours conserver le souvenir.

Vers 2 heures, le 2 septembre, les obus allemands commencèrent à viser et à atteindre la cathédrale et particulièrement le clocher. On a relevé plus de cinquante coups ayant spécialement porté et ayant causé des dégâts assez importants, quoique aucun n'ait atteint l'édifice dans ses œuvres vives ni détruit de morceaux de sculptures précieux.

Il est certain que si ce clocher, dont nous avons dit plus haut la sublime sveltesse, avec son étage octogonal, les tourelles à jour qui l'environnent et la flèche dentelée qui s'élève à 78 mètres, avait été détruit, la perte aurait été irréparable. S'il continue à pointer son élégance dans le ciel, ce n'est pas mauvaise volonté de la part des artilleurs allemands. D'autres obus éclatèrent sur différents points de la ville et y firent des victimes.

Pendant ce temps, nos troupes se retiraient dans la direction de Paris et les Allemands faisaient leur entrée dans le haut de Senlis, avec précaution d'abord, puis en nombre et rapidement. Vingt minutes s'étaient à peine écoulées entre cette retraite et cette arrivée, tant les adversaires se suivaient de près. Des soldats français et des Marocains, attardés dans le faubourg Saint-Martin et dans la rue des Jardiniers, apercevant l'avant-garde allemande qui descendait la rue de la République, tirèrent sur elle et, en même temps, une fusillade très vive éclata dans la ville, rue de Paris, ainsi que nous venons de le dire.

C'est alors que sonna, l'on peut dire, l'heure inéluctable pour le malheureux maire.

Dès leur entrée, un détachement des Allemands s'était porté vers l'Hôtel de ville, sans avoir besoin de guide. Il ne manquait pas parmi eux d'hommes connaissant les chemins et les ressources. Un officier à cheval cria devant la porte : « Que le bourgmestre descendé ! » M. Odent, qui venait de rentrer à la mairie, se présenta courageusement. Pourtant, il ne se faisait pas d'illusions sur son sort et, depuis deux jours, il avait le pressentiment formel de sa mort. Il avait dit, dès le lundi soir, après avoir conduit sa famille en sûreté à Paris : « Je ne

sais pourquoi, mais je me sens certain d'être fusillé
par les Allemands. Ils ont déjà voulu fusiller mon père
en 1870 (la ville de Senlis a une rue Odent, du nom
même de ce précédent maire). Cette fois-ci, ils ne me
manqueront pas. Si je n'étais pas retenu ici par mon
devoir, je ne serais pas resté à Senlis. »

M. Odent était un homme débonnaire, excellent, et
qui, nullement belliqueux, n'en avait que plus de mérite
à braver ainsi le danger.

Au moment même où il affrontait ainsi les ennemis,
il y avait eu une accalmie, et M. Odent avait la conviction que les Français avaient achevé de battre en retraite.
D'après les témoins, le dialogue suivant s'engagea entre
l'officier d'état-major et lui :

— Pouvez-vous nous assurer, monsieur le bourgmestre, que nos troupes ne seront pas inquiétées à leur
entrée dans la ville ?

— La population de Senlis est très calme et de mœurs
tranquilles, je suis persuadé que vous n'avez pas d'inquiétudes à concevoir.

Juste à cette seconde même, on entend la fusillade
du bas de la rue de la République et de la rue de Paris.

— Ah! monsieur le bourgmestre, c'est ainsi que vos
administrés montrent leur calme et leurs habitudes tranquilles! On tire sur nos troupes! Qu'avez-vous fait pour
empêcher ces actes criminels? Je cherche vos affiches.
Avez-vous fait rentrer les armes? Avez-vous fait une
proclamation pour exiger la neutralité de vos concitoyens? Vous me répondez sur votre tête du sang de nos
soldats !

Tout cela était proféré sur un ton courroucé et à voix
très haute, pendant que M. Odent était conduit comme
otage — et déjà comme condamné — à l'hôtel du Grand-
Cerf (avenue de la République), où s'était installé l'état-
major.

Il est à peine besoin de dire que le pauvre maire était tout à fait innocent de ce dont l'accusait l'Allemand, dans cette nouvelle version du Loup et de l'Agneau, et qu'il n'avait en aucune façon conduit cet officier, volontairement ou non, dans un endroit dangereux pour lui et son escorte.

D'ailleurs, il est important de noter que les troupes françaises qui défilèrent en retraite par les principales rues, celles de Paris et de la République, étaient suivies, à moins de dix minutes, par les troupes allemandes qui entraient dans la ville. De là, il est évident que les coups de fusil ont été tirés par l'arrière-garde et les traînards de l'armée attardés dans les maisons pour se rafraîchir. Cela a été affirmé de tous ceux qui ont vu la retraite des nôtres. Quant à la version de civils qui auraient tiré également, elle ne se soutient pas, étant donnés les circonstances et le lieu même de l'action tardive qui détermina la mort du maire.

Comme on le verra, les Allemands étaient déterminés à détruire Senlis en tout ou partie, et comme on l'a vu en Belgique, à Tongres, notamment, puisque ces civils insurgés n'existaient pas, ils les auraient certainement inventés. On n'aura pas de peine à s'en convaincre après les faits et la discussion qu'il nous restera à exposer.

En vertu de quelle théorie philosophique ou historique en voulaient-ils particulièrement à Senlis? Nous ne nous chargeons pas de l'expliquer, car le point de vue allemand est tellement différent des autres, et dans la vie comme dans les œuvres de pensée leurs admirations ou leurs haines se règlent d'après des principes si particuliers que si même nous voulions faire de l'exégèse à ce sujet, le public ne les comprendrait pas. On dirait, et peut être après tout aurait-on raison, qu'il n'est pas besoin d'y chercher tant de finesse, et que la rapacité ainsi que la férocité de la race suffisent largement comme explication, et qu'aussi pouvaient se trouver dans le commandement des hommes qui ayant vécu comme espions-commerçants ou industriels à Senlis ou dans les environs en temps de paix auraient voué à la douce cité une haine plus violente, en raison directe des bienfaits ou des profits qu'ils en auraient éprouvés.

Toujours est-il qu'on remarque à Senlis une spéciale violence, une volonté de tuer et de détruire, arrêtées d'avance, et qui s'exercent sur tous les points à la fois, dès l'entrée dans la ville, et que l'on ne retrouve pas dans les autres villes de la région, par exemple Crépy-en-Valois ou Château-Thierry.

Dès que les Allemands rencontrent, en débouchant de la rue du Châtel, une résistance de l'arrière-garde rue de Paris et rue de la République, ils se saisissent d'une poignée de civils, rencontrés ou pris de force dans leurs maisons, et les contraignent de marcher au milieu de la chaussée devant eux. Une autre colonne qui descend la rue de la République a également placé devant elle des otages vite trouvés, étant donné leur système de renseignements; entre autres, un chef de bureau à la Sous-Préfecture, M. Maurice; le caissier d'une étude, M. Dupuis; la femme du concierge du collège Saint-Vincent, et, détail affreux, sa petite fille âgée de cinq ans! Le premier groupe, poussé du côté de l'hôpital, fut presque entièrement fauché, et le second n'échappa à la mort que par un de ces hasards qui se rencontrent parfois dans les circonstances les plus tragiques.

Pendant ce temps le concierge de la mairie était requis pour aller chercher à leur domicile une série d'otages dont la liste, toute préparée, contenait le nom de M. l'abbé Dourlent. Mais ce furent les Allemands qui prirent au hasard le plus grand nombre d'otages. Il y en eut treize, des employés, des ouvriers, des commerçants. Un d'eux, un tailleur, nommé Mader, savait l'allemand et put pendant les moments difficiles, épargner de plus grands maux à ses compagnons de captivité.

Un groupe de ces otages, au nombre de six, fut envoyé à l'extrémité de Senlis, du côté de Chamant, à un lieudit le Poteau. Ils y retrouvèrent le maire, M. Odent, et un autre habitant M. Delacroix. Avant d'arriver à ce véritable calvaire, ils eurent de longues heures à subir les fluctuations des caprices allemands, tantôt poussés dans la direction de Fleurines, et parqués dans un petit bois, tantôt ramenés dans la direction de Chamant.

Avant d'en venir à l'exécution véritablement infâme de M. Odent, qui eut lieu la nuit, nous devons donner tous les détails relatifs à ce que subit, fit et entendit le curé de la cathédrale, car c'est grâce à eux que l'on est fixé sur la préméditation allemande.

Dès le commencement du bombardement, M. le curé Dourlent avait, sans se soucier du danger, parcouru la ville, cherchant partout où il en rencontrerait des gens à sauver ou à réconforter. Parfois, il était bien obligé de faire rentrer de force des habitants chez qui la curiosité ou l'inconscience l'emportait sur le sentiment du péril. Mais presque toujours il ralliait des gens affolés qui ne savaient ou ne pouvaient trouver d'abri. C'est ainsi qu'il put réunir plus de deux cents personnes, les faire passer par les rues les moins exposées, et les confiant à un de ses vicaires, qui devait les conduire dans la direction de Chantilly hors de la zone du combat, il se hâta, ne voyant plus rien d'utile à faire dans les rues, de rentrer vers son église.

A ce moment les obus frappaient le clocher, brisaient une colonnette, décapitaient la statue d'Adam, s'égaraient plus ou moins près de la toiture.

— Chaque coup qui atteignait l'édifice, a-t-il dit, était pour moi un coup au cœur.

Le bombardement ayant cessé — il dura environ une

SENLIS. — RUINES DE LA RUE BELLON.

Cliché Durand.

heure, de deux heures à trois, — les troupes allemandes commencèrent à envahir la ville. Un détachement s'était dirigé immédiatement vers la cathédrale, et sans tarder, se mit en devoir d'enfoncer la porte principale. Le curé s'avança alors et demanda à l'officier qui commandait pourquoi il s'en prenait ainsi à la maison de Dieu.

— Parce que l'on a tiré sur nos troupes du haut de la tour !

— Et moi, je vous jure qu'il n'en est rien! Il est impossible de porter de l'artillerie là-haut, et pas un coup de fusil n'a été tiré sur vos soldats. D'ailleurs, il est inutile d'enfoncer cette porte. Je vais vous ouvrir moi-même et vous montrer le chemin. Vous pourrez vous convaincre de votre erreur.

Les forcenés alors se radoucirent, et l'abbé Dourlént avait déjà gravi quelques marches dans l'escalier étroit qui mène aux faîtes, lorsque des coups de fusil se firent entendre. La colère revint sur les visages allemands et l'abbé fut alors quelque peu rudoyé. Mais son calme, sa belle prestance, ses cheveux blancs, son accent de sérénité et de mansuétude eurent encore une fois raison des ennemis qui se retirèrent après s'être assurés que le clocher n'avait contenu ni mitrailleuses, ni poste d'observation, ni quoi que ce fût de menaçant pour leur sécurité.

L'abbé Dourlent était à peine rentré au presbytère (qui se trouve situé sur la place même en côté de l'église) qu'on vint l'avertir qu'il était demandé à l'état-major, à l'hôtel du Grand-Cerf. Il se mettait en devoir de s'y rendre, lorsqu'il rencontra, sur la place, un officier supérieur dont il n'a pas pu déterminer le grade, mais qui avait assez grande mine et ne paraissait pas, comme les autres, une simple brute affolée ou féroce. Cet officier s'avança vers lui et commença d'engager une conversation. Le curé lui inspira, dès les premières phrases échangées, une certaine sympathie : il lui disait l'incident de tout à l'heure, dans l'escalier du clocher, les dispositions pacifiques des habitants, la résolution qu'il avait prise de se porter garant au prix de sa vie au besoin, de la résignation de ses administrés.

— Mon pauvre monsieur le curé, répondit le Prussien, je suis désolé, et votre malheureuse ville va payer plus cher que vous ne voudriez.

Et comme le prêtre s'étonnait, demandait anxieusement ce qu'il entendait par là, le *bienveillant* soudard dit ces paroles textuelles :

— **Nous allons faire de Senlis un Louvain français.** Là-bas on a mitraillé indignement nos troupes jusque du haut des églises. Senlis a fait de même ; elle partagera le sort de cette ville barbare. Il faut que Paris et la France apprennent par cet exemple terrible, que si la guerre entre soldats est légitime, elle devient un crime quand les civils s'en mêlent.

Ce qui prouve bien, dans ce langage, que la résolution de détruire Senlis n'était nullement causée par des actes d'hostilité des Senlisiens, c'est que dans le même temps, les mêmes choses étaient dites, non plus sur le ton d'une compassion hypocrite mais de la colère la plus brutale, en pleine place de la Halle, à M. Odent, par un général, lorsqu'il emmenait au Grand-Cerf le « bourgmestre » d'avance incriminé.

— Vos concitoyens ont tiré sur nous, clamait ce guerrier très haut pour être bien entendu de la population, vous serez fusillé et votre ville détruite.

Or, à ce moment, le détachement de la cathédrale devait déjà avoir rapporté aux chefs que l'on n'avait pas (et pour cause) tiré du haut de la cathédrale, — ce qu'ils savaient parfaitement d'ailleurs.

Le curé, en terminant son entretien avec l'officier, lui dit qu'il se rendait à l'état-major, mais qu'il le priait instamment, puisqu'il voulait bien l'assurer de sa sympathie, de le conduire auprès du général en chef pour pouvoir, grâce aux raisons irréfutables qu'il donnerait, intercéder en faveur de la ville.

— C'est inutile, répliqua l'Allemand. Je ferai immédiatement mon rapport. Quant à vous, il n'est pas besoin que vous vous rendiez à l'état-major. Il suffira que vous vous teniez chez vous, porte ouverte et entrée allumée, ce soir, à notre disposition.

Puis, par un étrange effet de sa sympathie, mais bien en harmonie avec l'inconscience teutonne, il lui fit, non sans répéter ses « Pauvre curé ! Pauvre ville ! », cette bizarre invitation :

— Je veux, avant que nous nous séparions, que nous prenions une coupe de champagne ensemble.

On sait de reste que pour une réponse de travers, l' « amabilité » allemande se change vite en sanguinaire fureur. L'excellent abbé, sans forfanterie comme sans humilité, eut cette réplique-ci, tout à fait simple et bien française :

— Je vous remercie bien, monsieur ; mais vraiment, dans ce moment-ci, cela ne passerait pas.

Et en effet, tout est là, du petit au grand, que ce soit un épisode d'invasion dans une vieille ville ou les lourdes manœuvres de la diplomatie contre la liberté et l'honneur des nations, les Allemands ne peuvent comprendre qu'il y a des choses qui ne « passeront » jamais.

Les tourmenteurs de Senlis croient sans doute s'être montrés d'une grande générosité en ne brûlant qu'une partie de la ville et en ne tuant qu'un vieillard digne de respect et quelques pauvres diables d'ouvriers et d'employés. Il se trouvera sans doute plus tard un de leurs théoriciens pour dire de 1914, comme Bernhardi l'avait fait pour 1870, que l'Allemagne a « conduit cette guerre avec une humanité grandiose ». Mais il n'en restera pas moins les récits, irrécusables, de traits d'« humanité »

comme l'exécution de M. Odent, qui eut lieu dans des
conditions particulièrement odieuses.

Après sa rencontre avec le général allemand, M. Odent
avait été conduit au Grand-Cerf entre soldats baïonnette
au canon, malgré son innocence évidente du « crime »
dont on était décidé à l'accuser. Toute la faveur dont on
voulut bien le gratifier ce fut de lui donner l'ordre, sur
un ton plus doux, de faire préparer à l'hôtel un dîner
de quarante couverts. Grâce au concours du propriétaire
d'un autre hôtel, celui du Grand-Cerf étant absent, le
maire, par une amère ironie, assura la pâture de ceux
qui allaient le faire fusiller et brûler sa ville.

On ne tarda pas, après ce service involontaire rendu,
à le fixer sur son sort. Des estafettes étant venues dire
(sans doute d'après une consigne réglée à l'avance) que
c'étaient bien des civils qui avaient tiré sur les troupes,
le commandant en chef entra ou feignit d'entrer dans
une violente colère et lui annonça définitivement qu'il
serait fusillé dans la soirée.

Une automobile l'emmena alors à Chamant où il
retrouva des otages, et où d'autres captifs encore vinrent
rejoindre le groupe ; en tout, une trentaine.

Ces malheureux subirent les traitements les plus
cruels et les plus absurdes. On les faisait à chaque heure
changer d'endroit ; parfois on leur enjoignait sans raison
de se coucher, de s'agenouiller, de se relever, en leur
répétant à satiété qu'ils seraient fusillés et Senlis brûlée.

Les Allemands, en effet, dès que la fusillade avait été
reprise dans la ville, s'étaient emparés au hasard de tous
les habitants sur lesquels ils avaient pu mettre la main, y
compris une fillette qui fut blessée tandis qu'elle jouait
avec les autres le rôle de *protectrice* des envahisseurs.

Voici quel fut, à onze heures du soir, « formalités de
justice » comprises, le supplice du maire.

Après s'être assuré, sur sa réponse, de son identité,

le chef de peloton lui dit — et cette fois M. Odent jugea
bien inutile de protester :

— *Vous avez tiré* et fait tirer sur les soldats allemands. Vous n'avez fait afficher aucune proclamation
interdisant aux habitants de conserver leurs armes. Vous
allez être puni de mort.

Le maire demanda un instant pour se recueillir et
pour confier quelques souvenirs à un de ses compagnons
de captivité. Bien que le procès-verbal que signèrent
peu de jours après les témoins du drame ne contienne
pas ce révoltant détail, le scrupuleux compte rendu de
la *Gazette de l'Oise* affirme qu'en se rendant à ce dernier
désir, l'officier, en ricanant, imposa les mains sur la
tête de sa victime et fit le simulacre de le bénir.

M. Odent remit alors à l'otage Benoît Decreuz sa
bourse, des papiers, son alliance en disant : « Vous
remettrez ceci à ma famille. Adieu, nous ne nous re-
verrons plus. »

Puis l'Allemand s'impatientant l'empoigna par l'épaule
et fit signe à deux soldats de l'emmener. Quinze mètres
plus loin, ils fusillèrent le vieillard à bout portant. Les
témoins s'accordent à dire que dans les derniers instants,
ce ne fut plus l'homme doux et timide, effrayé à trop
juste titre, qui avait pendant ces longues heures supporté passivement ce martyre. Il avait regardé la mort
en face et son visage était transfiguré. Il tomba sur le
côté droit sans pousser un cri. Un des Allemands, voyant
ses dernières convulsions, lui déchargea son revolver
dans la tête. Là-dessus, creusant un semblant de fosse,
ils y placèrent le corps, à peine recouvert de quelques
pelletées de terre. Par places, on voyait les vêtements,
et un pied dépassait le sol lorsque quelques jours après
les notables de Senlis obtinrent de la kommandantur
l'autorisation d'aller chercher leur magistrat pour lui
donner un lieu de repos plus digne. On plaça, en atten-

dant un autre monument, une simple croix à l'endroit
où il était tombé, et qui était, dit un historien de Senlis,
M. de Maricourt, « un champ au sortir des dernières
maisons de la ville, sur la route de Compiègne, un peu
au-dessus du lieudit le Poteau, à droite, en s'éloignant
de Senlis, en face du terrain de courses du château de
Chamant ».

Ce qui éclairera mieux que tous les débats sur le
caractère de M. Odent, c'est ce mot sur lequel nous ne
pouvons mieux terminer ce qui le concerne,

Lorsqu'il fut arrêté, un employé de la mairie lui proposa d'aller chercher les adjoints.

— Ne les dérangez pas, dit-il. Ce sera assez d'une
victime.

En même temps que son corps, on trouva, dans le
champ d'exécution, six autres habitants de Senlis, dont
la disparition avait été constatée et dont on ignorait le
sort. Ils avaient été fusillés là, sans jugement, probablement bien avant l'arrivée du maire et des autres
otages. C'étaient cinq hommes âgés, des ouvriers, des
cultivateurs, et un jeune homme de dix-sept ans à peine.
Il y avait certainement de quoi être fier de cette mani-
festation de la puissance et de la civilisation allemandes.
Quoi qu'il en soit, elle se contenta de cette prouesse,
et au petit jour, le lendemain, les prisonniers eurent la
permission de rentrer en ville pendant que les justiciers
se dirigeaient vers Mont-l'Evêque.

Tandis que l'on fusillait des vieillards, Senlis flambait, comme les Allemands l'avaient promis ou plutôt se
l'étaient promis.

Quelques personnes attribuent à l'intercession de
M. l'abbé Dourlent la destruction seulement partielle de
Senlis. Sans diminuer en rien le courage et le dévouement que prouva, comme nous l'avons montré, l'éminent
ecclésiastique, il est probable qu'il faut adopter une ver-

SENLIS. — LE PALAIS DE JUSTICE AVANT LA GUERRE.

Photo Neurdein.

SENLIS. — LE PALAIS DE JUSTICE APRÈS LE PASSAGE DES INCENDIAIRES.   Photo Le Deley.

sion différente, fondée sur le fonctionnement des méthodes allemandes. Sous couleur de représailles, et en réalité dans l'intention de répandre la terreur, il leur est arrivé fréquemment de circonscrire, quitte à recommencer l'opération soit par vengeance, soit pour des exactions, la zone à réduire en cendres. Ils mettent une sorte de coquetterie atroce à jouer avec le feu, comme nous le verrons dans d'autres pays. Ils travaillent avec précision et netteté, arrêtant l'incendie juste à l'endroit et à la maison qu'ils ont reçu l'ordre de considérer comme limite. Leur matériel incendiaire est perfectionné et fait le plus grand honneur au génie allemand, quand on considère avec quelle patience, quelle ingéniosité, quelle science en un mot, ils ont décidé froidement pendant de longues années d'appliquer les ressources de l'esprit humain aux entreprises inhumaines. Loge, le dieu du feu, traître et mauvais, est sans doute un des personnages qu'ils préfèrent dans leur mythologie.

En ce sens, la ville de Senlis fut un de leurs chefs-d'œuvre.

Juste à l'heure qu'ils avaient fixée, l'incendie commença par la coquette maison du juge de paix, aimable demeure fleurie, dans le goût du xviiie siècle. Un peu après, vint le tour de l'édifice, d'un beau style, où se trouvaient réunis le Tribunal et la Sous-Préfecture. C'était un ancien hôpital, l'Hôpital de la Charité, construit au xviie siècle, aux frais de messire Jacques Jolli. Comme on peut le voir d'après notre illustration, il demeura de ce simple et noble monument, dont aucune raison de guerre ne légitimait la destruction, même sous le plus léger prétexte que ce fût, une simple carcasse vidée et noircie, vraiment lamentable et sinistre. A dix heures du soir, dans toute son étendue, brûlait la rue de la République, sauf les toutes premières maisons, comprenant des hôtels où la soldatesque achevait de s'enivrer, — et qu'elle brûla le lendemain après avoir fusillé propriétaires et personnel — sauf également le Grand-Cerf et un petit nombre de demeures[1] que l'état-major s'était réservées personnellement, et qui, en vertu de cet art spécial des bandits, ne portèrent même pas trace des flammes environnantes.

Les témoins de cette besogne décrivent ainsi la façon de procéder. Ils étaient divisés en deux groupes. L'un était muni des instruments qu'il faut pour enfoncer les portes ou briser les volets et les fenêtres. L'autre, qui suivait de près les ouvreurs de maisons, escortait une voiture régimentaire dans laquelle se trouvaient les engins perfectionnés : des bombes en forme de bouteilles, longues de trente centimètres environ et munies d'une mèche. Un soldat prenait une de ces bombes, l'autre l'allumait, un troisième la jetait par la brèche, et peu d'instants après une explosion et un incendie se déclaraient. Puis, pendant que le résultat se produisait, les artistes passaient à la maison suivante ou, suivant le cas, l'omettaient.

Le lendemain, ils détruisirent les habitations et hôtels avoisinant la gare, ainsi que la gare elle-même. Les premiers visiteurs de Senlis se rappellent encore avec quelle stupéfaction ils abordaient la ville par cette gare dont il ne restait absolument que les murs calcinés, et rien autre, pas même une brouette ou un levier de bascule.

La rue Bellon, qui mène à la cathédrale, et la rue Rougemaille, qui conduit vers la Halle, furent également très éprouvées, ainsi que le quartier du faubourg Saint-Martin et une partie du quartier qui se trouve proche de la Préfecture. Pour montrer une fois de plus ce que nous venons de dire de l'art incendiaire, une des deux

---

1. Sur l'une de ces maisons l'on pouvait lire le nom de l'occupant : général commandant Geisberg.

rues que nous venons de nommer, bien que très étroite, était brûlée sur un seul côté.

L'hôpital — on sait que les Allemands ne se font pas un devoir de respecter la Croix-Rouge — fut le théâtre de luttes, de massacres et de traits d'héroïsme. Il est situé à une extrémité de la ville, mais il se trouva à un certain moment en pleine escarmouche, tout comme les quartiers moins éloignés. Deux habitants de Senlis y furent tués, deux autres blessés, et pour montrer l'atrocité de cette lutte, on ne saurait enregistrer trop de faits comme ceux-ci : un employé de l'hôpital, M. Mornus, fut tué, ainsi que deux soldats infirmiers, et plusieurs soldats français qui s'étaient réfugiés à l'entrée de l'hôpital furent tués également. Ainsi reconnaissent les Allemands le droit sacré d'asile, qui jamais n'avait été aussi complétement méprisé et violé avant la guerre de 1914.

L'entrepreneur de l'hôpital, M. Tavry, faillit payer de sa vie son dévouement à la souffrance humaine et la promesse solennelle qu'il avait faite au maire de rester pendant la prise et l'invasion de la ville. Blessé en allant chercher des médicaments, il continua à soigner les blessés et à ensevelir les morts, en dépit des mauvais traitements et des menaces constantes des ennemis. Il dut, une fois, sous peine de mort, confectionner deux cercueils pour des Allemands, des officiers ayant vu qu'il mettait en bière un officier français qui avait exprimé avec les plus vives instances le désir de ne pas être simplement inhumé comme les autres trépassés. Une garde, baïonnette au canon, s'assura jusqu'au bout que l'entrepreneur faisait sa besogne.

Il y aurait bien d'autres traits de bravoure et d'abnégation à mentionner, mais on ne peut dire que les principaux, et beaucoup d'obscurs et superbes dévouements trouvent leur récompense en eux-mêmes. Ce sera tel

médecin (le Dr Ader) qui assure seul les services médi-
caux et chirurgicaux de l'hospice. Ce seront tels citoyens
qui, rien qu'à force de bras, empêchent la ville, à un
moment, de manquer d'eau ou de gaz, et lui épargnent
ainsi de nouvelles horreurs.

Une pourtant de ces belles actions mérite d'être mise
en relief. Un Senlisien, M. Lejeune, passant, le soir de
la bataille, le long d'un enclos de la rue des Jardiniers,
entend des plaintes et des supplications déchirantes.
C'est un officier français, affreusement blessé, qui est
là, mourant. M. Lejeune n'ignore pas qu'il risque d'être
fusillé pour abriter un Français, fût-il plus que hors de
combat. Mais il n'hésite pas un instant ; il emporte ce
moribond chez lui, le déshabille, le couche dans son lit,
panse de son mieux les plaies qui lui ont déchiré le
ventre, puis s'en va à l'hôpital pour demander qu'on
vienne prendre ce blessé. L'hôpital, soit encombrement,
soit crainte de représailles, fait des difficultés. Alors le
Senlisien va trouver, toujours circulant par la ville
affolée qui flambe, un major allemand qui commande
l'ambulance au collège Saint-Vincent, et bravement, le
« réquisitionne » pour envoyer chercher son hôte.

Le major, furibond, lui enjoint « de rhabiller son
blessé et de le reporter à l'endroit où il l'a trouvé ».
Refus.

— Alors vous allez être fusillé.

— C'est bien ; j'aime mieux cela que de commettre
cette infamie.

— Si vous aviez eu affaire à un blessé allemand, vous
n'en auriez pas fait autant, dit le major, grognant encore,
mais déjà intéressé.

— Pourquoi pas ? Il faisait nuit ; j'aurais ramassé
comme un autre un homme que je ne voyais pas, et qui
souffrait.

— Vous le jurez ?

On pense bien que le brave M. Lejeune n'hésita pas
à faire le serment qui sauva sa vie et celle de son protégé,
qui enfin porté à l'hôpital sur l'ordre du major allemand,
fut guéri.

De tels actes (nous parlons, bien entendu, de celui
de M. Lejeune) compensent largement la conduite de
quelque infime partie de la populace (car il y a tout de
même de petites populaces jusque dans les petites villes
les plus rangées telles que Senlis) s'associant aux pillages
des magasins qui suivirent de près les incendies. L'en-
traînement, la misère et l'ignorance expliquent, sinon
excusent, ces faiblesses que nous aurions pu omettre, si
nous n'avions pas le souci de nous montrer rigoureusement complet et véridique.

A Senlis, les Allemands pillèrent... splendidement. Il
ne resta rien dans les boutiques, lorsque les 300.000 hommes, auxquels on évalue le montant des troupes qui traversèrent, eurent passé.

Deux ou trois cents seulement demeurèrent en garnison pendant la durée de la bataille de la Marne,
une fois la fureur de meurtre et de destruction
apaisée.

Devant l'histoire, cette fureur demeurera toujours
présente et jamais excusée. Fureur factice, pour ainsi
dire, et s'exerçant d'après une résolution froidement
arrêtée dès avant qu'eussent pu se produire les actes dont
les Allemands avaient préparé le prétexte. Les preuves
en sont nombreuses, on l'a vu au cours de ce récit. La
plus frappante est, au reste, dans l'unanimité avec laquelle, sur divers points écartés les uns des autres et à
divers moments, les officiers allemands, qui n'ont vrai-
semblablement pas pu aviser entre eux des mesures à
prendre dans une action aussi concentrée et condensée
que la « bataille de Senlis », proclamèrent le sort de la
la ville.

M. l'abbé Dourlent se voyait signifier cette mesure de soi-disant représailles au moment où l'on condamnait M. Odent.

Un général allemand, à 9 heures du soir, annonçait l'incendie de Senlis à un fermier de Villers-Saint-Frambourg chez lequel il logeait.

Le lendemain matin, un colonel ennemi disait également au doyen de Nanteuil-le-Haudouin : « J'ai brûlé Senlis parce que les habitants ont tiré sur nous ».

Or, jamais ces habitants-fantômes n'ont pu, non seulement être trouvés, mais encore simplement nommés. De l'enquête sévère, scrupuleuse, d'une loyauté lumineuse, à laquelle s'est livré M. le curé Dourlent, il résulte que « deux femmes réfugiées dans la cour d'une maison en flammes auraient affirmé avoir vu un homme, soi-disant ivre, qui maniait un revolver et tirait sur l'ennemi, à l'entrée d'une rue, en face ». Or, on n'a jamais retrouvé ces deux femmes dont personne n'a pu dire le nom. D'autre part, la compagne de l'homme qui semblait, vaguement, désigné par ces propos plus vagues encore, affirme qu'il avait porté son fusil de chasse à l'Hôtel de ville et qu'il n'avait jamais possédé de revolver. Le pauvre diable avait d'ailleurs été tué dès les premiers moments de l'arrivée des Allemands.

En revanche, un fait, incontesté et précis celui-là, montrant avec quelle facilité ils transforment des innocents en coupables et se créent des raisons de mentir au monde et de se mentir à eux-mêmes pour exécuter leurs desseins. Trois hommes du faubourg Saint-Martin, étant allés regarder l'incendie du magasin à fourrages, furent saisis par les soldats allemands et, sous prétexte qu'ils avaient tiré sur eux, alignés et fusillés. Deux moururent ; un s'échappa et témoigna.

Ainsi, dans tous les quartiers de Senlis, ils avaient inventé, ou réalisé, leur « homme qui a tiré sur les troupes ». Mais à quoi bon discuter les prétextes avec qui est résolu à tous les crimes ?

De ces crimes, il en est de si épouvantables qu'on se refuserait à les croire si on ne les trouvait pas affirmés par des personnes dignes de foi à des journaux connus pour leur sérieux et leur honorabilité. La *Gazette de l'Oise* est un des journaux qui, dans la presse départementale de France, occupent une telle situation. Voici le fait monstrueux qu'elle a conté, en précisant tous les détails de temps et de lieu.

Le 2 septembre, les Allemands avaient fait leur entrée, comme nous l'avons vu, et une certaine résistance leur avait été opposée. Dans l'après-midi, après la retraite définitive de notre arrière-garde, deux cents blessés et une centaine de morts étaient tombés çà et là, dans les rues.

Or, parmi ces blessés, il se trouvait, — lieu exactement désigné, — *dans la rue de la République*, près de la Sous-Préfecture, *sur le trottoir de gauche*, un petit soldat aux jambes affreusement mutilées et qui avait perdu connaissance. Vers le soir, il revint à lui et essaya de se traîner en appelant au secours.

Une femme, qui était demeurée cachée dans sa cave de la *rue Sainte-Geneviève*, l'entendit crier : « A boire ! Pitié ! Donnez-moi à boire ou tuez-moi ! » La compassion l'emportant sur la crainte, elle se dirigea vers le malheureux avec l'intention de le secourir. A ce moment, des soldats allemands, *au nombre de trois*, sortirent de la *maison Naigeon*, qu'ils venaient d'asperger de leurs liquides incendiaires et qui commença de prendre feu. Voyant la femme adresser la parole au blessé, ils la repoussèrent brutalement à coups de crosse et la poursuivirent jusqu'à la *rue Sainte-Geneviève*. Deux autres personnes, entendant les cris du blessé et ceux des brutes furieuses, se dirigèrent vers le groupe. Ces per-

PONT DE PONT-SAINTE-MAXENCE.

Photo M. Roll.

sonnes sortaient de la *rue du Temple*. Les Allemands les mirent également en fuite. Alors la femme, que la *Gazette de l'Oise* connaît et de qui elle se porte garant, vit les trois soldats ficeler le Français et le lancer dans la *maison Cossin*, qui flambait. Des hurlements, des cris déchirants, vite couverts par le fracas des poutres et des murs s'écroulant, accompagnèrent ce spectacle infernal.

Nous avons souligné toutes les indications qui donnent au récit, sans cela invraisemblable, sa précision et son caractère d'authenticité.

Dans combien de villes, de villages, de coins de campagne auront eu lieu des crimes plus ou moins monstrueux, comme celui-ci, comme l'assassinat du maire de Senlis et des autres otages qu'on ne connaîtra jamais !

Pour une simple résistance, pour un léger mouvement d'impatience, pour moins encore, un homme était abattu comme un chien. Plusieurs furent tués pendant l'escarmouche du faubourg Saint-Martin.

Dans la partie sud de la ville, le meurtre du marchand de tabac Simon révolta particulièrement les habitants de Senlis. Sa boutique, qui avait pour enseigne « Au Point du Jour », fut, pendant la prise de ce quartier, envahie par un groupe de soldats qui, jurant, se bousculant, voulaient tous être servis, et très vite. Le dénouement n'a pas permis de savoir s'ils auraient payé, mais il comporta un moyen très commode de ne pas le faire. M. Simon avait d'abord essayé de satisfaire ces « clients », mais comme leurs exigences se faisaient impérieuses et allaient jusqu'à la menace, au rudoiement et aux coups, M. Simon se croisa les bras et dit : « Je veux bien servir des hommes, mais pas des sauvages. » Il fut immédiatement abattu, et comme les meurtriers affirmaient que ce malheureux homme les avait menacés (selon toute vraisemblance, en effet !), pour l'exemple,

son corps, jeté dans la rue, y resta étendu avec défense
formelle d'y toucher pendant plusieurs jours.

L'histoire ne dit pas si les Allemands, débarrassés
du débitant, achevèrent de « se servir » eux-mêmes...

Le régime de pillage et d'exactions dura tant que
passèrent les troupes *vers la Marne*. Quand elles revinrent, il ne restait plus que très peu d'Allemands à Senlis,
une toute petite garnison que l'état-major semblait avoir
oubliée. Comme le gros de la retraite eut lieu par Compiègne et par Crépy-en-Valois, Senlis n'eut pas à souffrir
de la déception allemande. Un détachement de zouaves
fit prisonniers à l'improviste les ennemis qui restaient.
Un habitant (nous enregistrons ce fait connu pour prouver
l'impartialité absolue de nos récits) eut la faiblesse d'en
cacher quelques-uns, par crainte de quelque retour offensif. Dans la bagarre qui s'ensuivit, un sous-officier français fut assez sérieusement blessé.

C'est ce dernier et négligeable épisode qui termina
le martyre et les angoisses de Senlis.

La petite ville demeurera longtemps une des plus
célèbres parmi celles qui ont eu à souffrir de l'invasion
de 1914, et il faut souhaiter qu'elle entretienne ces souvenirs de barbarie de la façon à la fois la plus pieuse et
la plus saisissante possible.

CHAPITRE XI

On peut suivre le parcours calme et régulier d'un
fleuve ; même s'il forme de nombreux détours, le voyageur pourra toujours adopter une méthode qui lui per-
mettra de connaître son cours, ainsi que celui de ses
affluents.

Dans certaines régions peuplées, des lacis de routes
complexes, des groupements de villes et de villages se
succédant sans relâche, ne rendent pas impossible un
ordre suivant lequel l'esprit se reconnaîtra.

Mais dans une inondation subite et véhémente, quand
les eaux sourdent, fusent, recouvrent partout à la fois,
dans un cataclysme qui ruine et embrase en même
temps, ou presque en même temps les points éloignés
comme les points intermédiaires, il est difficile d'adopter
un ordre qui satisfasse la logique du temps normal et de
la naturelle topographie.

Cette courte et immense période de la première quinzaine de septembre offrira toujours la difficulté à l'historien, de pouvoir présenter un tableau *successif* satisfaisant d'événements *simultanés* s'enchaînant les uns aux
autres d'une manière parfois inextricable.

Aussi bien, tel n'est pas, on le sait, le but de ce livre. Les auteurs veulent simplement fournir des indications et des traits caractéristiques sur chacun des points ainsi occupés tous à la fois, et délivrés presque tous en même temps. Le lecteur en isolera donc, au cours de ses voyages personnels, ce qui l'intéressera.

Pour la région qui s'étend entre Compiègne, Chantilly, Soissons, Château-Thierry et Meaux, et qui comprend intérieurement, outre Senlis, dont nous venons de retracer les épreuves, Crépy-en-Valois et Nanteuil-le-Haudouin, nous suivrons certainement un ordre plus commode pour la clarté, mais qui ne sera pas, sans doute, conforme aux phases de la stratégie. Les écrivains techniques auront eux-mêmes, nous dit-on, beaucoup de peine à retrouver et à classer rigoureusement l'ordre et les rapports suivant lesquels elles se sont déroulées.

Voici donc les directions que, pour la commodité des lecteurs et la nôtre, nous croyons pouvoir adopter.

Tout d'abord, les alentours immédiats de Senlis. Puis, en remontant vers Compiègne, les localités qui avoisinent à la fois l'Oise et la forêt, jusqu'aux localités qui se rattachent plus directement à l'arrondissement de Crépy-en-Valois.

Redescendant ensuite le cours de l'Oise, nous rencontrerons Creil ; puis, nous nous occuperons au sud, de Chantilly, et, allant vers l'est, des villages qui sont au delà de la forêt d'Ermenonville. Ceux-ci sont proches de Nanteuil-le-Haudouin. Mais nous laisserons momentanément cette localité pour pouvoir nous occuper de Crépy-en-Valois et de ses environs immédiats, c'est-à-dire d'un des principaux points par où l'invasion passa, — puis repassa. Nous descendrons alors de nouveau vers Nanteuil-le-Haudouin au sud-ouest, et enfin, par Betz, au sud-est, ainsi que par les autres localités de cette partie du Valois, nous rejoindrons Mareuil-sur-Ourcq, c'est-à-dire que nous serons au seuil même de la bataille de la Marne.

Mont-l'Evêque a été un des points stratégiques im-médiatement proches de Senlis. Si l'action s'était arrêtée et concentrée dans cette région au lieu de ne s'engager que plus bas, sur la Marne, sans doute, ce village, ainsi que celui de *Montépilloy*, aurait eu une grande impor-tance. Mais ces deux dominantes positions n'ont vu que le passage des troupes. Cependant, à *Mont-l'Evêque*, il y eut un combat; et, quant à Montépilloy, il fut évident, après la victoire de la Marne, que les Allemands avaient pensé à en faire un sérieux point d'appui.

Nous pouvons donc, incidemment, en dire quelques mots, d'autant plus que ceux qui feront le pèlerinage de Senlis trouveront là les éléments d'une intéressante excursion.

Par *La Villemétrie*, contiguë à Senlis, et en passant par les beaux restes de l'ancienne abbaye de la Victoire (fondée par Philippe-Auguste en souvenir de Bouvines), on arrive, au bout de trois à quatre kilomètres de Senlis, à *Mont-l'Evêque*, ancienne résidence de campagne des évêques de Senlis.

C'est dans la partie nord de ce village que l'engage-ment eut lieu entre les Allemands qui s'avançaient par l'est, et une compagnie du 294e de ligne, qui devait pro-téger la voie ferrée pendant la retraite française de Barbery et de Montépilloy sur Senlis. Il n'y eut pas de sévices sensibles exercés sur cette modeste commune.

Pour *Montépilloy*, il était fortifié, au moment de l'occupation de Senlis, par plus de cinquante canons, le plateau et le village étant transformés en une véritable forteresse, et ceint d'une ligne continue de tranchées.

Ainsi, Montépilloy ne changeait pour ainsi dire pas de destination historique, car son nom lui-même (*Mons speculatorum*, montagne de guetteurs et faiseurs de signaux), n'indique pas moins que les restes de son château fort son affectation guerrière. Bâti au xıı² siècle, ce château avait soutenu au xıv² siècle les assauts de la Jacquerie. Au xv² siècle, il était passé en la possession de la famille de Montmorency. Pris par les Anglais, et repris par Charles VII, il n'est depuis lors que ruines, mais ruines non dépourvues de caractère.

La retraite fut trop rapide pour que les Allemands pussent utiliser les dispositions que nous venons de mentionner. Le 1er septembre, ils occupaient la hauteur et la plaine que les Anglais venaient d'abandonner ; le 9, les chasseurs alpins y rentraient, après un fort balayage par le 75. Nous ne trouvons à mentionner, dans cet endroit, que les habituelles scènes de pillage, arrestations d'otages, destructions de fermes, etc.

Comme autres environs immédiats de Senlis, nous avons à mentionner également *Chamant* et *Barbery*. Nous savons que l'exécution du maire eut lieu dans le premier. Les habitants pris comme otages dans cette petite localité eurent à goûter l'eau dans toutes les maisons en présence des soldats, ivres d'ailleurs, qui se croyaient empoisonnés. Bien que cet exercice n'offrit aucun agrément, ils le préférèrent à l'exécution sommaire.

Une femme du personnel employé à la distillerie de Barbery, qui se refusait à goûter toutes les bouteilles que son mari était forcé de servir aux Allemands, se vit frappée, coiffée d'un casque prussien, et outragée cruellement. Son mari et elle échappèrent de près à la mort.

La gare de Barbery fut aussi complètement détruite que celle de Senlis, et plus d'une maison et d'une ferme furent incendiées. Cela s'explique par la violence d'un combat dont la route qui va de Crépy-en-Valois à Senlis

était l'objet, les ennemis arrivant du nord-est, en éven-
tail, parallèlement à cette route et débouchant entre
autres points par *Néry* et par *Bully*. Dans cette portion
de la route, un violent duel d'artillerie eut lieu entre
troupes allemandes et anglaises. Les habitants de Barbery étaient presque tous, heureusement, évacués.

Un peu plus au nord de Senlis, à *Villers-Saint-Frambourg*, un tout jeune homme fut tué à coups de baïonnette, et les soldats donnèrent au chef de leur détachement le divertissement d'un viol.

Nous remontons maintenant vers l'angle que forment,
au sud-ouest de la forêt de Compiègne, l'Oise et son
petit affluent l'*Authonne*. Cette rivière semble avoir été,
au moment de la marche en avant, la ligne parallèle à
la direction que suivaient, du sud de la forêt de Compiègne à Crépy-en-Valois, les régiments en marche sur
Creil-Senlis-Nanteuil-le-Haudouin.

Verberie est le point où nous reprenons cette marche,
de Compiègne sur Paris. Parmi les séjours de villégiature préférés des Parisiens, Verberie n'est pas dans les
moins privilégiés. Cela se comprend lorsque l'on connaît
le charme de ce gentil bourg, qui combine à la fois les
agréments de la colline, de la forêt et de la rivière. La
route à flanc de coteau qui suit et domine la vallée de
l'Oise, est, entre autres, de Verberie à Pont-Sainte-
Maxence, un des riants spécimens de cette nature
aimable et « policée » de l'Ile-de-France. Elle rencontre
en passant des villages qui ont conservé leur physionomie bien française, et des édifices qui, pour être peu
connus, n'en sont pas moins d'une grande valeur artistique, entre autres les églises de *Rhuis* et de *Pontpoint*.
Ceux qui connaissent la région tremblèrent qu'il ne fût
arrivé malheur à l'église de Rhuis, car c'est un bijou des
plus purs de l'art roman. Bijou extrêmement simple et

PONT DE VERBERIE.

Photo Meurisse.

13

modeste, petite aïeule de village dont la pureté égale l'humilité, mais qui a grand air, comme une paysanne de bonne race. Le beau clocher, avec ses arcades en plein cintre, en fut quitte pour un obus qui ne l'endommagea pas gravement.

Quant à Verberie, ce fut une ancienne résidence royale jusqu'au xiie siècle, et elle possède une assez belle église des xiie et xve. Cette commune eut, le 2 septembre, l'angoisse de se trouver prise entre deux feux, les projectiles allemands et anglais se croisant au-dessus d'elle sans relâche. Après un combat assez violent, les Allemands occupèrent le village qui n'avait pas trop souffert, quelques incendies seulement, et ils poursuivirent aussitôt leur marche le long de l'Authonne par *Saintines* et *Néry*, ce qui leur permit de menacer d'enveloppement, à un moment, les Anglais qui occupaient le plateau de *Villeneuve-sur-Verberie*. Le maire de cette dernière commune fut emprisonné et toutes les maisons pillées.

Mais, comme pillages et comme orgies, Verberie éprouva ce qu'il y avait de mieux dans le genre. Comme c'est une villégiature aisée et élégante, les Allemands firent main basse sur le linge et les robes de femmes, se servant d'une partie pour de macabres et démentes mascarades, et découpant le reste en lanières, le réduisant en loques pour le seul plaisir de détruire. Des pianos avaient été transportés sur la route et jusque dans les champs pour on ne sait quels forcenés bals en plein vent, puis disloqués à coups de sabre ou de crosse. Les quelques habitants qui ont vu ces incroyables scènes en ont gardé une vision de cauchemar à la fois effrayant et grotesque. Et pour ceux qui croiraient qu'il y a là de l'imagination ou qui prétendraient ces détails exagérés, il suffit de rappeler que c'était au moment où l'Allemand, ivre de ses crimes en Belgique, triomphant de sa marche

rapide à travers cette France jalousée, se livrait à toutes
les fantaisies de la brute en gaîté, à toutes les violences
du conquérant en humeur de tueries.

Comme le comique se mêle au sombre dans ces
heures-là, les Allemands prirent une mesure dont on ne
peut s'empêcher de sourire. Nous venons de dire qu'ils
avaient pillé les demeures, auberges comme châteaux,
de fond en comble. Mais ils affichèrent cet avis sur les
murs de Verberie : « *Tout Français qui sera pris à piller
sera fusillé sur-le-champ !* » Ironique précaution dans un
pays où il ne restait rien à prendre.

Ils devaient, dans des circonstances particulières,
comme nous le verrons un peu plus loin, « admettre »
des exceptions à ce monopole.

A proximité de Verberie, le joli village de *Saintines*
fut également pillé ; des habitants dévoués qui avaient
eu le courage d'aller chercher du pain dans un village
voisin pour empêcher les femmes et les enfants de
mourir de faim, furent faits « prisonniers de guerre! »
à l'approche des Allemands, le 1er septembre. Un de ces
malheureux avait trente-sept ans ; les autres étaient deux
jeunes gens de dix-huit ans.

D'ailleurs, des disparitions analogues ont eu lieu
dans un grand nombre de villages et bourgs de toute
la région ; jeunes gens capturés par des patrouilles,
ou fusillés soit aux environs de Compiègne, soit dans
ceux de Creil, Chantilly, etc. On en signala, près de
Creil, à Villers-Saint-Paul. A Nogent-les-Vierges, ce
furent les habituels pillages. A Pont-Sainte-Maxence
également. Le vieux pont, bien connu des touristes,
avec ses obélisques, était une fort belle œuvre de
l'architecte Perronnet et avait un beau style vieille
France. Les opérations de guerre l'auront détruit,
comme tant d'autres choses qui, sans être des chefs-
d'œuvre, étaient des choses qu'on ne peut refaire,

et par suite d'une grande valeur artistique et senti-
mentale.

Mais voici, sur la ligne que nous parcourons, une des
villes qui auront été le théâtre des plus tristes, sinon des
plus tragiques exploits des envahisseurs. Nous voulons
parler de Creil.

Comme dans la mémoire des hommes les calamités
s'effacent vite dès que les dangers sont ou paraissent
conjurés, bien peu de gens savent que Creil a été une
des villes les plus disputées et les plus ravagées de notre
histoire. On peut en juger par cette sommaire énumé-
ration.

Creil est prise en 958 par les Normands ; puis en
1358 par Charles le Mauvais ; puis en 1435 par les Anglais ; reprise par Charles VII en 1441. Les Huguenots
la prennent à leur tour en 1567 ; Mayenne, enfin, en
1588. On conçoit que, dans ces conditions, Creil ne contienne pas beaucoup de monuments anciens, et c'est
déjà très beau qu'elle ait conservé une vieille église
assez mutilée, mais conservant des restes intéressants
du xiii\ue au xvi\ue siècle. Quant à son château, construit
par Charles V, il n'en demeure que des vestiges.

Creil n'évoquait donc plus chez les gens de notre
temps que l'idée d'une ville industrielle, à la vérité fort
importante, et par moments assez agitée dans les périodes
de grèves et de revendications sociales. Les voyageurs
qui ne cherchent que les sensations pittoresques ou les
émotions artistiques n'ont jamais eu la pensée, lorsqu'ils
vont à Chantilly, Compiègne ou Amiens, de s'arrêter
dans la ville dont on ne voit, de la ligne, qu'une vaste et
noire perspective de toits d'usines, de cheminées fu-
mantes, d'amoncellements de houille ou de mâchefer.
Le soir, les fours de la Verrerie jettent des rayons
éblouissants, les usines rougeoient. Le jour, tout est

RUE DE VERBERIE.

Photo Meurisse.

charbonneux et âpre. La campagne même en paraît
ternie à une grande distance. Le cours de l'Oise, qu'on
aperçoit particllement, rafraîchit à grand'peine le regard,
avec ses chemins de halage noircis et sa batellerie active
et triste. Les maisons ouvrières, qu'on aperçoit sur les
chemins de la périphéric, ont l'air non moins déshéritées.
Un aspect pittoresque, cependant : celui (à gauche quand
on vient de Paris) du château et de la vieille église qui
dominent *Montataire*. Mais cela non plus n'a jamais dû
suffire pour attirer le touriste le plus déterminé. Et pourtant, dès Montataire, on parcourt une contrée charmante
presque jusqu'à Beauvais, et Creil elle-même, pour ceux
qui se sont aventurés au delà, non pas seulement de la
Gare, mais de l'Oise, avait de modestes séductions de
petite ville tranquille et heureuse et offrait un tout à
fait différent spectacle de la ville usinière à laquelle on
eût pu croire que cette agglomération était limitée.

Mais ce ne serait pas ce qui nous ferait écrire bien
longuement de Creil, s'il n'y avait pas à retenir, de ses
aventures en 1914, une leçon grave et des faits typiques
de cette guerre. Ceux qui ont lu les écrits si renseignés
et si prophétiques de Léon Daudet, et qu'il a recueillis
dans ses livres *L'Avant-Guerre* et *Hors du joug allemand*,
auront déjà deviné de quoi nous voulons parler. Nous
le ferons parce que ce livre, tout en étant rempli de
douleur pour les maux, d'enthousiasme pour la gloire,
est impartial, et qu'en même temps qu'il s'efforce de
renseigner, il ne veut pas négliger, lorsqu'ils se rencontrent, les *enseignements*.

Creil, a dit un journal du département, était « pourrie
d'espions ». Il ajoute que les officiers de uhlans « se
promenaient, avant la guerre, avec une audace qui trouvait sa raison d'être dans notre crédulité ». Il est avéré
que la ville, en tant que centre de communications par
terre et par eau, et foyer de production grâce à son

énorme matériel usinier, avait été un des points les plus
soigneusement étudiés par les ennemis. Son occupation
avait été préparée d'une façon qui rend également stu-
péfiantes l'audace et la duplicité de nos ennemis, et
notre confiance ainsi que nos facilités d'acceptation. Il
y eut de braves gens, heureusement, à Creil, dont le
courage et le dévouement sont un réconfort contre la
tristesse de voir que les Allemands avaient pu se ménager
dans la ville même — évidemment non pas dans la partie
la plus recommandable de la population — des intelligences, des complicités pour la trahison, récompensées
par la permission de prendre part aux pillages ! Moins
rigoureux sur ce point qu'à Verberie, les Allemands
voulaient bien considérer comme des protégés ceux qui
les aidaient dans leurs rapines.

C'est le 2 septembre que les Allemands entrèrent à
Creil, avec dans leurs rangs beaucoup d'officiers et de
soldats qui se retrouvaient en pays de connaissance. Le
matin, les troupes anglaises s'étaient retirées sur Chantilly. L'état-major de l'aile gauche française avait précédé
de près la destruction du pont de Creil que, vers une heure
de l'après-midi, le génie fit sauter. L'explosion de ce pont
de fer fit un fracas formidable, et ce qui restait de la
population affolée en état de s'enfuir, forma un troupeau
confus, precipité, lamentable, le long de la route qui
menait à Chantilly. Il y eut, en même temps que l'entrée
des premières patrouilles de uhlans, un commencement
de bombardement, mais les dégâts furent alors insi-
gnifiants.

Les Allemands s'avancèrent en allure de férocité :
celle qui consiste à jeter la terreur par une fusillade
incessante à travers les rues, dans toutes les directions,
de façon à pouvoir soit provoquer, soit prétexter, une
révolte de la population.

De même qu'à Compiègne, le pont anéanti fut vite

remplacé, et c'est par masses profondes qu'ils occupèrent et traversèrent la ville. Les habitants, terrifiés,
n'avaient pas eu besoin de l'ordre qui leur fut signifié
d'avoir à demeurer dans leurs maisons sur les passages
de troupes. On savait que tout ce qui avait été rencontré
était fusillé. On citait parmi les victimes un habitant
notable d'un village voisin, un employé du chemin de fer,
des ouvriers, des commerçants qui, comme à Senlis,
avaient expié chèrement leur imprudence ou leur male-
chance.

Cela suffit, comme prétexte, pour l'incendie d'une
partie de la ville, auquel il fut procédé dans la soirée
même. La rue Gambetta, la plus aisée et la plus commerçante, fut vite en flammes et entièrement détruite.
Un des indicateurs des Allemands, qui les avait guidés
dans cette besogne, a été plus tard fusillé. Ils mirent à
leur travail d'incendiaires une conscience spéciale, car
ayant appris, probablement par un rappel de délation,
qu'un commerçant, M. Vivien, propriétaire d'une des
maisons épargnées, était officier dans l'armée et s'était
occupé avec beaucoup de zèle de la préparation militaire,
ils brûlèrent cette maison avec le plus grand soin.

Une grande partie du conseil municipal et la municipalité s'étaient enfuis dès l'approche des troupes, sauf un
adjoint, M. George, qui dut assister, impuissant, au
pillage complet de la maison de commerce de son fils.
Ce pauvre adjoint, malgré toute sa bonne volonté, fut à
chaque minute de l'occupation brusqué et maltraité. Il
eut le plus grand mal à accomplir les actes les plus
élémentaires de sa fonction.

Un autre notable de Creil, M. le juge d'instruction
Verlé, réussit mieux à tenir tête aux Allemands; il eut
même avec un général un colloque assez mouvementé.
Si le Prussien avait su que le matin même de l'entrée,
M. Verlé avait réussi à sauver et à faire s'évader, presque

PONT DE CREIL DÉTRUIT.   Photo Branger.

sous le nez de ses soldats, deux ou trois traînards français demeurés de l'autre côté de l'Oise après la destruction du pont, peut-être aurait-il payé cher son humanité et sa bravoure.

M. Verlé mérita bien de Creil, surtout en assurant au prix de mille difficultés, le ravitaillement des habitants qui n'avaient pas pu ou voulu s'enfuir.

Pendant huit jours, Creil, sans nouvelles du reste du monde, demeura sous l'oppression. Ni lumière permise le soir, ni espoir le jour, à peine la possibilité de ne pas mourir de faim.

Dans la nuit du 9 au 10 septembre, les Prussiens repartirent vers le nord, après avoir détruit leur pont. Le 11, les premiers détachements français reparurent; mais la ville, écrasée, encombrée d'immondices, de cadavres d'animaux, de ruines de toutes sortes, eut à peine la force de fêter nos soldats.

Il est juste avant tout de féliciter les citoyens qui, comme le juge Verlé, les conseillers municipaux Bernaux et Manger, les habitants divers, MM. Steiner, Hérouart, Desmonts, Grison, Arbonnier, par leur abnégation et leur énergie, sauvèrent Creil d'une destruction totale. Mais nous devons, cela fait, graver ici la dure leçon que nous valent, à Creil comme en tant d'autres endroits qu'on apprendra plus tard, la bonté d'âme de certains d'entre nous, le manque de vigilance des autres, la facilité hélas! de quelques-uns à accepter des combinaisons d'intérêt personnel sans approfondir l'intérêt final et l'intérêt de tous; enfin, jusqu'à notre loyauté même, qui se refuse à surveiller et à simplement comprendre la bassesse et l'horreur de l'espionnage scientifique, et notre délicatesse qui répugne à le combattre par ses propres armes.

Il faut donc, si triste que cela soit, rappeler, en quittant Creil, les principaux faits que Léon Daudet

avait mis, si nettement, — et si inutilement, — en
relief plusieurs mois avant l'invasion, et qui ont trouvé,
ainsi qu'il l'a écrit depuis, leur trop éclatante confir-
mation.

L'Allemagne, avait, dit-il, poursuivi les efforts sour-
nois pour transformer Creil en ville allemande. « Cet
envahissement correspondait à leur plan d'invasion par
le nord, et il eût dû suffire, à lui seul, pour nous renseigner sur leurs projets. Ils avaient multiplié là les
forteresses industrielles, les contremaîtres allemands, les
ouvriers allemands. Les villages avoisinants, eux-mêmes,
étaient infestés d'espions. »

Parmi ces ennemis qui nous faisaient la guerre
ouverte en pleine paix, l'écrivain cite un contremaître
aux machines, à l'usine de la Compagnie Générale d'Elec-
tricité. Il avait longtemps parcouru la région du nord et
visité nos grandes villes en qualité de voyageur de
commerce. Dieu sait les services qu'il a pu rendre à sa
noble patrie !

Des détails circonstanciés nous sont également donnés sur les faits de connivence avec l'ennemi que nous
avons résumés plus haut. Mettons simplement celui-ci
en lumière : « Il est impossible de donner une idée des
orgies auxquelles se livrèrent les officiers et les sous-
officiers du Kaiser, en compagnie de femmes de mauvaise vie gagnées de longue date à leurs intérêts.
Quelques-unes retrouvaient, sous l'uniforme allemand,
leurs protecteurs d'avant la guerre, alors que ces *herren*
jouaient le rôle d'inspecteurs en produits chimiques, en
machines, en électricité. Il apparut alors aux yeux clairvoyants que Creil était devenue, pendant ces dernières
années, une cité industrielle allemande, où l'élément
germanique était bien supérieur en nombre à l'élément
français. »

Il faut ajouter un autre ordre de faits dont notre

confrère ne fait pas mention, parce qu'il ne rentre pas exactement dans son sujet, mais auquel nous devons au moins faire allusion pour que nous ayons dit tout ce qu'il est possible, — et nécessaire, — de dire sur ce triste sujet.

A certaines époques Creil fut, et assez fréquemment, agitée par des troubles ouvriers, menaces de grèves, violentes manifestations. Ces troubles, qui éclataient à l'improviste, se calmaient de la même façon soudaine, et assez mystérieuse. Il n'y aurait qu'à rechercher quels intérêts étaient en jeu, et quels agitateurs attisaient secrètement l'humeur vive et la crédulité de nos ouvriers. On a parfois dénoncé à mots couverts telle ou telle influence financière. On aurait, sans doute, vu plus juste en allant droit aux ferments corrupteurs de l'Allemagne. Les pauvres gens auront, comme toujours, souffert les premiers de ces manœuvres louches de l'invasion préparatoire.

Comme nous venons de l'indiquer au début de ce récit, les Allemands comptaient fort sur Creil comme centre d'outillage et de fabrication. C'est ce qui explique sans peine pourquoi, alors que toute la partie commerçante de la ville et les maisons signalées comme appartenant à des officiers ou à de bons Français, — et le nombre de ces maisons prouve qu'il restait heureusement beaucoup de ceux-ci à Creil, — furent méthodiment détruites, alors que toutes les usines demeurèrent intactes.

Nous en avons fini avec ce douloureux aspect de l'invasion et de la délivrance. Nous devions l'envisager le plus complètement possible au moins une fois dans ce livre. Si nous l'avons fait à propos de Creil, ce n'est pas qu'il nous plaise de causer une peine de plus à une ville si rudement éprouvée. Mais puisque les condamnations de pillards et d'indicateurs, ainsi que l'exécution

CREIL. INCENDIÉ.

Photo Roll.

de ces derniers, ont été rendues publiques, ceux qui préparent des matériaux pour l'histoire propagent, en même temps, les utiles leçons de défiance et de défense. Nulle part l'infamie allemande ne s'est mieux exercée, puis trahie, que dans cette pauvre ville de Creil, qui avait beaucoup souffert aux temps où l'industrie ne favorisait et n'exaltait pas encore à ce point chez une race néfaste les instincts de rapine et les orgueils de domination universelle, aux temps où la guerre était féroce, sans doute, mais non déloyale à ce point. Il importe qu'on médite, dans toute la France délivrée, la leçon de 1914 et des années qui précédèrent. Il faut que nous forcions notre nature à devenir moins crédule et moins ouverte à toutes les bienveillances. Vivre avec vigilance ne diminue pas le bonheur de vivre.

CHAPITRE XII

Parmi les environs de Creil qui sentirent plus ou moins
durement le passage, nous avons nommé déjà Villers-
Saint-Paul. Ajoutons *Nogent-les-Vierges* et *Montataire*.
La première de ces localités tire son nom des deux
vierges écossaises, sainte Maure et sainte Brigide, répu-
tées au moyen âge pour leurs miracles. Nogent offre cet
intérêt que les troupes françaises l'occupèrent un instant
pour permettre au génie de détruire le pont de Creil. Il
y eut là un engagement assez animé, et nos soldats ne
se retirèrent qu'au dernier moment. Dans tout le village,
naturellement, molestations, raflage de tout ce qui était
raflable, arrestations d'otages, notamment d'un maire
âgé mais vaillant, de qui on pilla la maison pendant sa
captivité. Enfin le programme habituel.

Montataire, un peu en côté du lit du torrent, fut relativement plus épargné. Les Allemands avaient hâte de
descendre vers Paris par Senlis et par Chantilly.

Comme Chantilly n'a pour ainsi dire pas souffert, nous n'entrerons pas dans de longs détails. Il nous paraît également inutile de rappeler l'histoire du château, auquel tant de belles monographies ont été consacrées. Il suffit de se souvenir que cette admirable résidence, qui avait été reconstruite et enrichie d'une collection d'œuvres d'art et d'une bibliothèque, toutes deux inestimables, auraient constitué, en cas d'occupation prolongée, la plus riche proie pour ceux qui s'indignent d'être appelés des Barbares, alors qu'ils sont des connaisseurs et qu'ils emmènent des experts dans leurs campagnes. Mais quelques précautions avaient été heureusement prises, et les plus rares pièces avaient été garées à temps par les zélés conservateurs, M. Elie Berger, et M. Gustave Macon, si digne de l'estime du duc d'Aumale et qui veille si bien sur l'observance de sa pensée. La fermeté de ce fonctionnaire et son tact, ainsi que la brièveté du séjour des Allemands à Chantilly, préservèrent la ville et son joyau des maux que tout pouvait faire redouter.

Ce ne fut que le 3 septembre que les Allemands entrèrent à Chantilly. Ils trouvèrent le maire, M. Vallon et ses deux adjoints, MM. Balezeaux et Vacquerel, et la presque totalité du Conseil municipal. On sait que les officiers, généraux ou commandants de détachements, aiment à trouver le « bourgmestre » à son poste. Cela ne les empêche pas parfois de les fusiller comme M. Odent, ou de les envoyer dans une forteresse quand ils ont le tranquille courage et l'indomptable fermeté de M. Max, « bourgmestre » de Bruxelles.

M. Vallon, qui fut extrêmement ferme et qui avait eu la prudence de faire placarder le traditionnel avis à la population que les Allemands exigent plus peut-être comme signe (du moins ils le supposent) de soumission que comme acte propitiatoire contre leur résolution de

L'ILE DE CREIL BOMBARDÉE.

Photo Branger.

détruire et de tuer, M. Vallon, disons-nous, n'en fut pas moins pris comme otage. On lui donna comme raison que « des civils avaient, dans les villages voisins, tiré sur les soldats ». Toujours la même méthode et le même prétexte, en prévision d'instructions spéciales ou de sautes d'humeur. Deux officiers supérieurs exercèrent à Chantilly leur autorité : un commandant von Rabe qui ne se montra pas intraitable, dit-on, et un colonel qui s'installa au château et eut tout d'abord les prétentions les plus folles et les manières les plus despotiques.

Le sang-froid, la fermeté, la courtoise ironie de M. Macon mirent à la raison ce galonné reître qui ne voulait pas moins, tout d'abord, que faire entrer ses chevaux dans le palais même. A défaut de quadrupèdes, les galeries de la princière demeure furent remplies de soldats prussiens qui couchèrent sur la paille. Belle destination en effet d'une maison qui, au temps du duc d'Aumale, ne connut que les méditations et les entretiens de l'histoire, des lettres et des arts, et qui, depuis sa mort, ne voyait que visiteurs pénétrés de respect, quittant le palais les yeux et l'esprit pleins de pures images et de hautes pensées ! Si, avec ses cuisines roulantes installées dans la cour et ses bottes de paille dans les salles, l'état-major traitait Chantilly en grange ou en auberge, il le traitait aussi en vrai château fort, prenant au sérieux le pont-levis, qu'il faisait hausser chaque soir, et mettant des mitrailleuses en batterie autour des fossés poissonneux.

Des défenses d'un caractère plus important avaient, du reste, été commencées tout autour de la ville, où des retranchements avaient été creusés. Ce n'était pas sans raison car le 5 *septembre*, un engagement assez vif eut lieu très près de Chantilly entre zouaves et uhlans.

Ce n'est que le 9 que la retraite eut lieu, après une attaque où des forces françaises plus nombreuses que la

première fois mirent en fuite ce qui, des Allemands,
n'était pas encore parti pour aller renforcer les régiments
engagés dans la bataille de la Marne.

Les envahisseurs eurent d'autres préoccupations que
de lever une contribution de guerre à Chantilly, ou
n'eurent pas le temps de prendre les mesures nécessaires. La ville fut ravitaillée grâce à la municipalité.
Mais on a su que vers la fin de cette brève (et pourtant
bien lourde et bien longue) occupation, le caractère et
les façons des soldats comme des chefs commençaient à
devenir sensiblement plus violents.

S'il est peu de grands faits à signaler autour de Chantilly, il en est toutefois un certain nombre de petits assez
significatifs.

On ne peut mentionner *Orry-la-Ville*, *Saint-Firmin*,
Gouvieux, *Saint-Maximin*, que pour le plus ou moins de
patrouilles qui y passèrent, et le plus ou moins d'habitants isolés qui eurent le malheur de les rencontrer, et
furent tués ou blessés sans autre raison que la malfai-
sance. A *Gouvieux* pourtant ces meurtres eurent un caractère plus odieux, car des femmes et de tout jeunes gens
en furent victimes. Ces innocents moururent, bien qu'entourés de soins, à l'hôpital de Mme la baronne James de
Rothschild. Une révolte faillit, à ce sujet, éclater parmi
les habitants, chez qui l'indignation fut un moment plus
forte que la crainte des représailles. Grâce à la présence
d'esprit du maire, M. Fleury, il n'y eut pas d'autres épisodes sanglants.

Si l'on pouvait, lors des règlements de comptes, discuter chacun des crimes les plus obscurs, au lieu de juger
d'ensemble le dossier formidable des tueries, comment
pourrait-on justifier la mort d'un enfant de dix-sept ans
(le jeune Descorps), qui fut trouvé près de Gouvieux la
gorge traversée d'une baïonnette !

La Morlaye et *Ermenonville :* incidents sinon tragiques, du moins simplement honteux. A La Morlaye, une importante propriété riche en œuvres d'art avait été laissée sous la garde d'un régisseur. Elle fut pillée de fond en comble, les officiers se réservant les œuvres d'art. Ils coupaient les toiles au ras des cadres, très proprement d'ailleurs, et ils jugeaient avec un goût irréprochable les tableaux qui valaient la peine d'être emportés et ceux qu'il était plus profitable de laisser sur place. Pendant qu'on procédait à l'emballage des pièces choisies par ces connaisseurs, on entendit un tumulte et des cris. Le régisseur vint, indigné, se plaindre au commandant du déménagement et des violences qu'on faisait subir à une servante.

Huit boches étaient en train d'outrager la pauvre fille de toutes les manières. L'officier était un homme juste, sévère sur le chapitre des mœurs. Il descendit et distribua à ses hommes des coups de plat de sabre et de sonores injures. Cet acte d'équité accompli, il remonta pour achever de faire empaqueter la collection, et il ne prit au régisseur que sa chaîne et sa montre.

Ermenonville évoque des souvenirs classiques : le marquis de Girardin, Jean-Jacques Rousseau que revendique la kultur allemande, sans s'embarrasser de savoir si cette revendication aurait été du goût du philosophe. Mais parmi ces nombreux souvenirs, il en est un ou deux qu'il est peut-être curieux de rappeler. D'abord la visite qu'y firent Joseph II en 1777 et Gustave III en 1784. Puis, la visite beaucoup plus étrange que Bonaparte Premier consul fit au monument de Jean-Jacques et le dialogue qu'il engagea avec M. de Girardin :

« Il aurait mieux valu pour le repos de la France que cet homme n'eût pas existé. — Et pourquoi, citoyen Consul? — Parce qu'il a préparé la Révolution française. — Il me semble, citoyen Consul que ce n'est pas à vous

de vous plaindre de la Révolution. — Eh bien, l'avenir
apprendra s'il n'eût pas mieux valu pour le repos de la
terre que ni Rousseau, ni moi, n'eussions jamais existé. »

Il est peu vraisemblable que le prince de la famille
impériale qui résida le 1er septembre au château d'Ermenonville se soit posé la même question quant à sa propre
existence où à celle de son père le Kaiser et au repos de
l'Allemagne. Ce n'est que plus tard qu'ils pourront tous
deux être amenés à s'interroger de la sorte s'ils en sont
capables. Pour le moment, cette jeune illustration, avec
son état-major, se contenta de vider la cave du
Prince Radziwill. Certains témoins avaient cru reconnaître dans le prince auquel les soixante convives rendaient les plus obséquieux honneurs, le Kronprinz en
personne. Mais l'âge ne concorde point. Ce qui est
assuré, c'est que le château fut largement pillé.

Suivant l'ordre que nous avons indiqué au début de
ce chapitre, nous remontons maintenant à la vieille ville
historique de *Crépy-en-Valois*.

Ceux qui voudront faire le pèlerinage complet aux
contrées envahies en 1914, ne regretteront pas d'avoir
compris Crépy-en-Valois dans leur tournée. Non que la
ville ait été, cette fois, le siège d'événements particulièrement dramatiques ; mais elle est aimable, ne manque
pas de monuments et de vieilles maisons dignes d'intérêt, et, du côté de ses remparts qui contournent et sur-
plombent un beau vallon, elle a conservé quelques
aspects surannés qui ne manquent pas leur effet de
séduction.

Il suffira de rappeler que Crépy, au moyen âge la
capitale du Valois, passa des comtes de Crépy à la
Maison de France, et avant la Révolution, appartenait à
la branche d'Orléans.

La cité avait, jadis, connu amplement les horreurs
de la guerre. Celle de Cent Ans la ruina presque com-

plètement. Ce sont souvenirs trop lointains pour que ce livre s'y arrête. Mais il est plus à propos de rappeler qu'en 1814, Crépy ne s'était pas moins illustrée que Compiègne par sa résistance à l'invasion. Sans être aussi célèbre que l'épisode du major Otenin, la défense de Crépy par huit cents soldats français, qui repoussèrent plusieurs milliers de Prussiens, est plus que jamais à glorifier. Alors les soldats furent bravement soutenus par les habitants. Au début du xixᵉ siècle, les Allemands admettaient — avec des exceptions — que le Français défendit son sol envahi, même s'il ne portait pas les armes.

En 1870, les « francs-tireurs » furent une de leurs obsessions.

Leurs nouvelles lois de la guerre établissent si bien comme un « crime » la résistance des habitants, qu'ils brûlent et massacrent quand ils croient, ou quand ils veulent croire, qu'un ou deux habitants, toujours invisibles et impossibles à retrouver, ont tiré sur leurs uhlans. Alors ce sont eux qui font la demande et la réponse.

Par faveur spéciale, Crépy-en-Valois ne subit pas le sort de Senlis, sa voisine à l'ouest, reliée à elle par une si belle route en ligne droite. Mais elle eut tout de même l'anxiété, le 1ᵉʳ septembre, de se trouver au centre d'un duel d'artillerie entre Anglais et Allemands. Les Anglais étaient du côté de Rouville. L'artillerie allemande était installée dans les carrières de sable situées au nord de Crépy. Rien ne manqua à l'émotion des habitants de Crépy, car ils furent longuement survolés par des taubes, dont deux du moins furent descendus par les troupes britanniques.

Nous venons de dire que Crépy ne fut pas incendié (on ne cite que la maison d'une modiste, brûlée *peut-être* accidentellement), et cela tient, suppose-t-on, à ce que le maire, le Dʳ Chopinet, avait fait apposer les affiches ordonnant aux habitants de déposer leurs armes à l'Hôtel de Ville et à demeurer calmes. Les Allemands tiennent parfois compte de l'observance de cette formalité, surtout quand elle est accomplie, comme ce fut le cas, par un homme qui sait leur tenir tête tout en subissant dans la mesure inévitable leurs exigences. Elles furent... copieuses : la réquisition porta sur 400 quintaux de farine, 1.200 quintaux d'avoine, 600 paires de chaussures, etc. Après que la municipalité eut, pour épargner à la ville les mauvais traitements et le pillage, fourni non sans grande peine ce qui était demandé, il ne fut procédé qu'au pillage simple, c'est-à-dire qu'on ne laissa absolument rien dans les magasins.

Cependant plusieurs femmes furent brutalisées, et un vicaire, l'abbé Chapelle, accusé d'avoir fait des signaux aux Français, fut emmené en captivité dans la forêt de Compiègne, où il fut relâché après avoir vu de près le peloton d'exécution.

Ce fut le 12 septembre que nos troupes revinrent à Crépy sur les pas des derniers Allemands. On évalue à plus de quatre cent mille ceux qui repassèrent par Crépy pour remonter vers Compiègne, car dans ce nombre se trouvaient ceux qui étaient descendus de Verberie, Pont-Sainte-Maxence et Creil, pour aller à Senlis, et de là, par la route de Nanteuil-le-Haudouin, vers les champs de bataille de la Marne.

Dans les environs de Crépy, plus d'une localité fut occupée plus ou moins durement. Nous n'en citerons que deux ou trois. *Orrouy*, tout d'abord, bien connue des amateurs d'art pour sa belle église, son superbe château et les considérables collections d'art que les comtes Doria y réunirent.

Le comte François Doria eut maille à partir avec le commandement allemand. Vers la tombée du soir, le châtelain croyait recevoir l'état-major anglais qui lui avait été annoncé. Ce fut un général allemand, avec ses acolytes, qui se présenta sur le perron du château, un général allemand à nom polonais. Alors s'engagea ce dialogue plein de saveur :

— Mais, Messieurs, dit le comte François Doria, je vois que vous n'êtes pas des Anglais.

— Non, Monsieur, répondit le général d'un ton féroce. Nous sommes des Allemands, et si nous rencontrons la moindre résistance... (ici les menaces habituelles).

— Nous n'avons pas la moindre intention de faire de la résistance, dit le comte Doria, fermement, mais... mais je dois vous déclarer que nous n'avons pas peur de vous !

— Ah!... Eh bien!... C'est très bien. Un homme ne doit pas avoir peur d'un autre homme.

Et le général s'installa, et même, somme toute, assez paisiblement.

L'on cite maints exemples de sévices exercés contre la Croix-Rouge, et les Allemands les contestent en alléguant les prétextes les plus variés. Ils n'en pourront invoquer aucun en ce qui concerne le comte Doria. Le 10 septembre, un combat avait lieu à proximité d'Orrouy. Le comte et deux habitants, portant ostensiblement le brassard et l'agitant de la façon la plus visible, se portèrent à un moment vers des blessés qui gisaient près de la lisière de la forêt. A ce moment, du taillis partirent des feux de salve, et les trois ambulanciers durent accomplir leur humaine besogne sous une grêle de balles. Un d'eux fut blessé au bras et dut être amputé.

Nous avons relaté ce petit fait entre cent autres que l'on pourrait relever dans les autres villages de la région : à *Béthisy*, qui fut pillé ; à *Gilocourt*, où l'adjoint faisant fonction de maire fut menacé de mort ; à *Béthancourt*, où des civils furent tués, civils amenés de

A BETZ (OISE), APRÈS LE BOMBARDEMENT.

Photo Le Deley.

loin et dont le crime était seulement de n'avoir pu, à
bout de force, continuer à faire les corvées qu'on leur
imposait, le revolver ou le bout du fusil sur la nuque ; à
Néry, où toute une famille, celle du maire, M. Levol et
le personnel d'une usine, vingt personnes en tout, furent
pris comme otages et forcés de marcher devant les Allemands, pour empêcher les Anglais de tirer. *Parmi ces
malheureux, se trouvaient huit femmes, un garçon de
sept ans, une fille de douze ans.* Le sang-froid du maire
empêcha que tout ce monde fût massacré, et pourtant
une femme, ainsi que le contremaître de l'usine, tombèrent...

D'autres cas de pillage, de meurtre, de destruction
seraient à citer dans presque tous les villages des environs de Crépy, entre cette ville et soit la forêt de Compiègne, soit Senlis, soit Villers-Cotterets. A *Auger-Saint-
Vincent*, incendies. A *Ormoy-Villers*, pillages. A *Lévignan*,
bombardement de l'église et des maisons. A *Fresnoy-la-
Rivière, Morienval, Eineville, Bonneuil-en-Valois*, pillages.
A *Vauciennes*, pillages et incendies avec menaces de
mort. A *Vauciennes*, enfin, faits particulièrement odieux :
le maire, M. Albert, à deux doigts de la mort, et un
prêtre, l'abbé Nicolas, emmenés comme otages et indignement traités pendant plusieurs jours. Leur crime : ils
voulaient aller porter secours à des blessés français.

Sans doute, devant l'immensité des horreurs qui rendent la Belgique une des plus grandes martyres et ses
bourreaux les plus exécrables de l'histoire, devant
l'anéantissement de certaines communes de l'Est accompagné d'assassinats par dizaines, toutes ces humbles
victimes d'un coin du département de l'Oise, paraissent
presque négligeables dans un dossier vaste et aussi
affreux que celui de cette guerre. Nous avons, en effet,
des propensions à établir des degrés dans notre pitié.
Mais nous ne pouvons, quant à nous, admettre de telles

classifications, car ce sont précisément les obscurs, ceux dont on s'occupe à peine d'ordinaire, que nos livres doivent dresser, en foule anonyme, contre les accusés. Nous devons, et c'est une de nos raisons d'écrire, nous faire les conservateurs du souvenir, les pourvoyeurs de la haine.

Haussant les épaules devant l'incendie de quelque ferme (une ferme, cela représente tant d'années de travail, tant de sacrifices, de luttes contre la nature, d'efforts pour la rendre bienfaisante !), devant quelques coups de crosse dans les reins ou sur la tête d'un vieillard, ou devant l'agonie d'un gamin de seize ans lardé de coups de baïonnette, admettant même le cadavre d'un enfant en bas âge, les penseurs et les héros dont se glorifie une race, diraient simplement : « C'est la guerre ». *Krieg ist Krieg.* C'est justement contre cette raison que le cœur se révolte ! C'est contre cette simple et naturelle acceptation de l'odieux que l'humanité s'élèvera à jamais, et ce sont les plus misérables tas de pierres calcinées, les plus infimes tombes, qui constitueront les plus écrasants monuments d'exécration contre une Race, contre une Doctrine, contre un Forfait !

Nous pourrions ne pas nous arrêter en chemin et ne réserver qu'en conclusion des réflexions que nous aurons plus d'une occasion de refaire. Mais ce livre n'est pas un livre d'impassibilité. Reprenons notre itinéraire.

De Crépy-en-Valois, une route mène, dans la direction du sud-est, à *Betz*. Ce fut un point où les combats furent les plus violents pendant les journées de septembre. Aussi, comme l'a dit un témoin, l'imagination ne peut concevoir la fournaise, l'enfer en lequel fut transformée cette jolie commune, jadis si heureuse dans son repli de vallée de la Grivette. Au centre même d'un vaste champ de bataille, Betz fut anéanti après avoir permis aux Français d'arrêter là pendant trois jours l'offensive ennemie. Les Allemands y éprouvèrent des pertes énormes ; mais, il faut dire que ces pertes furent chèrement acquises pour nous-mêmes. Il ne reste visibles que quelques tombes où les croix, surmontées de képis qui vont achevant de se décolorer, gémissent dans le vent de la nuit ; mais comment évaluera-t-on jamais exactement le nombre de nos soldats fauchés dans ces plaines, limite extrême, à l'ouest, de la Bataille de la Marne, et qui, si elle ne fut pas la plus célèbre ne fut pas la moins ensanglantée. *Betz, Boullancy, Acy-en-Multien,* infortunés et glorieux points d'appui entre lesquels chaque petit mouvement de terrain, chaque bouquet d'arbres, était une position violemment attaquée, chèrement défendue, chacun de ces épisodes contribuant au succès final, irrésistible, de l'action générale.

Nous venons de mentionner encore un des villages qui ont été le plus éprouvés à la fois et les plus importants dans cette phase du combat : Acy-en-Multien. Ceux qui visiteront cette partie presque contiguë au département de Seine-et-Marne, devront ainsi se rendre compte des positions : les Allemands sont à Etavigny, les Français à la ferme de Nogeon. Entre ces deux hauteurs s'engage un violent duel d'artillerie. Pendant ce temps, au-dessous, Acy est le siège de combats où, pendant plusieurs jours, chaque maison est reprise plusieurs fois. Les Anglais ont évacué le village le 2 septembre. Quelques habitants, une vingtaine au plus, sont restés, assistant terrifiés à cette métamorphose de leur coin natal en un pandœmonium ! Cela dura près d'une semaine. Au début, les Allemands avaient pillé toutes les habitations, y compris le château, propriété du maire, M. Cadeau d'Acy. Le coffre-fort de ce dernier avait été dynamité. Les Allemands étaient accompagnés

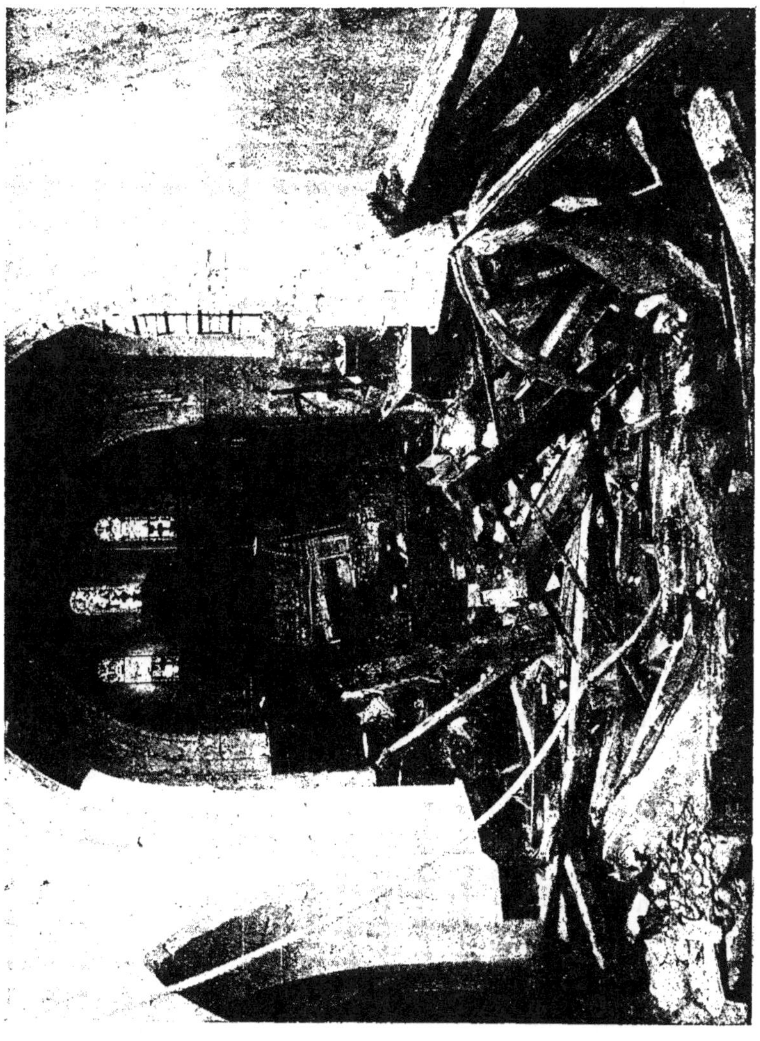

Photo H. Manuel.

INTÉRIEUR DE L'ÉGLISE D'ÉTAVIGNY.

de leurs indicateurs habituels, et non sans quelques *indicatrices*. Un conseiller municipal, M. Morel, âgé de quatre-vingts ans passés, avait refusé de suivre l'ordre d'évacuation des Anglais, voulant rester dans sa maison et protéger, s'il le pouvait, les vingt habitants qui restaient à Acy sur sept cents.

L'église d'*Etavigny* fut une des premières dont les photographies et cartes postales révélèrent à Paris les ruines effrayantes dont elle était un des spécimens les plus complets : des murs ébréchés entre lesquels un amas de décombres informes. Le village lui-même, pris entre les feux de Nogeon et de Vincy, fut à peu près complètement détruit.

Poursuivons le martyrologe du Valois en énumérant brièvement encore quelques villages.

Entre Betz et Crépy-en-Valois, au-dessus de la route de Betz à Mareuil-sur-Ourcq, à *Ormoy-le-Davien*, pillages et prise d'otages, parmi lesquels un enfant ; à *Cuvergnon*, violences envers le maire et pillages ; à *Thury-en-Valois*, incendies et danses de sauvages ivres ; à *La Villeneuve-sous-Thury*, violences envers le conseiller Beauvais, faisant fonction de maire.

Entre Betz et le département de Seine-et-Marne, au-dessus de la route ci-dessus nommée : à *Rouvres*, à *Neufchelles*, pillages complets. A *Varinfroy*, le maire, M. Jean Mesnin, proteste contre le pillage ; il est saisi, emmené en captivité ; il disparaît, on suppose qu'il a été fusillé en Seine-et-Marne. A *Autheuil-en-Valois*, vol à main armée sur la personne de l'adjoint, et incendies de fermes.

Enfin à *Ognes*, à *Chévreville*, ainsi qu'à *Thury-en-Valois*, les habitants ont rapporté que les Allemands se livrèrent à un de leurs divertissements favoris, un des plus anodins à la vérité, mais non dépourvu d'un comique macabre, d'un grotesque diabolique, qui consiste à

danser, pendant qu'un piano mécanique égrène ses
polkas ; ou même peut-être que sur quelque Pleyel volé
et transporté dans un carrefour ou en plein champ, un
musicien, amateur ou professionnel, qui fut peut-être
un doucereux virtuose en temps de paix, trouve, à la
lueur des incendies, quelque improvisation frénétique.
Ce n'est pas une fois, mais mille, que Chopin, Schu-
mann et Schubert ont, sans le vouloir, écrit des accom-
pagnements, de la musique de scène pour les meurtres,
les ivrogneries et les viols. A *Chévreville*, ces manifestations de folie collective ou de bestialité montée au paroxysme, offrirent des aspects qui vaudront d'être retra-
cés par la pointe acerbe et caricaturale de quelque
nouveau Goya : les Boches (ici vraiment ce terme, dont
on nous rendra cette justice que nous en avons usé avec
modération, est le seul qui convienne), les Boches im-
provisèrent un bal où les « dames » avaient revêtu des
chemises de femmes et des jupons volés dans les
demeures, et où les « cavaiiers » remplacèrent leurs
casques à pointe par des chapeaux haut de forme, dont
les huit reflets... reflétaient les flammes des maisons
incendiées. Admirable spectacle dont il est bon de fixer
l'instantané dans un coin de chapitre pour l'histoire de
la kultur.

Que ce soit du fait de la guerre, et parce qu'il alla
lui-même au-devant de la mort, que dans la région que
nous parcourons, un des plus grands artistes français de
notre temps ait péri, peu importe. Le résultat est là. Le
deuil est porté par la Muse. Des chefs-d'œuvre ne seront
pas sortis du vigoureux et radieux cerveau qui rêvait de
les ajouter à ceux qu'il avait déjà donnés en gage. Albéric
Magnard est mort, et nous approchons du pays où il fut
tué.

Nous rencontrons son cadavre, brûlé dans sa mai-

son en cendres sur la dernière route que nous avions
tracée au début de ce chapitre, celle qui descend de
Senlis vers la bataille de la Marne en passant par Nanteuil-le-Haudouin.

Nous reviendrons dans un instant sur nos pas pour
assister à ce drame, et nous résumons d'abord ce qui
concerne Nanteuil, chef-lieu d'arrondissement qui ne
compte pas moins de 1.500 habitants. Par Nanteuil ont
passé des torrents d'Allemands ; on en a compté de toutes
les armes : hussards de la mort, grenadiers, uhlans,
fantassins, venant des directions de Crépy-en-Valois et
de Senlis. Le général commandant le corps d'armée se
nommait, dit-on, von Pawrich. Est-ce à sa présence, ou
plutôt à celle d'assez nombreuses notabilités demeurées
à leur poste que Nanteuil doit d'avoir peu souffert ? Probablement plus à cause de la seconde que de la première
de ces raisons. Toutefois, la commune fut à un moment
menacée de destruction parce que les habitants étaient
accusés d'avoir fait sauter les réservoirs d'eau et les machines élévatrices. La municipalité prouva facilement
que la destruction en était due aux troupes françaises du
génie, et le matériel d'incendie qui était tout prêt ne
fonctionna pas, parce que les habitants purent tant bien
que mal rétablir une circulation d'eau.

Parmi ceux qui ont pu ainsi préserver leurs biens et
ceux de leurs concitoyens, on cite les noms de MM. Thui-
lier, conseiller municipal ; Laurent, Delepine, Delornie,
Laboureix ; le curé doyen de Nanteuil ; enfin M. Corbie,
qui eut la patience et le courage de recueillir les matri-
cules et les numéros de régiments des nombreux soldats
tombés autour de Nanteuil. Beaucoup de familles lui
auront dû de pouvoir rendre les hommages suprêmes à
des êtres chers.

Baron se trouve à peu près au tiers de la distance
entre Nanteuil et Senlis. La grande route longe la forêt

MATÉRIEL DE BOULANGERIE ABANDONNÉ A BETZ (OISE) PAR LES ALLEMANDS.

d'Ermenonville et sinue à travers une belle plaine. Le village lui-même, à flanc de coteau, offre de loin une jolie silhouette; il est simple mais sans banalité. Son vieux clocher qui domine le paysage est celui d'une église, monument historique, des xiie et xiiie siècles et ce clocher, en pierre, est du xve. Des rues paisibles, qui, pour l'agrément des yeux, ne sont point tirées au cordeau; de vieilles maisons grises comme celles que Sully-Prudhomme préférait aux neuves; pas de ligne de chemin de fer, ni de gare; des fleurs bien chez elles; la pensée pouvant se replier sur elle-même ou s'exalter splendidement dans le grand calme des travaux et des jours. En un mot, le séjour, loin des importuns, qui convient à l'artiste vrai, jaloux de sa laborieuse indépendance, justement orgueilleux de son œuvre et dédaigneux de ce qui, dans le succès, n'est que vanité et que montre. Tel était le village de Baron quand le musicien le choisit. Magnard, qui en des pièces de piano très caractéristiques, avait décrit les *Environs de Paris*, leur élégance, leur charme, avait en connaissance de cause adopté ce recoin de l'Ile-de-France. Sa maison était à l'autre bout du village. Peu ambitieuse d'aspect, elle était en bordure de la rue, et les grilles du jardin prolongeaient les lignes de la demeure; mais, comme par une disposition symbolique, peu d'ouvertures du côté du chemin, et la vraie façade du côté opposé, du côté des fleurs et des arbres, véritable image de la vie intérieure.

L'homme, personne ne pourra mieux le décrire que l'a fait M. Pierre Lalo qui l'a défendu contre l'indifférence du public et qui a commenté et mis en lumière ardemment les beautés de son œuvre.

« Albéric Magnard était petit, trapu, d'aspect agile et vigoureux. Son visage rasé, fortement coloré, aux plans fermement modelés, aux traits nettement découpés, était éclairé par des yeux limpides, à la fois naïfs et perçants

dont le regard avait une franchise et une vivacité singu-
lières. Ses gestes étaient prompts et brusques, comme
l'accent de sa parole. Il avait pour humeur et pour
expression habituelles, tantôt.la gaîté ironique et tantôt
la réflexion grave. Il était de nature droite, fière, un peu
sauvage, avec un fond d'âpreté, que rendait sensible la
forme tranchante de ses propos. Il y a eu entre sa figure,
son caractère, sa vie et sa mort un accord si étroit,
qu'on ne peut parler de l'œuvre sans présenter l'homme.

« Il était fils d'un des journalistes principaux de
l'époque, un de ceux qui ont exercé à Paris une véritable puissance. Combien de musiciens à sa place eussent
tiré parti d'une circonstance si favorable? Non seulement il n'en fit rien, mais il n'entretint aucune des
camaraderies et relations innombrables qui liaient au
directeur du *Figaro* les personnages importants de
l'Etat, de la société, des lettres et des arts. Il dénoua
tous ces liens, s'écarta résolument de la foule, et entra
dès sa jeunesse dans cette retraite et cette solitude actives, remplies par la passion du travail et les affections
de la famille où il persévéra jusqu'à son dernier jour. »

Le critique ajoute que l'auteur de *Guercœur*, de
Bérénice et du *Chant funèbre* (!) était avant tout un
maître à l'inspiration française et que s'il lui faut
trouver des ascendants, c'est à Rameau qu'il faut directement remonter. Tel était l'homme admirable que les
habitants du petit village considéraient comme un « original » et de qui la haute *originalité*, en effet, de par la
culture allemande, fut arrêtée dans son essor.

Baron sur huit cents habitants en avait gardé deux cents
quand le 2 septembre les ennemis le traversèrent. Ils
défilèrent en masse pendant deux jours. Au bout de deux
jours, ils ne s'étaient pas encore avisés de piller la maison
écartée de Magnard ; mais un groupe de bandits plus fure-
teurs se rendirent à la fin au « Manoir des Fontaines ».

Les Allemands qui sont si bien informés de tout ce qui est bon à voler et à détruire, auraient, s'ils étaient aussi soucieux de ménager les particuliers et de ne faire la guerre qu'aux biens et non pas à la pensée française, auraient mis sur les listes dont chaque corps est pourvu, ce « manoir » comme un point de notre sol où ils avaient une occasion de plus de ne pas se déshonorer.

Les pillards qui vinrent heurter à la grille de Magnard trouvèrent porte close et volets fermés. Le beau-fils de l'artiste fut, dans le parc, appréhendé par les ravageurs, et attaché à un arbre. Il est probable qu'à ce moment Albéric Magnard vit ce spectacle et alors, les misérables ayant hurlé trois sommations, il entr'ouvrit son volet, et à coups de revolver tira dans le tas. La bande, dont deux *braves* avaient été mortellement atteints, répondit par des salves de mousqueterie. Le grand artiste n'était plus... Il ne restait qu'à piller et à incendier sa demeure, ce qu'ils firent... en artistes à leur manière. La mort de Magnard ne mourra pas. Il savait, dès l'approche de l'invasion, le sort qui lui était réservé, celui même qu'il s'était assigné. Il avait fait partir les siens à temps. Sa mort fut un acte de volonté. On s'incline. Nous ne voulons même pas discuter les circonstances, entrer dans les détails. Nous allons même plus loin : la discussion que les Allemands voudraient, nous devons la leur refuser. Magnard avait le droit de tuer ces Allemands, les Allemands n'avaient pas le droit de tuer Magnard.

CIMETIÈRE D'ÉTAVIGNY.

Photo H. Manuel.

CHAPITRE XIII

Un peu d'histoire de Soissons. — M. Kluck, touriste. — En 1814.
— Le régiment de la Vistule. — Les registres de l'état civil
détruits. — Les métamorphoses d'un fricot. — La conquête de
Soissons par Alexandre Dumas. — Trois mille livres de poudre.
— Le bombardement de 1870. — L'instituteur de Pasly.

Quand on se rend à Soissons en automobile, la route
la plus directe passe par Lizy-sur-Ourcq, La Ferté-Milon
et Villers-Cotteret. A Lizy-sur-Ourcq, nous eûmes, en septembre 1914, la surprise d'apercevoir, au tournant du
chemin, qui fait un coude assez brusque avant le pont,
un soldat prussien en petite tenue, puis un autre. Nous
eûmes vite l'explication de leur présence. Les Allemands,
dans leur retraite précipitée, avaient abandonné une de
leurs ambulances, qui tombait entre nos mains. On se
souvient que les médecins et leurs infirmiers, accusés de
vols — dans les bagages d'autres médecins, on avait
trouvé des « souvenirs » un peu trop abondants de leur
passage, des bijoux, des objets d'art et jusqu'à des den-
telles — passèrent en conseil de guerre. D'abord con-
damnés, ils furent ensuite acquittés, la justice française
se piquant d'être impartiale, même à l'égard d'ennemis,
et le doute pouvant subsister que les coupables appar-
tinssent à une autre formation sanitaire, qui avait
précédé celle-ci.

La Ferté-Milon, patrie de Racine et qui, sur la colline

qui domine cette petite ville, s'enorgueillit des ruines
imposantes de son château, ne vit guère que des passages
de troupes et ne souffrit que de brutales réquisitions.

Villers-Cotteret, qui se prêta à de grands mouvements
de troupes et qui fut le siège du commandement d'une
armée, fut l'objet, en mai 1915, d'un commencement de
bombardement par de grosses pièces. Les Allemands ne
prétendaient qu'à produire un effet d'intimidation, par
la distance à laquelle portaient leurs projectiles. L'effet
moral fut nul et ne troubla pas l'activité succédant
depuis le mois de septembre 1914 à un calme habituel.

La route qui traverse la forêt et longe les belles ruines
de l'abbaye de Longpont fut mise à une rude épreuve par
le passage des convois. Elle est extrêmement pittoresque
jusqu'au plateau de Chaudoin, où elle traverse une
longue plaine. Bientôt, on aperçoit les flèches — époin-
tées depuis le bombardement de Soissons — de Saint-
Jean-des-Vignes, vieille abbaye du xiie siècle dont,
depuis très longtemps, il ne subsiste que la façade et une
partie du cloître.

Soissons s'étend sur la rive gauche de l'Aisne. Un
boulevard, le boulevard Jeanne-d'Arc, a fait disparaître
les traces de ses fortifications. Une longue rue, qui
s'appelle d'abord rue Saint-Martin, puis rue du Commerce, et qui est l'artère principale même de la place
de la République, où un monument est élevé aux victimes
de 1870 — qui eût prévu les victimes de 1914 et de 1915 !
— à l'Hôtel de Ville, monument du xviiie siècle, mutilé
au xxe par les Allemands, qui domine la rivière. Sur
l'autre rive de l'Aisne, c'est le faubourg Saint-Waast.

Les alentours de la cathédrale (Saint-Gervais et Saint-
Protais), édifice qui remonte aux xiie et xiiie siècles, avaient,
avant la guerre, avec la place plantée d'arbres où abou-
tissaient, à l'ombre de la haute tour de l'église, de

petites rues silencieuses, une physionomie provinciale qui n'était pas sans caractère.

Victor Hugo, faisant, en 1835, son tour de France de poète, s'était volontiers arrêté à Soissons. Il avait même rêvé d'acheter, à deux lieues de la ville, le château de Septmonts, qui date du xv⁰ siècle, et dont les parties essentielles ont été respectées, mais il n'en voulait donner que dix mille francs. Le prix des châteaux a un peu augmenté, depuis 1835. Des hauteurs qui encadrent l'Aisne, il décrivait avec une sorte d'enthousiasme le panorama qu'il avait sous les yeux... « Les deux flèches à jour de Saint-Jean-des-Vignes, la cathédrale, la ville, de vieilles tours et des pignons taillés, de superbes horizons verts et bleus, une charmante rivière qui se noue et se dénoue à tous les angles du paysage... » Il restait, en juillet 1914, avant l'occupation et le bombardement, beaucoup moins de pignons et de tours qu'au temps de Victor Hugo. Les projets d'édilité menaçaient même les dernières vieilles maisons, mais les Allemands, avec leurs obus, ont pris les devants pour leur disparition.

Les Allemands occupèrent Soissons le mardi 1ᵉʳ septembre, à 2 heures de l'après-midi. Ils durent, après la victoire de la Marne, battre en retraite et abandonner la ville; mais ils se retiraient de l'autre côté de l'Aisne, d'où ils avaient préparé de fortes positions et d'où, dès le milieu du mois, ils commençaient le long bombardement de la malheureuse ville, une de celles qui ont le plus souffert.

On assure que, en 1913, un touriste était venu passer plusieurs jours à Soissons. Il s'intéressait beaucoup au pays; les grottes de Pasly, qui furent des habitations préhistoriques, n'avaient pas de plus fervent visiteur que lui. Il escaladait volontiers les collines qui dominent la rivière, d'où la vue embrasse une si vaste étendue. Tous les villages voisins, Pommiers, Vauxrot,

Crouy, Bucy-le-Long lui étaient devenus familiers. Assez
peu communicatif, il se déclarait, cependant, satisfait
de ses promenades. Ce touriste était le général von Kluck,
qui, pour la circonstance, ne voulait être que l'inoffensif

Photo J.-B. Roche

SAINT-JEAN-DES-VIGNES.

M. Kluck. Il n'avait pas perdu son temps pendant ce
voyage où, soit pour l'attaque, soit pour la défense, il
s'était livré à une minutieuse étude du terrain.

Il est peu de villes qui, dans le cours des siècles,

aient subi autant de vicissitudes que cette vieille cité,
berceau de la royauté franque. Ceux qui se souviennent
des *Récits des temps mérovingiens* savent quel rôle y
joue la capitale de la Neustrie, comme décor et comme
cadre des scènes de violence déchaînée dont sont faites
les annales de cette époque. Plus tard, dans cette abbaye
de Saint-Médard, à l'extrémité du faubourg Saint-Waast,
dont il ne reste plus, avec quelques débris, que sa crypte
souterraine, Louis le Débonnaire subit les dures conditions qui lui étaient imposées. Les restes d'un cachot
passent pour être ceux de la prison d'Abélard. A travers
l'histoire, on voit sans cesse Soissons pris et repris,
offrant autour de ses murs la fatalité d'une suite de
batailles. Après les luttes des premiers rois, la ville est
saccagée pendant celles des Bourguignons et des Arma-
gnacs, pendant les guerres de religion. Elle n'est reconstruite que pour être de nouveau dévastée. De dures
épreuves, en des temps moins lointains, dataient de
1814. Par quelle dramatique rencontre devait-elle, cent
ans après, être exposée aux maux d'une autre guerre?

En 1814, Soissons avait été mise au pillage et cinquante maisons avaient été incendiées. Les Alliés, cette
première fois, n'y étaient pourtant restés que deux jours,
la ville ayant été réoccupée par le maréchal Mortier. Le
2 mars, l'ennemi assiégeait de nouveau Soissons. La
place avait été hâtivement mise en état de défense et
confiée à un soldat qui passait pour énergique, le général
Moreau. Personnellement brave, entouré de braves gens,
Polonais du régiment de la Vistule, artilleurs de la
garde, canonniers garde-côtes, gardes nationaux il s'ap-
prêta, en effet, à une ferme résistance, et la première
journée de combat, si elle lui coûta des pertes, sensibles
en raison de la faiblesse numérique de la garnison,
attesta aux Prussiens de Bulow qu'ils n'auraient pas
facilement raison de la ville, malgré un bombardement

violent. Les Polonais, notamment, avaient fait une sortie
superbe. La lutte était cependant inégale, et son issue
n'était guère douteuse, par la disproportion des deux
artilleries. Moreau ne disposait que de vingt canons, en
face d'un nombre triple de pièces. Mais ses soldats
étaient animés d'un généreux esprit de sacrifice ; il pouvait tenir quelque temps. Malheureusement, il était de
ces hommes qui, bons en sous-ordre, supportent mal le
poids de graves responsabilités. Il se laissa prendre au
piège que lui tendit Bulow, lui proposant une capitulation honorable : il estima, en se trompant lourdement,
que, puisque Soissons devait succomber, ses troupes et
son matériel, dont la disposition lui serait laissée, appor-
teraient un concours plus utile à l'armée qu'en s'immo-
bilisant en ces opérations. Malgré l'opposition de quelques-uns de ses officiers, il accepta les conditions qui
lui étaient offertes. Faute grave, qui devait peser sur la
campagne de Napoléon, l'empêcher, dans le moment
même où il pensait atteindre son but, de bousculer l'armée de Blücher, alors en mauvaise posture. L'impéritie
de Moreau allait avoir des résultats désastreux. Elle
était d'autant plus lamentable que la population soissonnaise partageant l'ardeur des soldats, était prête à accepter toutes les épreuves : elle avait formé une garde
urbaine de trois cents hommes résolus, qui demandaient
leur part d'action et de péril. « Les habitants, écrivait
Napoléon à l'impératrice-reine et régente, en accusant
Moreau de trahison, ou d'une bêtise qui équivalait à la
trahison, les habitants se sont conduits de la manière la
plus admirable ; il n'est point d'éloges qu'ils ne donnent
au régiment de la Vistule ; il n'est pas d'éloges que le
régiment de la Vistule ne fasse des habitants. »

Les Alliés s'étaient servis de Soissons comme d'un
passage. Dans une nouvelle attaque, ils se heurtèrent
à une défense organisée par le commandant Gérard.

A ce moment, Soissons devint le quartier général de Napoléon, puis dut, de nouveau, subir la présence de l'ennemi.

L'incendie des archives de Soissons en 1814, évoque le souvenir d'une extravagante aventure. Sur cette circonstance, un singulier personnage édifia une fortune qui eût pu être durable, s'il eût été capable de renoncer à d'autres exploits et de faire véritablement peau neuve.

En 1807, un forçat, Pierre Coignard, condamné pour vol à quatorze ans de bagne, s'évada de Toulon et gagna l'Espagne. Il se mêla à un corps de partisans, puis, en produisant de faux états de services, il se fit admettre, sous le nom de Pontis, dans l'armée française, avec le grade de chef de bataillon, jouant son rôle avec une suffisante vraisemblance.

Ce nom de Pontis, il l'avait emprunté cavalièrement à un émigré, le comte Pontis de Sainte-Hélène, mort en Espagne, qui avait eu pour maîtresse une certaine Rose Marcen. Coignard s'était lié avec Rose Marcen, et elle passait pour sa femme. Pour que cette première comédie eût été possible, il fallait l'état de trouble du royaume, créé par Napoléon pour son frère Joseph, la guerre incessante soutenue de tous côtés contre les rebelles et contre les Anglais. A la première Restauration, cet étrange chef de bataillon passa au 100ᵉ régiment de ligne. Il attesta aussitôt le zèle royaliste le plus fervent et, en 1815, au retour de l'Empereur, il suivit Louis XVIII à Gand, fatigant la petite cour exilée de ses serments de fidélité. Il fut récompensé, à la seconde Restauration, par sa nomination au grade de lieutenant-colonel de la Légion de la Seine. Pontis était, naturellement, devenu Pontis de Sainte-Hélène. Mais il jugea utile de s'assurer une possession d'état de ce nom moins fragile que celle qu'il s'était constituée.

C'est alors qu'il se souvint opportunément du désastre des registres de l'état civil de Soissons. Il fit une adroite enquête : il apprit que, à l'époque se rapprochant de celle où il voulait établir sa naissance, une femme, accompagnée d'un assez élégant cavalier, était descendue à l'hôtel de la Grosse-Tête et y avait fait ses couches. Ce fut sur cette particularité qu'il établit son plan. De ces lointains voyageurs il ferait ses parents. Il était bel homme, beau parleur; il était imposant dans son uniforme, couvert de décorations; pendant son séjour à Soissons, il tenait table ouverte. Il éblouit un notaire, Mᵉ Mornand, qui accepta ses fables; il trouva des « témoins » qui n'hésitèrent pas à « se souvenir » des faits qu'il rapportait. Bref, au moyen d'un acte de notoriété en bonne forme, il était désormais un Pontis de Sainte-Hélène du meilleur aloi.

Mais l'ancien forçat survivait en ce brillant lieutenant-colonel. Sa qualité militaire lui donnait accès au ministère de la Guerre, où il avait notamment ses grandes entrées chez un chef de division, M. de Champigny, grâce auquel il avait étendu ses relations mondaines. Ses visites étaient utilisées par lui à prendre, avec de la cire, l'empreinte des serrures, et des complices accomplissaient les opérations qu'il indiquait. Ces vols, qui se multipliaient, étonnaient Paris et déroutaient la police. Qui eût pu en soupçonner l'instigateur?

Une rencontre le perdit. Pendant une revue, où il paradait, il fut reconnu par un compagnon de chaîne d'autrefois qui, mal accueilli par ce camarade des temps malheureux, le dénonça. C'était en 1817. Ce fut un beau scandale. Coignard échappa quelque temps aux recherches, puis se fit prendre, et termina définitivement sa carrière au bagne, d'où il était sorti.

1830. Qui n'a lu l'étourdissant récit d'Alexandre Dumas, contant comment à lui seul... non, il voulut bien associer à son épopée le peintre Bard... il conquit Soissons et y remplaça le drapeau blanc par le drapeau tricolore.

Après les « Trois Glorieuses », la poudre manquait à Paris. Si Charles X, au lieu de gagner Cherbourg, eût fait appel à toutes les forces royalistes, il n'y aurait pas eu de munitions pour leur répondre. Cette poudre, Alexandre Dumas s'offrit pour aller la chercher à Soissons, où il savait qu'il en existait un dépôt. Sa proposition n'avait pas d'abord été prise au sérieux par La Fayette et par le général Gérard ; mais comment résister à la fougueuse éloquence d'un homme persuadé de l'importance de son rôle dans la révolution qui venait de s'accomplir ? Muni d'un ordre assez vague, car l'entreprise paraissait folle, il partit, armé d'un pistolet à deux coups et de son magnifique aplomb. Il était 3 heures de l'après-midi, et il prétendait arriver à Soissons à 11 heures du soir, avant la fermeture des portes de la ville.

Il faut lire, dans ses *Mémoires*, comment, moitié par persuasion, moitié par la menace, il obtint dans les relais de poste des postillons zélés pour les chevaux qui s'attelaient au cabriolet sur lequel il avait arboré le drapeau bleu, blanc et rouge, et comment ayant eu affaire, dans une de ses étapes, à un gaillard de mauvaise volonté, il lui brûla la cervelle avec un pistolet... qui n'était pas chargé, chaussa ses bottes, s'empara de son fouet et mit l'équipage au grand galop.

A Villers-Cotteret, son pays natal, il trouva des amis, ébahis de son arrivée et des nouvelles qu'il apportait de Paris, mais qui le dissuadèrent unanimement d'aller plus loin. Soissons était alors une ville royaliste ; elle avait huit cents hommes de garnison et personne n'y voudrait croire à la chute des Bourbons. Mais Dumas n'était pas homme à se rendre à ces raisons. Il finit même par décider un de ses anciens camarades, nommé Hutin, à l'accompagner. Celui-ci connaissait le gardien des portes de Soissons, qui laissa passer, bien qu'il fût près de minuit.

On se distribua les rôles. Hutin se chargea de substituer au drapeau blanc, qui flottait sur la cathédrale, le nouveau drapeau national, évocation de souvenirs de gloire. Alexandre Dumas, bientôt rejoint par Bard, alla reconnaître les lieux. La poudrière se trouvait dans les dépendances de l'ancienne église Saint-Jean-des-Vignes, dont les Allemands, en 1914 et 1915, ont épointé les tours. Jusqu'à la guerre, d'ailleurs, autour des imposantes ruines de l'église, ces dépendances étaient domaine de l'artillerie.

Le petit jour était venu. Trois hommes, fort matinaux, parurent dans l'enceinte de la poudrière. C'étaient d'anciens soldats : ils venaient d'apercevoir le drapeau tricolore avec une grande émotion, en se rappelant leurs campagnes sous l'« Autre ». Dumas s'assura de leur neutralité bienveillante et obtint qu'ils rentrassent chez eux, attendant les événements. Laissant Bard en faction devant un tout petit canon, trouvé sous un hangar et chargé avec le contenu de sa poire à poudre et quelques balles, bourré avec un mouchoir, il alla trouver le commandant de place, M. de Liniers. Celui-ci était non seulement un royaliste, mais un *ultra.* Personne ne fut jamais plus surpris que lui en apercevant cet exubérant mulâtre, dans son costume avec lequel il avait fait la révolution.

Dumas, avec sa verve intarissable, est abondant en détails. Il suffit de rappeler que M. de Liniers fit à l'envoyé de La Fayette un accueil plus que froid, où se mêlait l'ironie d'un homme disposant de toutes les

forces militaires en face d'un isolé. Il était entouré de
trois officiers, dont l'attitude était aussi narquoise que
celle de leur chef. La conversation risquait de prendre
une tournure fâcheuse pour l'émissaire du Gouvernement provisoire, lorsque celui-ci tira de sa poche deux
pistolets (celui qu'il avait emporté s'était doublé d'un
autre en route).

— Messieurs, dit-il, je vous donne ma parole d'honneur que si, dans cinq secondes, l'ordre de me livrer les
poudres n'est pas signé, je vous brûle la cervelle à tous
les quatre...

A ce moment, la porte s'ouvrit ; une femme parut :
c'était Mme de Liniers. Elle supplia son mari de céder.
Créole, elle avait vu, dans sa jeunesse, la révolte des
nègres de Saint-Domingue, et les cheveux crépus d'Alexandre Dumas avaient produit sur elle une impression de
terreur, en faisant repasser devant ses yeux des épisodes
tragiques. Le bon Dumas, si décidé qu'il fût, n'aurait
probablement pas massacré personne ; pourtant, M. de
Liniers était fort embarrassé, et la crainte du ridicule
était pour quelque chose dans son embarras. L'insistance
de sa femme eut raison de ses scrupules. Il était d'ailleurs persuadé que son bouillant interlocuteur ne fût
que le porte-paroles d'une bande de partisans. En effet,
l'auteur de *Christine* et d'*Henri VIII et sa cour* commandait maintenant à une armée composée de deux
personnes.

Il avait, enfin, l'autorisation de prendre les poudres.
Mais il s'agissait de disposer des moyens de les charger,
et ce fut une toute autre histoire pour triompher de la
mauvaise volonté de ceux dont dépendait cette opération. Dumas, cependant, ne doutait de rien. Pendant
qu'il réquisitionnait, au nom de La Fayette, un voiturier,
il enfonçait lui-même, à coups de hache, la porte de la
poudrière. Dans la ville, quelque émotion commençait à

LE CLOCHER DE LA CATHÉDRALE DE SOISSONS.
Photo Durand.

se manifester. Les troupiers, soulevés par quelques
jeunes libéraux, se décidaient en faveur de la révolution ; mais, il fallait compter avec une partie de la population, dont l'opinion était encore hostile, et le cap
difficile à franchir était celui de la poterne, où la petite
troupe pouvait être prise dans un piège. On se tira
d'affaire par la promptitude d'action. Près de Villers-
Cotterets, on eut à se préparer contre une attaque des
gardes de la forêt, autre paradoxe d'une aventure déjà
assez paradoxale, puisque les gardes appartenaient au
duc d'Orléans, et que le duc d'Orléans allait être le béné-
ficiaire des Trois-Journées.

Bref, le surlendemain de son départ, à neuf heures
du matin, Alexandre Dumas arrivait à l'Hôtel de
Ville avec ses trois mille livres de poudre. Il avait
vécu un de ses romans. Il avouait que cette équipée,
quand il y pensait, lui paraissait incroyable à lui-
même ; mais il renvoyait les incrédules au *Moniteur*
du 9 avril, contenant le rapport qu'y avait fait insérer
La Fayette.

1870. Souvenirs bien différents ! La ville est encore
investie, le 11 septembre. Elle n'est défendue que par
deux compagnies de ligne, trois batteries de l'artillerie
des mobiles du Nord, quelques bataillons de mobiles.
Le 24 septembre, la garnison tente une sortie audacieuse, mais sans effet appréciable. Le siège dure trente-
sept jours, et Soissons connaît encore les rigueurs d'un
bombardement dont — habitude bien allemande — les
obus visent particulièrement l'hôpital, détruisent la ma-
nutention, mettent le feu à de nombreuses maisons, font
des victimes parmi la population. Que peut contre cet
ouragan de mitraille la faible artillerie dont on dispose?
La ville est entourée de hauteurs, qui suivent le cours
de l'Aisne et qui constituent de fortes positions pour

l'ennemi. Ses fortifications ne répondent plus aux nécessités modernes, et, après cette guerre, elles devaient être, en effet, démolies. Le commandant de la place, M. de la Noue, se voit contraint de signer la capitulation, qui fait prisonnière la garnison de quatre mille hommes.

Au commencement d'octobre, une scène tragique s'était passée aux alentours de Soissons. Les Prussiens tentaient la construction d'un pont, à Pommiers. L'instituteur de la commune voisine de Pasly, Jules Desbordeaux, sergent-major de la compagnie des gardes nationaux, fit appel à des hommes décidés pour s'y opposer. Ces quelques braves gens ne purent, pourtant, que tirer quelques coups de feu, dans la nuit, au hasard. Le lendemain matin, les Prussiens se précipitaient dans Pasly et commençaient par arrêter le maire, l'instituteur et le curé. Un officier déclara au maire — on reconnaît là les procédés coutumiers aux Allemands — que la commune allait être incendiée. Mais le chef du détachement paraissait surtout préoccupé de découvrir les « coupables », ceux qui avaient organisé ce semblant de résistance. Pendant que toutes les maisons étaient ravagées et pillées, que leurs habitants en étaient chassés à coups de crosse, l'attitude de Desbordeaux le signala aux représailles. Frappé, lardé de coups de baïonnette, martyrisé, il fut ainsi « trié » parmi les prisonniers. Un autre, nommé Courcy, fut également désigné pour être passé par les armes. Les deux malheureux furent poussés vers les hauteurs de Pasly. Le peloton d'exécution était composé de soldats abominablement ivres : Courcy avait été tué immédiatement, mais Desbordeaux ne fut que blessé ; il se releva deux fois, manqué encore par une seconde décharge, en poussant des cris qui s'entendirent de loin. Un sous-officier l'acheva enfin en lui brûlant la cervelle.

Mais nous aurons à évoquer encore le souvenir des cruautés allemandes de 1870, auprès de Soissons, tant que les crimes de 1914 et de 1915 l'emportent en horreur sur ces atrocités d'autrefois, par lesquelles l'ennemi marqua son passage en des régions particulièrement atteintes par l'invasion.

CHAPITRE XIV

Depuis la fin d'août, Soissons était envahi par des
réfugiés de la région du nord. Les nouvelles les plus
alarmantes se répandaient. Les Allemands se dirigeaient
sur Paris à marches forcées. L'occupation de la ville
semblait fatale, et cette éventualité, maintenant évidente,
avait provoqué le départ d'un certain nombre d'habitants, encombrant la route de Villers-Cotteret, car la
voie du chemin de fer avait été coupée par nos troupes,
en se repliant.

Il y avait eu des défaillances dans la municipalité,
mais ces défaillances devaient être compensées par le
dévouement et la résolution de gens de cœur, se substi-
tuant courageusement aux absents.

Le 1er septembre, les Allemands s'approchaient de
Soissons. Ils s'annonçaient en lançant des obus sur le
faubourg Saint-Waast. Un géomètre, M. Musard, et un
notaire, M. Blamontier, s'étaient installés à l'Hôtel de

Ville, prêts à tous les événements. Ils le quittèrent vers une heure pour rentrer quelques moments chez eux, avant de revenir au poste que le sentiment du devoir leur avait fait accepter.

L'invasion de la ville fut pourtant plus prompte qu'ils ne l'avaient pensé. Les premiers détachements surgirent tout à coup et, à deux heures, des automobiles où se trouvaient un général et des officiers, contournant le petit square qui a transformé une vieille place, d'aspect sévère, s'arrêtèrent devant la porte de la mairie, surmontée des armes de Soissons — une fleur de lis.

Ils entrèrent, ne rencontrant que quelques employés, fort émus de leur apparition.

— Où est le maire? demandèrent-ils.

Une femme déjà âgée, aux traits énergiques, portant un pince-nez, vêtue du costume d'infirmière, se montra soudain. Elle avait entendu la question des Allemands et leurs commentaires narquois devant le trouble des employés, ne sachant que répondre. Elle dit, avec sang-froid :

— Le maire, c'est moi! qu'est-ce que vous lui voulez?

Les Allemands sourirent d'abord, mais ils ne laissèrent pas que d'être frappés de son air sérieux. Leurs réflexions insolentes cessèrent peu à peu devant la détermination qu'ils lisaient sur son visage.

Cette femme, qui venait de prendre hardiment la responsabilité de parlementer avec eux, c'était Mme Macherez, veuve d'un sénateur de l'Aisne, présidente de la section soissonnaise des Dames Françaises. Elle eut, par sa ferme attitude, son heure de popularité, et on se rappelle que, quelques mois plus tard, elle devait être citée à l'ordre du jour de la nation. Nous nous souvenons de l'avoir saluée, au lendemain de la délivrance de Soissons, dans une salle de l'Hôtel de Ville, dont la façade, du côté de l'Aisne, avait été éventrée par les obus. Après avoir reçu les Allemands, après avoir montré de la décision pendant l'occupation de la ville, en prenant sa part du danger que présentait la résistance aux exigences excessives de l'ennemi, elle rendait alors d'autres services en aidant à l'organisation de secours et au ravitaillement, en assurant un asile aux habitants dont le logis avait été détruit, en réconfortant les inquiets, en soignant les blessés du bombardement. Elle était sollicitée, consultée par tous, écoutée par tous. Elle répondait avec de la brusquerie, dans son zèle, une habitude et un goût du commandement qu'elle avait pris durant des heures difficiles.

Le 1ᵉʳ septembre, et pendant les jours pénibles qui suivirent, M. Musard, faisant fonctions de maire, avant que sa nomination eût pu être régularisée, M. Blamontier, d'autres encore, qui apportèrent leur concours à la municipalité provisoire, le juge de paix, l'inspecteur primaire, le sous-principal du collège, eurent la tâche douloureuse de lutter contre les prétentions des envahisseurs, souvent menacés, s'attendant à chaque instant à leur arrestation.

MM. Lecat-Cersulier, conseiller municipal ; Parmentier, vicaire général ; Landais, archiprêtre de la cathédrale ; Hivet, chanoine, avaient été retenus comme otages. L'évêque, Mgr Péchenard, s'employa alors utilement.

La brutalité allemande s'exerça à Soissons comme partout. Des boutiques, dont la devanture était fermée, furent défoncées ; les bureaux de l'octroi furent saccagés ; les réservoirs d'une importante distillerie crevés, les caves pillées. Mais qu'était-ce, alors, à côté des autres épreuves qui, un peu plus tard, attendaient la pauvre ville, une de celles qui devaient le plus souffrir !

Pendant que de forts détachements s'installaient à

Soissons, des troupes passaient, d'une façon incessante. Elles avaient pour direction la route de Reims, pour bifurquer, par Billy, sur Villers-Cotterets. C'était encore la période de la marche précipitée sur Paris.

Les villages voisins, *Crouy*, *Bucy-le-Long*, *Missy*, étaient mis à sac, ainsi que le château de Condé, dont les caves de champagne étaient méthodiquement vidées. Un employé des contributions indirectes, M. Pruniéras, vit de près ces dévastations des premiers jours, ayant été arrêté et jeté au milieu d'une colonne de prisonniers civils. La petite ville de *Vailly*, dont des maisons avaient été incendiées, était taxée d'une contribution de 175.000 francs. A *Chavannes*, un magasin de gros avait été dévalisé, et un tout jeune homme, mis en joue, n'avait dû son salut qu'à la maladresse du soldat dont la balle lui avait seulement éraflé le bout de l'oreille[1]. A *Bourg-et-Comin*, où, quelques mois après, des actions militaires devaient s'engager, le logis de l'instituteur avait été dévasté. L'éclusier du canal de l'Aisne à l'Oise et le gardien de l'usine qui fait refouler l'eau jusqu'à Charny avaient été fusillés. A *Vénizel*, les réservoirs de la raffinerie de pétrole étaient une proie tentante. M. Pruniéras avait été relâché, sans plus de motif qu'il n'y en avait eu à son arrestation. Il fut interpellé, d'une automobile qui allait à petite allure, par un officier général dont l'escorte semblait embarrassée ; il apprit que ce général était le roi de Saxe, qui lui demanda la route de Fismes. M. Pruniéras se donna le malin plaisir de lui indiquer la direction de Vailly, dont on avait fait sauter le pont.

Aux alentours immédiats de Soissons, un état-major

---

1. A Saint-Waast, un ouvrier, nommé Delin, coupable d'un geste de colère en apercevant les Allemands, fut immédiatement fusillé. Un nom à retenir, parmi ceux de tant d'autres victimes !

avait pris possession du château de La Rochefoucauld.
Le prince Eitel rejoignit cet état-major : ce fut là le
vandalisme coutumier, meubles brisés, tableaux lacérés,
destruction de glaces, rafle d'objets d'art et aussi ce qu'on
a appelé « le chapitre innommable », le plaisir de l'ordure.
Les domestiques du château furent témoins d'une ignoble
orgie.

A Soissons, tout ce qui avait été trouvé avait été pris
par les Allemands; c'était la disette. Ce ne fut qu'en
leur disputant un peu de farine que la municipalité put
faire quelques distributions de pain à la population
affamée. L'entrepôt des tabacs avait été bouleversé, et
les pillards, après avoir fait main basse sur les provisions,
jetaient au hasard ce qu'ils ne pouvaient pas emporter.
Il en était de même pour l'usine de sucre de Milemport
à Villeneuve. Partout des déprédations même inutiles. La
caisse de la Sous-Préfecture était forcée.

Mais le 10 septembre, au commencement de l'après-
midi, les Soissonnais, qui étaient dans l'ignorance de
tout ce qui se passait du côté de la Marne, virent, avec
une anxieuse surprise, des troupes allemandes traverser
la ville dans un sens contraire à celui qu'elles avaient
suivi : « Elles ne donnaient pas positivement l'impression de la débâcle, dit un témoin, mais leurs allées et
venues laissaient présager l'incohérence de leurs mouvements ». A quel espoir pouvait-on se rattacher? Le bruit
du canon se rapprochait. Le 11, le mouvement de retraite
des Allemands s'indiquait. Ils prenaient le temps, cependant, de piller les magasins épargnés à leur arrivée, de
détruire tout ce qu'ils pouvaient détruire, d'assouvir leur
abominable besoin de ravages. Mais ils étaient suivis de
troupes se succédant avec plus de hâte, se pressant sur
les ponts rétablis sur l'Aisne, qu'ils devaient faire sauter
après eux.

Lisons cette page du journal que tenait pour lui-même, tout chaud de ses impressions, le témoin dont nous avons parlé :

12 septembre. — Ce matin, dès six heures, le canon tonne sans interruption. On est obligé d'entr'ouvrir les fenêtres pour éviter le bris des vitres. Sorti en ville pour chercher à me procurer du pain. Impossible d'en avoir. Dans la famille où j'ai pu me réfugier, nous avons dû nous contenter de quelques pommes de terre. Le canon redouble d'intensité vers deux heures... Et, tout à coup, nous voyons apparaître au grand galop de leurs chevaux couverts d'écume, une quinzaine de chasseurs français, se dirigeant sur Villeneuve et sur Venizel. Ils ont pour mission de garder le nouveau pont que les Allemands ont construit dans la journée d'hier, à proximité de la fabrique de sucre, et qui avait pour but de relier Villeneuve au tronçon de Saint-Médard, et qui évitait la longue traversée de Soissons.

Exprimer l'émotion que j'ai ressentie, je ne l'essaye pas, car mon âme est encore trop sous le coup de la joie que m'a causée la venue des nôtres... Mais mon émotion s'est accrue, quelques instants plus tard, en voyant surgir quelques milliers de zouaves, de tirailleurs algériens, marocains, soudanais, ayant fait près de quatre-vingts kilomètres en deux jours, après avoir balayé toutes les troupes ennemies.

Bon nombre de ces braves soldats se trouvaient à l'entrée de la fabrique de sucre lorsque j'y pénétrai, accompagné d'un caporal et d'un sergent de zouaves, car un petit jeune homme, attaché du bureau, venait de m'assurer que, pendant la nuit, les Allemands avaient dévalisé non seulement le laboratoire, mais encore la régie. Je me précipitai donc vers notre bureau, au premier étage. Un fusil chargé s'y trouvait encore. Les zouaves eurent vite fait de découvrir derrière une meule le soldat attardé à qui il appartenait...

Chacun, même dans les circonstances les plus graves, retrouve vite ses préoccupations de métier. Nous aimons à trouver cette note du devoir professionnel, car elle a quelque chose de touchant, de bien français aussi, et nous nous garderions bien de sourire d'un détail qui nous paraît infime dans un événement aussi important

que la reprise d'une ville, attestant la confiance et le
soin du fonctionnaire. Après tant d'alarmes, après avoir
été un moment prisonnier, après avoir été exposé à
mille périls, la première pensée de celui-ci est pour les
archives administratives :

Tous les placards étaient forcés, notre caisse à plombs avait
subi le même sort. Nombre de ces scellés étaient répandus sur
le bureau ainsi que sur le plancher, parmi des débris de bottes
de paille. J'en ai ramassé le plus possible. Cependant, mon
cœur se serre en songeant à la douleur qu'éprouve mon bien
estimé chef de service, M. d'Himbert, lui qui veillait avec tant
de sollicitude sur nos papiers[1]...

L'accueil fait aux troupes françaises, que rejoignirent
bientôt des troupes anglaises[2], on l'imagine. La victoire
de la Marne délivrait Soissons des Allemands. Malheureusement, la poursuite devait à peu près s'arrêter. Les
Allemands s'étaient ménagé de très fortes positions
qu'ils devaient tenir, et la ville était sous leur feu. Ils
utilisaient, immédiatement en face de Soissons, de l'autre
côté de l'Aisne, les défenses naturelles des grottes de
Pasly, prenaient possession du village de Pommiers, où
ils se terraient. La rivière seule séparait les adversaires.
Sur la droite, on avait pu gagner un peu plus de champ,
après une traversée de l'Aisne accomplie dans des conditions héroïques, sur des passerelles sans cesse démolies
par les obus et sans cesse reconstruites, et arriver jusqu'aux villages de Crouy et de Bucy, tapis à l'extrémité
de la plaine, sous les hauteurs, formant des sortes de
falaises dont l'escalade présentait d'extrêmes difficultés.
On sait combien la situation devait se prolonger. De

1. Communication de M. Joseph Pruniéras, employé des Contributions indirectes à Soissons.
2. Le pont rétabli par le génie anglais entre Soissons et le faubourg de Saint-Waast, ne porta plus que le nom de « Pont-des-
Anglais ».

lents, mais sensibles progrès nous avaient cependant
conduits sur le plateau, et nous étions prêts d'atteindre
la route de Maubeuge, quand dans le milieu de janvier 1915, une violente attaque allemande rejeta nos
troupes plus près de Soissons. Une malencontreuse crue
de l'Aisne, développée par la rupture de barrages par les
Allemands, emportait les ponts établis par le génie,
empêchait l'envoi de renforts...

Le 14 septembre, le bombardement de Soissons commençait, et, dès les premières heures de cet ouragan de
fer et de feu, il faisait de terribles ravages, préludant à
la destruction presque complète de la ville. Nous étions
à Soissons le troisième jour de ce bombardement, alors
que les ruines s'accumulant, on ne pouvait songer,
comme on le fit plus tard, l'ordre triomphant du danger,
à déblayer les décombres, et nous nous rappellerons
toujours l'aspect lamentable de la ville, qui n'en était
pourtant qu'au début de ses épreuves, avec ses rues
défoncées par d'énormes trous, ses maisons écroulées ou
incendiées. Nous avons parlé d'un square, devant l'Hôtel
de Ville : la terre en avait été sinistrement remuée, le
cimetière, situé dans le faubourg Saint-Christophe, sur
la route de Compiègne, étant sous le feu même de
l'ennemi. Du quai de l'Aisne, dont les parapets avaient
été renversés, semé d'excavations profondes, on apercevait, en se glissant derrière des constructions effondrées,
la terre voler à l'éclatement des projectiles sur les hauteurs de Vauxrot, dont nos soldats occupaient le pied.
Curiosité dangereuse, d'ailleurs, car le crépitement de la
fusillade alternait avec le grondement du canon.

Les rues de la ville basse avaient alors particulièrement souffert. La rue du Château-Gaillard, la rue du
Pot-d'Etain n'avaient plus une maison indemne. Nous
nous souvenons que, à l'angle de la rue de Mont-Revers,
il en était une dont le mur extérieur était tombé : dans

la chute des étages les uns sur les autres, les meubles
étaient restés suspendus d'une façon fantastique. Dans
les quartiers hauts, de l'ancien couvent de l'Enfant-Jésus,
il ne restait plus qu'une carcasse noircie, et il semblait
y avoir de la régularité dans l'anéantissement de ce qu'a-
vait été le Grand-Séminaire, avec ses deux ailes égale-

A SOISSONS.   Photo J.-B. Roche.

ment crevées : un obus avait frappé de biais la cathédrale, y avait ouvert une brèche dans la chapelle des
Œuvres. Le collège avait été atteint ; la caserne montrait les blessures de ses épaisses murailles ; une partie
du bâtiment de la Poste, dans la rue Saint-Martin, était
comme déchiquetée ; dans la cour, nous ramassions des
étiquettes allemandes. Partout le même douloureux
spectacle. Pouvions-nous nous douter, alors, qu'il s'aggra-

verait, qu'il deviendrait plus tragique encore? Mais, en
allant vers Saint-Jean-des-Vignes, la vieille église dont
il ne reste depuis longtemps que la façade et une partie
d'un cloître charmant, nous constations, voulant voir là
un symbole de l'issue de la grande lutte, que le monument qui s'élève sur la place de la République était
intact.

En ces premiers jours, le bombardement attestait des
habitudes méthodiques chez l'ennemi. Il avait lieu le
matin, vers six heures, puis, dans l'après-midi, entre
trois et quatre heures, puis le soir, à neuf heures. En
d'autres périodes, on ne devait plus connaître même ces
répits.

Nous avons fait plusieurs fois le voyage de Soissons,
trouvant à chacune de nos haltes dans la malheureuse
ville de nouvelles dévastations. Nous revoyons par la
pensée, une matinée de novembre 1914, où M. Marlier,
chef du cabinet du préfet de l'Aisne, voulut bien nous
accepter comme compagnon dans une des tournées où il
allait s'enquérir des besoins des villages voisins et parer
aux plus urgentes nécessités. A ce moment, les positions
françaises et allemandes, autour de Soissons, formaient
des dents de scie. Pointes de notre côté, pointes du côté
ennemi. Des agglomérations, bien que délivrées, demeu-
raient sous la constante menace des canons prussiens.
Elles avaient été très éprouvées, elles l'étaient encore. Les
vivres y faisaient défaut, tout ayant été pris par les
envahisseurs. Il fallait assurer la subsistance de ceux qui
étaient demeurés là, en quelque sorte prisonniers chez
eux, en raison de sévères, mais explicables consignes
militaires.

M. Marlier, plus soucieux pour nous de précautions
que pour lui-même, nous avait imposé cette condition de
partir de très bonne heure, de façon à nous trouver dans
les zones particulièrement dangereuses au lever du jour,

à l'heure où les brumes couvrent encore la campagne. Il
n'avait pas prévu un temps en quelque sorte paradoxal,
où un soleil d'été de la Saint-Martin dissipa tôt les
vapeurs montant de la rivière.

En sortant de Soissons par la route de Reims, tandis
que cette route se découvrait peu à peu dans une pâle
clarté, il nous contait de lamentables épisodes de la lutte
qui s'était déroulée autour de ces malheureux villages.
Une famille composée du père, de la mère, d'un adolescent de quinze ans et d'un tout petit enfant, habite une
maison un peu isolée, qu'éventre un obus. La mère est
tuée. Impossible d'avoir un cercueil pour la morte. Le
lendemain, le père et l'adolescent l'enterrent dans un
champ. Pendant ce douloureux travail, le petit enfant,
qu'on n'a pas voulu laisser seul, a été déposé sur l'herbe.
Un shrapnell éclate : il tue le veuf et son fils aîné. Le
bébé est, par miracle, épargné. Combien de temps reste-
t-il abandonné ? Il est trouvé, enfin, par un tirailleur
marocain qui le prend dans ses bras et le garde jusqu'à
ce qu'il puisse le confier à quelqu'un. Dans quelles conditions cette pauvre petite créature entrait-elle dans la
vie !

Nous arrivions à *Vénizel*, dont le pont avait été rétabli ;
nous traversions l'Aisne. Le soleil perçait le brouillard
léger, l'horizon s'éclairait, laissant apercevoir, au delà de
la plaine qui s'étendait devant nous, les hauteurs dont
la possession était l'objet de si rudes efforts.

A ce moment, c'est un grand silence, une trompeuse
impression de paix. Qui dirait que ces crêtes sont des
forteresses, qui dirait que ce calme paysage est un champ
de bataille ! Le canon qui tonne du côté de Crouy, nous
rappelle soudain aux réalités. Une autre canonnade, dans
la direction de Vailly, gronde en même temps.

La plaine traversée à grande allure, car une automobile ne laisse pas que d'y être exposée, nous parvenons à

Bucy, dominé par son ancienne église, dont d'admirables verrières, qui faisaient son orgueil, ont été mutilées. Comme partout, les habitants, au milieu des périls qui les entourent, montrent une tranquille fermeté. Ils ne se plaignent pas ; ils attendent avec confiance la libération définitive. Le bureau de poste ayant été détruit, c'est dans la cave d'une maison que s'est installée la receveuse. On tient conseil : — « De quoi avez-vous surtout besoin ?... Avez-vous du sel ?... Avez-vous du sucre ?... » M. Marlier distribue ce qu'il a apporté et donne aussi quelques journaux, impatiemment attendus. Il complimente un vieux facteur qui, très bravement, en variant son itinéraire, selon l'intensité de l'action, en s'abritant comme il peut, va à Soissons le plus souvent possible, et en revient. La receveuse fait avec une sorte de bonne humeur les honneurs de son logis souterrain. Parmi tant d'épreuves, on a la sensation d'une forte santé morale.

Nous traversons la plaine à nouveau, nous regagnons la route de Reims pour aller jusqu'à Sermoize. Ce malheureux village, sous le feu des positions que tiennent les Allemands de l'autre côté de l'Aisne, à Missy et à Condé, est presque entièrement détruit. Il a été soumis à un bombardement acharné qui a notamment anéanti sa curieuse église, un monument du xiiᵉ siècle. Par une singularité, au milieu des décombres, un christ de cuivre, qui se trouvait sur l'autel, est resté en équilibre, droit sur les débris de cet autel.

C'est dans les ruines de ce qui fut sa maison que nous reçoit l'adjoint, un vieil homme qui n'a pas songé un instant à s'en aller, et qui veille sur les restes de sa commune. Là non plus, pas de doléances. Il dit ce qui manque, ce qui serait le plus utile et, soucieux, malgré les circonstances, de régularité administrative, il consulte le chef de cabinet du préfet sur des formalités

qui l'embarrassent. Nous nous souvenons de notre
impression en écoutant cette conversation : ces scrupules, à portée de l'ennemi, devant l'horreur des récents
ravages, prenaient une élévation dont nous étions
frappés : celle qui venait d'un sentiment du devoir ancré
dans les âmes... M. Marlier fait des recommandations
d'hygiène, invite les habitants à désobstruer le ruisseau,
à enlever les pierres tombées le long de la route, promet
des secours. Il s'informe des uns et des autres, et, dans
ce décor de dévastation, cette sérénité, a quelque chose
d'assez admirable. Parfois on s'interrompt pour prêter
l'oreille à la canonnade, et, de son bruit très proche, on
tire des indications. En face de Sermoize, il y a des
batteries prussiennes : elles surveillent la route, cherchent à atteindre les convois qui s'y engagent, se déchaî-
nent quand ils apparaissent.

— Tout de même, dit le vieil adjoint, on aime bien à
les voir, nos soldats.

Dans le ciel, devenu très pur, de tout petits nuages
blancs restent, un moment, immobiles, comme des chiffons blancs sur le bleu. Un de nos avions survole les
tranchées ennemies; il est encadré de projectiles allemands, mais il prend de la hauteur, il s'échappe, il revient
vers nos lignes. C'est un des épisodes quotidiens de la
lutte, un spectacle auquel on est habitué. On lève à peine
la tête.

— J'ai des vieux qui demandent à toucher leur
retraite, reprend l'adjoint, que faut-il leur répondre?

Il sollicite d'autres renseignements — une manière de
consultation de droit, puisqu'il a des responsabilités nouvelles, dont il se préoccupe. La guerre vue par ces petits
côtés, prenant de la grandeur par le sang-froid qui se
prouve! Les Allemands sont là, tout près, mais on ne
pense qu'à ce qu'il y aura à reconstruire et à rétablir
après leur départ. Qui pourrait n'être pas ému de cette

liberté d'esprit, sous la portée des obus, de cette forme de courage de la population civile, de cette absence de plaintes, de cette reprise de la vie, discutée en ses moyens, tandis qu'on est encore dans le champ d'action des pièces d'artillerie prussienne !

A Soissons, une autre fois, en décembre. Il y a une sorte de tragique monotonie dans les souffrances de la malheureuse cité qui était, à la veille de la guerre, en grande voie de prospérité. Elle est de celles qui payent le plus lourd tribut. Que les obus tombent, par masses, avec une sorte de régularité ou qu'ils se succèdent à des intervalles indéterminés, son martyre continue, sa dévastation se poursuit.

Les pièces lourdes des Allemands sont sur le plateau, à Chavigny et à Juvigny. Mais les grottes de Pasly et du Villé, qui ne présentaient que la curiosité d'un spécimen caractéristique des habitations préhistoriques, offrent à l'ennemi de solides retranchements et de fortes positions pour leur artillerie. Les hommes des cavernes, nos sauvages ancêtres, qui cherchaient un abri dans ces rochers, étaient trop occupés du problème de leur nourriture pour faire le mal pour le mal, comme le font nos ennemis. Ils ont muré les ouvertures de ces grottes, en n'y laissant que des créneaux. La plus grande a son entrée non face à Soissons, mais de côté. Devant cette grotte, ils ont aménagé une plate-forme qui sert à la sortie des pièces légères, à leur mise en batterie et à leur rapide rentrée, quand elles ont tiré.

Il y avait eu une brève période d'accalmie. Les Allemands avaient-ils renoncé à leur dépense de munitions pour un but tout à fait inutile au point de vue militaire ? Le 20 novembre, à une heure de l'après-midi, c'était tout à coup une recrudescence du tir de l'artillerie. Pendant cette journée, les projectiles s'abattirent sans interruption sur la ville jusqu'à onze heures du soir,

faisant de nouvelles victimes. L'un des premiers obus
éventra le commissariat de police. Le commissaire,
M. Givais, signait des papiers que lui présentait son
secrétaire, M. Desessarts. Le premier fut grièvement
blessé; le second fut tué. Le bombardement recommençait.

Les semaines s'écoulent, avec des alternatives de
ralentissement. Des volées d'obus, ou quelques-uns
seulement. Mais il ne se passera plus guère de jour où
les Allemands ne dirigent leur feu sur la ville.

Nous errons dans des rues lamentables. Près de la
cathédrale, le propriétaire d'une maison, s'entêtant à
l'habiter, a voulu faire réparer une partie du toit, qui
avait été emportée. Deux ouvriers couvreurs viennent
d'être mortellement frappés dans le moment qu'ils arrêtaient, devant cette maison, une voiture à bras, chargée
de matériaux. Dans les cuisines de la caserne, un soldat
a reçu au cou une atroce blessure, à laquelle il a succombé. Hélas! la liste s'augmente sans cesse de ceux
qui ont disparu depuis le début du bombardement, et
qu'on enterre dans les jardins ou, comme dans le faubourg de Reims, sur le bord des routes. C'est là que le
Sous-secrétaire d'Etat aux Beaux-Arts, dans une de ses
visites à Soissons, devait venir saluer des tombes.

La cathédrale a, de nouveau, beaucoup souffert. La
chapelle « des Œuvres » avait déjà été anéantie. Un
obus a creusé un trou profond dans les dalles, devant la
chaire, dont les panneaux ont été brisés. L'ébranlement
a été tel, que la toile d'un tableau a été arrachée et pend
lamentablement hors du cadre. L'abside a de multiples
blessures, le portail a été cruellement mutilé. La vieille
abbaye de Saint-Jean-des-Vignes, tout d'abord décou-
ronnée de la pointe d'une de ses flèches, a été meurtrie
dans ses parties basses.

L'hôtel de la sous-préfecture, une maison ancienne,

qui a du caractère (elle fut, au XVIIe siècle, habitée par le frère de Bossuet), a été criblée de projectiles du côté de la façade et du côté du jardin. L'aile gauche a été

SOISSONS. — NEF DE LA CATHÉDRALE.
Photo J.-B. Roche.

presque entièrement démolie. Il faut se frayer un passage à travers les gravats pour accéder aux pièces, qui subsistent partiellement, soutenues par des étais improvisés. Dans tout l'hôtel, ce sont des déchirures produites

par les éclats. Les Allemands ont fait, pour la sous-préfecture, une dépense de bombes perfectionnées.

Dans le centre de la ville, où bien peu de maisons

DANS LA CATHÉDRALE DE SOISSONS.
Photo J.-B. Roche.

n'ont pas été atteintes, le marché, assez vaste bâtiment
de construction récente, montre des ouvertures béantes.
Sur la place qui l'entoure, de grandes excavations. Où
qu'on se dirige on retrouve, accentuée, l'image de déso-

lation qu'offraient, en septembre, les rues parallèles au cours de l'Aisne.

L'ennemi, selon son habitude, vise toujours les usines. C'est ainsi que, dans le quartier de la gare, les usines Wolber ont subi de graves dommages. L'église Sainte-Geneviève, à la coupole byzantine, n'a pas été épargnée.

A cette époque, il reste encore près de trois mille habitants à Soissons. Ils vivent les nerfs tendus, mais ils attestent de la résolution et de l'énergie. Bien qu'ils s'inclinent devant les consignes militaires, elles leur paraissent parfois plus dures à supporter que le bombardement. Soissons, quand la nuit tombe, semble une ville abandonnée. A partir de six heures, défense de se trouver dans les rues; aucune lumière ne doit être aperçue.

Nous nous rendons à l'hôtel de ville. Sa masse sombre, avec les découpures que lui ont faites les obus, apparaît vaguement. Nous pénétrons dans la cour, plongée dans l'obscurité, et nous nous informons, auprès d'un factionnaire. Une petite lueur nous guide. Nous descendons un escalier : c'est dans la cave que le maire a installé son bureau ; il y travaille sur une table qu'on a descendue, à la lueur d'une petite lampe. Depuis le mois de septembre qu'il a assumé sa lourde tâche, il n'en est plus à se soucier d'un projectile de plus ou de moins sur la mairie. Mais les bombes qui l'ont atteinte, en ont fait un logis incommode, exposé à tous les vents. Nous avons la bonne fortune d'être les premiers à lui annoncer la citation à l'ordre du jour dont il vient d'être l'objet, en même temps que MM. Blamoutier, Constant, Fossé d'Arcos, directeur de l'*Argus Soissonnais*, Mgr Péchenard. Il a suscité autour de lui des abnégations, d'humbles, mais précieux concours, et c'est de cette touchante bonne volonté de braves gens, auxquels il peut tout demander, qu'il nous entretient le plus volontiers.

Au demeurant, des dévouements, qui demeurent

CATHÉDRALE DE SOISSONS.
Photo J.-B. Roche.

constants, soutiennent ceux qui restent fidèles à leur ville, et dont on comprendrait la lassitude devant la prolongation d'une situation aussi pénible. Soissons doit beaucoup de sa forte résignation à son sous-

préfet, M. Andrieu, qui joint à son attitude coura-
geuse une bonne humeur réconfortante, un entrain qui
est un exemple. Il est l'homme des initiatives, et sa
promptitude de décision a sauvé des existences. Sa
jeune femme, dont on peut admirer la simplicité dans
le courage, se prodigue, de son côté, auprès des blessés
et des malades[1].

M. Andrieu proteste contre la légende, qui s'est un
peu trop répandue, d'espions à Soissons. Des enquêtes,
minutieusement menées, ont établi la vanité des soupçons pesant sur quelques personnes désignées comme
suspectes par une opinion fébrile. En fait, les Allemands
ont-ils besoin d'intelligences dans la place? Des hauteurs où ils sont installés, ils peuvent découvrir tous les
points de la ville.

D'autres s'emploient bravement à atténuer les maux
dont on souffre, autour du président du comité de
secours, M. Arfeuille, qui ne cesse d'être sur la brèche,
montrant une vaillance simple dans l'exercice des devoirs
d'assistance auxquels il s'est spontanément consacré.
Mme Arfeuille, qui partage résolument ses périls, sera,
plus tard, gravement blessée par un éclat d'obus. Un
vieux Soissonnais, M. Sarrazin, est de ceux qui s'emploient avec bonhomie au bien général, s'étant vite
adapté aux circonstances. Et cette adaptation, c'est le
fait de tous ceux qui ne sont point partis. On a eu le
temps, hélas! de s'habituer à tous les genres de misères.
On se gare des bombes, quand on le peut, mais on ne
s'en émeut plus, autour de Soissons. C'est un peu avant
les événements de janvier 1915, qui nous forceront à un
repliement jusqu'au pont du chemin de fer, au delà de
Crouy, après le violent combat livré à Saint-Paul, sorte

---

1. Mme Andrieu devait, en août 1915, être citée à l'ordre du
jour de l'armée.

de faubourg avancé de la ville, où s'élevait le château de Mme Macherez, et à l'abandon des quelques kilomètres laborieusement gagnés sur les hauteurs. On ne prévoit pas alors cette déception. Les affaires engagées au delà de Crouy ont donné de l'espoir. Nous allons voir nos soldats dans leurs tranchées et jusqu'à l'extrémité de ces tranchées, creusées avec la virtuosité qu'ils ont acquise et qu'ils ont mis de l'ingéniosité à consolider, dans un terrain friable.

— Il faut que nous vous fassions les honneurs de notre « salon », nous dit gaiement un jeune officier.

Ce « salon » est une chambre souterraine, dont l'encadrement de traverses de bois a un semblant d'élégance. On y descend par six marches. Comme tapis, de la paille. Pour tout meuble, un banc primitif, mais les parois sont ornées de photographies et de nombreuses gravures découpées dans les journaux illustrés. Sur un socle, façonné au petit bonheur, une tête caricaturale de Prussien, pétrie dans la glaise.

— On fait ce qu'on peut, selon le mot du chancelier allemand, reprend l'officier... Evidemment, il y a de plus riches musées que celui-ci, mais nous honorons les arts à notre façon. Ailleurs, on a eu le temps de faire mieux.

De la bonne humeur, mais, dans ces parages, elle ne va pas, si proches que soient les tranchées de celles de l'ennemi, jusqu'à ces moments où, d'un camp à l'autre, on échange des quolibets. Nos hommes gardent le souvenir d'un incident récent, qui les a indignés. Une de ces dernières nuits, il y avait eu une escarmouche, le commencement d'un mouvement, qui ne prit pas d'ampleur. Deux des nôtres, cependant, étaient tombés, mortellement atteints. A l'aube, profitant de la brume, deux infirmiers s'aventurèrent dans l'espace restreint qui sépare les lignes pour enterrer nos morts. Une sorte de trêve semblait d'ailleurs consentie de part et d'autre pour cette besogne funèbre. Les infirmiers, sans qu'on tirât sur eux, en effet, creusèrent une fosse, afin d'ensevelir les corps à la place même où ils gisaient. Bien que le brouillard se fût peu à peu dissipé, ils achevaient de creuser la terre et ils allaient y déposer les deux soldats tués quand une fusillade éclata, criblant de balles les braves garçons qui accomplissaient un pieux devoir. L'un d'eux ne se releva pas. L'autre, affreusement blessé, put se traîner jusqu'à nos tranchées, où il ne tarda pas à succomber. Il raconta qu'il avait entendu une voix narquoise qui criait, en français :

— Deux et deux font quatre !

L'officier a un geste de dégoût en évoquant cet épisode d'hier.

— On leur revaudra ça, dit-il, en nous montrant, par un créneau, maintenu par un boisage, la striure rougeâtre formée, en raison de la nature du sol, sur le plateau, par les tranchées allemandes.

Puis il nous dit le bon esprit de ses hommes, leur sérieux, leur constance, leur forte volonté.

— Mais, vous-même, mon lieutenant, vous donnez l'exemple de cette vaillance-là.

— Oh! moi, répond-il en souriant, je suis bien forcé d'accepter avec sérénité notre existence telle qu'elle se présente : dans la vie civile, je suis professeur de philosophie !

En seconde ligne, tandis que nous revenons dans la direction du village de Bucy, d'où nous sommes partis pour gagner les tranchées, on nous fait visiter la curiosité de cette région militaire. C'est, saillant d'une colline, une grotte qui, isolée, n'a pu, par sa situation, avoir de valeur stratégique, car elle se trouve en contre-bas et s'ouvre du côté opposé à l'ennemi. Elle sert de logis, présentement, au commandant d'un bataillon

qui vient d'arriver : il n'en a pris possession que depuis
la veille, mais ses prédécesseurs l'ont pittoresquement
aménagée.

Cette grotte est assez profonde et ses voûtes ont
d'étranges aspérités. Pour y descendre, on a creusé dans
la pierre quelques marches. A son extrémité intérieure,
les parois, se resserrant, forment une manière de
chambre. Là, le commandant est assis devant une petite
table, construite d'une façon primitive; il travaille. On a
établi une cheminée, qui fume fortement, bien qu'on ait
ingénieusement improvisé un tuyau avec des morceaux
de tôle. De la paille tressée a servi à esquisser une
cloison, séparant ce cabinet de travail de la « chambre
à coucher », qui ressemble beaucoup à une niche à
chien.

Le commandant vient à nous, avec une cordiale affa-
bilité.

— Mon logis est un peu romantique, n'est-ce pas?...
C'est l'antre des sorcières de Macbeth. Il ne manque, sur
le feu, que le chaudron où elles font leur infernale cuisine,
en tournant en rond... Trouvez donc un pareil décor pour
ce tableau du drame shakspearien !

Le jour commence à baisser. Il allume une petite
lampe, non sans peine.

— Pourtant, poursuit-il, la fantaisie de quelques
artistes, appartenant au régiment qui a passé ici avant
nous, a remonté plus haut. Vous me cherchiez, en
entrant. Vous n'avez pas remarqué?

Il projette la lueur de la lampe sur le roc, et nous
apercevons les singuliers bas-reliefs qu'on y a taillés.
C'est une ébauche d'architecture babylonienne, un souvenir des salles du Louvre : têtes d'hommes à la barbe
carrée, taureaux ailés à face humaine, divinités aux
formes animales, personnages au corps de lion, archers
à cheval, guerriers dans leur char. Quelques figures,

cependant, sont restées inachevées : les sculpteurs durent retourner au feu, après une halte de quelques jours, et jeter le ciseau pour reprendre le fusil.

Ce travail rapide, sans doute, mais curieux, qui a transformé cette grotte, et qui, peut-être, intriguera les archéologues de l'avenir, n'atteste-t-il pas la liberté d'esprit de ceux qui, dès que l'ordre est donné, se montrent les combattants les plus déterminés et prêts à tous les sacrifices ?

Une autre fois encore, à Soissons, en juillet 1915. Des mois et des mois se sont passés. Les obus n'ont cessé de tomber sur la ville, continuant l'œuvre de dévastation. La voûte de la cathédrale a été crevée, des piliers se sont effondrés, le clocher est branlant. Quand, dans la rue, on aperçoit, par hasard, une façade intacte, il ne faut pas se hâter de parler de chance pour cette maison : l'intérieur en a été bouleversé, ravagé, détruit. L'autorité militaire a fait évacuer plusieurs quartiers. D'autres ne sont plus que des amas de décombres. L'Hôtel de Ville, avec la fleur de lis des armes de Soissons sur son fronton, marque la limite extrême de la cité. Qui s'aventurerait sur le quai de l'Aisne s'exposerait aussitôt à être frappé d'une balle, car la fusillade fait les entr'actes du bombardement. La ville est imprenable, — l'ennemi en a fait l'expérience, — mais elle subit tous les maux. Ses derniers habitants sont retenus par le devoir. Nul ne peut répondre de la minute qui vient.

La route qui mène à Villers-Cotterets, repérée par les Allemands, est, le plus souvent, interdite. C'est donc, à peu près, l'isolement, sous les bombes. On ne saurait imaginer de situation plus dure.

Eh bien, ceux qui sont restés, au milieu de périls constants, et quelque lamentables spectacles qu'ils aient sous les yeux, ne consentent pas à prendre une morne

physionomie. Ces civils « tiennent » gaillardement. Rien
ne peut plus les étonner. A côté de tableaux d'horreur,
c'est un document pour l'histoire de la guerre que d'esquisser ce côté de la vie morale d'une ville furieusement
bombardée, un des aspects de la vaillance française, une
vaillance simple et continue. La population s'est réduite

SOISSONS. — UNE USINE BOMBARDÉE.
Photo J.-B. Roche.

à quelque huit cents personnes[1]. Il était sage de provoquer le départ de tous les éléments dont la présence
n'était pas nécessaire. Ce départ ne s'est opéré que lentement, cependant, en raison de l'attachement, si fort
partout, au coin natal ou familier, mais sa destruction
obligeait à l'exil. Ces huit cents personnes qui sont

1. En janvier 1916, elle avait diminué de moitié.

demeurées ont accepté bravement toutes les éventualités. Nombre d'entre elles ne se croyaient pas la fermeté dont elles ont fait et font preuve. Elles se sont habituées à ce qui, l'an dernier, leur eût paru de l'invraisemblable. Quand, fort exceptionnellement, une nuit entière s'écoule sans l'éclatement d'un obus, c'est le silence qui les réveille. Dans de telles circonstances, des liens de solidarité se sont créés entre elles. Des rapprochements qui paraissaient malaisés ont été faciles, ont mis des égards mutuels dans des relations forcément limitées aujourd'hui, et ce n'est pas un paradoxe de dire que le perpétuel danger a fait naître un état général de bonne humeur. On se sent à la merci d'un hasard. A quoi servirait-il de conserver quelque aigreur ?

— Je n'ai jamais eu d'aussi bons rapports de voisinage, nous disait un notable habitant, qui n'a jamais songé à s'en aller... Il est vrai, ajoutait-il en souriant, que les Allemands se sont chargés de mettre de l'espace entre mes voisins et moi.

Et il montrait la ligne de maisons démolies qui faisait de son logis, seulement écorné, par miracle, une manière d'îlot au milieu de rues dévastées.

Nous avons plus ou moins raillé, et parfois, non sans cause, les minuties du fonctionnarisme. M. Lebureau prend une belle revanche, la plus honorable qui pût être pour lui, de ces plaisanteries traditionnelles. Presque toujours resté à son poste, il continue imperturbablement ses fonctions. C'est un M. Lebureau, chef de service, qui répondait à un inspecteur, venu à Soissons pour quelques heures et ne pouvant se dispenser de le plaindre :

— Sans doute, mais je suis peu dérangé par le public, et je trouve enfin le temps d'établir un nouveau classement de nos archives.

Hélas ! un malencontreux projectile devait, quelques

jours plus tard, anéantir ce laborieux rangement en emportant, avec les cartons verts, le toit qui les abritait. C'est un M. Lebureau qui donnait l'exemple du sang-froid, un jour de grand bombardement, en ouvrant ponctuellement son guichet à l'heure fixée par les règlements, bien qu'il fût infiniment peu probable qu'on vînt,

AUTOUR DE SOISSONS.   Photo J.-B. Roche

en ces moments critiques, s'adresser à son administration. C'est un M. Lebureau qui, achevant de copier un rapport, poursuivait sa besogne bien qu'un obus fût tombé dans la cour sur laquelle donnaient ses fenêtres, et ne venait constater les dégâts qu'après avoir écrit le dernier mot. Le formalisme, sous une averse de mitraille, prend un aspect héroïque. Logé dans une maison dont la moitié a été détruite, le personnel des Postes remplit son active mission avec autant de conscience que dans les conditions normales.

Le sous-préfet est résolu, ingénieux dans sa façon de se rendre utile et cordial : il n'a pas laissé que de contribuer, par son attitude, à développer cet esprit d'adaptation aux événements chez ce qui lui reste d'administrés, et il a bien gagné sa citation. La sous-préfète est charmante. Elle s'est le mieux du monde accoutumée à n'avoir plus le moindre tressaillement quand on entend un sifflement sinistre, suivi d'une explosion. Un régiment qui a vu sa souriante bravoure l'a nommée, d'acclamation, « caporale ». Elle montre l'aile démolie de la sous-préfecture, les fenêtres démunies de carreaux, les traces d'éclats d'obus qui se rencontrent dans toute la maison :

— C'est pittoresque, n'est-ce pas ? dit-elle.

Nous gardons les curieux et aimables souvenirs d'une fin d'après-midi passée dans le jardin, où deux profonds « entonnoirs » accidentent les pelouses. Une belle journée ; et c'est dans ce jardin, où plus d'un arbre a été coupé en deux, que cette gracieuse jeune femme reçoit, avec une parfaite aisance, ses visites. Ses hôtes sont deux officiers, à qui un peu de repos permet de quitter les tranchées voisines, et une infirmière, en tenue d'ambulance, qui porte sur son corsage la croix de guerre et la croix de la Légion d'honneur, témoignages de sa vaillance pendant l'occupation de la ville. Les premiers mots qu'on échange sont sérieux : « — Où est-ce tombé ? — Près de la passerelle. — Des victimes ? — Deux hommes atteints. — Gravement ? — L'un d'eux s'en tirera ». Puis, peu à peu, la conversation devient enjouée. Elle est interrompue par une autre conversation qui se fait à coups de canon ! « — Ça, c'est nous... ça, c'est *eux*... » Le simple ennui d'un bruit trop proche. On continue à parler de choses et d'autres. Un peu de malice, seulement, à l'égard des « gens de l'arrière ». Les gens de

ANCIEN CHATEAU DE VAUXBUIN. — PAVILLON HENRI IV.
LIT D'HENRI IV (1603).   Cliché Vergnol.

18

l'arrière, terme courant, ce sont les habitants des villes non bombardées, de la zone en dehors des armées. Des rafraîchissements sont apportés : on s'exclame, comme d'un prodige, de ce que contient le plateau, des verres d'eau, des citrons. C'est que les conduites d'eau sont coupées depuis deux jours, et cette eau, il a fallu aller la chercher loin. Le dîner, élégamment servi, sera aussi un prodige : le ravitaillement manque de régularité, quand la route est par trop balayée par les projectiles, et il y a des moments de disette. Mais la maîtresse de la maison a du génie en ces circonstances, et cet autre génie de ne pas paraître en avoir.

Ce qui se manifeste, c'est un fatalisme qui inspire une tranquille résignation à tous les maux. De quoi sera suivi un instant de répit ? Trop d'exemples ont prouvé l'insuffisance d'un abri qui semblait sûr. On en est arrivé à s'abandonner au sort.

Tout à l'heure, dans la rue Saint-Martin, maintenant semée de ruines, nous avons vu sur le pas de la porte d'une des trois ou quatre boutiques intrépidement restées ouvertes, bien que plus ou moins « amochées », des voisins, ayant pris possession du trottoir, se livrer aux émotions d'une partie de manille. Il n'y a que quelques minutes, le mur d'en face a été à demi renversé. Notre guide parmi les dévastations de la ville les interpelle. — Eh, leur dit-il familièrement, l'endroit a été malsain. Vous n'avez pas peur ? — Nous rassurons l'esprit public, répond en riant l'un des joueurs.

Mais des vocations de dévouement se sont révélées. Certains, que nulle obligation ne retenait, sont restés, surpris eux-mêmes de ce qu'ils trouvaient de force d'âme pour accomplir le devoir qu'ils s'étaient spontanément donné. C'est un des beaux aspects de cette vie exceptionnelle. L'affection coutumière, faite de mille liens, est devenue de la tendresse pour la cité ravagée. Chez d'autres, à cette tendresse se mêle un peu d'amour-propre de supporter avec calme d'aussi longues épreuves. Un employé d'une administration publique, successivement chassé par les obus des logis où il s'était installé, n'a plus guère comme bagage, à chaque nouveau déménagement auquel il est contraint, qu'un paquet de cahiers où, scrupuleux annaliste, il a noté, depuis le 1er septembre, toutes les misères communes. Chez lui, c'est une vocation d'historien qui est née.

En repassant dans la pauvre rue Saint-Martin, si bouleversée, nous apercevons devant une maison où on lit l'enseigne d'une pharmacie — la seule pharmacie qui se soit entêtée à ne pas fermer — deux personnes qui semblent occupées à considérer de récents dommages sur la devanture. Le pharmacien, M. Arfeuille, président du Comité de secours, a dû se rendre à l'autre extrémité de la ville. Sa femme, à son retour, lui montre les déchiquetures faites par l'éclatement d'un shrapnell (car les Allemands varient leurs moyens de destruction), et tous deux ne semblent préoccupés que du désagrément de l'accident. Quant au danger couru, il est si ordinaire qu'ils n'y pensent plus...

« Mes bêlles amours, deux heures après l'arrivée de ce porteur, vous verrés un cavalier qui vous ayme fort, que l'on appelle Roy de France et de Navarre, tistre certainement admirable, mais bien pénible. Celuy de vostre subject est bien plus délicieux... » C'était là un de ces billets qu'écrivait Henri IV à Gabrielle d'Estrées au château de *Vauxbuin*, à peu de distance de Soissons. Du château dont la favorite avait hérité de son père, Antoine d'Estrées, vicomte de Soissons, il reste encore une partie, un pavillon que recouvre le lierre. La chambre qui abrita de royales amours est intacte, avec sa haute cheminée et ses étroites fenêtres d'où, au xvie siècle, on devait découvrir une large vue, un peu rétrécie aujourd'hui, sur une riche campagne. Les meubles sont restés à leur place, fauteuils de bois avec leurs coussins, tables massives, armoires, et le lit, large et lourd, est revêtu d'une courtepointe d'un merveilleux travail de tapisserie.

Ce décor, respecté par le temps, est une des curiosités de la région. En face de ce pavillon historique, s'élève une vaste maison de construction plus moderne, mais ayant grand air, qu'entoure un parc très boisé, et qui a devant elle une magnifique pelouse.

Hélas! ce sont bien d'autres souvenirs qui peuvent s'évoquer que ceux des visites du roi galant! Cette pelouse, on ne saurait la contempler sans émotion. Les Allemands, qui devaient passer à Vauxbuin en 1914, avaient déjà occupé le château en 1870, et — dire qu'une sorte d'oubli s'était fait! — ils y avaient montré cette abominable cruauté par laquelle ils ont déshonoré la guerre. Sur cette pelouse, ils avaient fait coucher à plat ventre, les bras croisés sur le visage, des prisonniers civils. Debout, auprès de chacun d'eux, un soldat réprimait d'un coup de crosse le moindre mouvement. Les prisonniers durent garder, pendant cinq heures, cette attitude d'immobilité. Dans le grand salon du rez-de-chaussée, un conseil de guerre était censé délibérer sur leur sort. Les officiers qui le composaient buvaient et fumaient, et, parfois, se penchant un peu, s'amusaient du supplice qu'ils imposaient à ces malheureux. Un colonel se leva enfin, et, s'adressant à un prêtre qui était parmi les captifs, lui dit : « — Trois hommes vont être fusillés. Combien vous faut-il de temps pour les préparer à la mort? » Mais, se ravisant et n'attendant pas sa réponse, il reprit : « — Je vous donne cinq minutes pour tous les trois ».

Ceux qui avaient été désignés étaient l'instituteur de

Vauxrezis, comme ayant refusé de livrer la liste des gardes
nationaux de la commune, et deux autres habitants de
villages voisins de Soissons. Ils furent conduits à la
lisière du parc et trois feux de peloton retentirent. Un
petit monument, assez difficile à trouver autrefois, rap-

LE CHATEAU DE VAUXBUIN, PRÈS DE SOISSONS.

pelle cette exécution de braves gens. Il avait été érigé
sur le flanc d'une colline. Il ne se dresse plus tout seul
aujourd'hui : il est encadré de tombes d'autres bons
Français ayant succombé à leurs blessures, de tombes
pieusement entretenues et fleuries.

En 1870, les Allemands, par un artifice qui leur était
familier et qu'ils ont souvent renouvelé, avaient arboré
sur Vauxbuin le drapeau de la Croix-Rouge, bien qu'il

n'y eût là qu'un état-major, avec des troupes. Ils n'en
ont jamais été à une déloyauté près. Depuis le mois
d'août 1914, c'était un vrai drapeau d'ambulance qui
surmontait la grille du château — sans être une sauvegarde certaine. Vauxbuin devait être visé plus d'une fois
par les batteries prussiennes et des obus sont tombés
dans le parc. Au demeurant, de Soissons à Vauxbuin,
il y avait un passage dangereux, un espace se trouvant
à découvert et depuis longtemps repéré par l'ennemi.

L'ancien domaine de Gabrielle d'Estrées était devenu,
pour une œuvre de pitié et de bonté, le domaine de
Mlle Canton-Bacara. « C'est une ambulancière admirable,
écrivions-nous, après une visite à Vauxbuin, en septembre 1915. A la voir dans son costume professionnel,
qu'on a orné successivement de la croix de la Légion
d'honneur et de la croix de guerre, à la voir aussi active,
aussi zélée, et gaie, de cette gaieté qu'ont les âmes
fortes, on ne croirait pas qu'elle est sur la brèche depuis
plus d'un an. Elle semble n'avoir nulle trace de fatigue
sur son visage qui respire la franchise, et qu'éclairent de
beaux yeux, où passe la flamme d'une sorte d'emporte-
ment dans le dévouement. Pour soigner et réconforter
les blessés, elle a le premier des dons : une grâce qui
dégage la sympathie, qui inspire la confiance, une grâce
sous laquelle on sent de la bravoure. Bien que ses traits
soient jeunes, elle n'en est pas, d'ailleurs, à sa première
campagne. Mais pouvait-elle imaginer ce que lui réser-
vait celle-ci, quand elle fut désignée par la Croix-Rouge
pour organiser et diriger l'ambulance de Vauxbuin ? Le
Soissonnais, alors, semblait loin du théâtre de la guerre :
ce furent les heures douloureuses de l'invasion qu'elle
devait connaître.

« Nous l'avons vue, parcourant les salles, s'arrêtant
au chevet de chaque lit, causant avec ses chers blessés,
leur donnant l'espoir et la volonté de guérir. La volonté,

celle qu'elle a en soi, elle la communique aux autres.
Il semblerait que le plus efficace traitement fût dans les
paroles qu'elle adresse aux soldats qui souffrent. Ils ont
repris de la vie quand elle a passé. C'est que Mlle Canton-
Bacara a l'autorité donnée par une vaillance qui s'est
largement dépensée. Elle a, auprès d'eux, sa légende,
faite, cette fois, de vérité. Ils savent avec quelle énergique décision elle sauva, au moment de l'arrivée des
Allemands à Soissons, les Français soignés dans son ambulance ; ils savent comment, l'entrée de l'ennemi dans
la ville ayant été précédée d'un premier bombardement,
elle alla intrépidement, sous les obus, au secours des
victimes ; ils savent que, tout d'abord prisonnière, elle
utilisa cette détention même pour le salut de quelques
malheureux dont la vie était menacée ; ils savent qu'elle
tint tête aux Allemands et, ne voulant douter de rien, en
effet, pour pouvoir accomplir les devoirs qu'elle s'était
imposés, elle alla trouver à Saint-Quentin le prince de
Salm et lui porta ses protestations contre les entraves
mises à l'exercice de sa charité et contre la brutalité des
envahisseurs. Son attitude résolue étonna le prince, qui
promit son intervention. Avec une ingéniosité coura-
geuse, elle s'était fait rendre des soldats — des nôtres
— prisonniers. Par l'ascendant qu'elle avait pris, par le
respect auquel elle avait obligé même ces grossiers conquérants, elle avait obtenu de quelques officiers des
sanctions contre les crimes commis par des brutes. Au
milieu de cette fureur d'appétits, elle représentait la
droite et claire conscience française.

« Puis ce fut la retraite allemande, la fin de l'occupation, mais suivie, aussitôt, du terrible bombardement.
Mlle Canton-Bacara eut, pour penser aux autres, la généreuse folie du sacrifice. Les blessés affluaient alors à son
ambulance, mais elle en ramenait elle-même, qu'elle
avait été chercher sous le feu. — Il n'y a plus de place,

lui disaient les médecins. — On en trouvera, répondait-
elle. A combien de braves gens, en les hospitalisant tout
de suite, elle a évité les risques d'un long transport! Un
an s'est passé ainsi, un an pendant lequel l'ambulance
de Vauxbuin a reçu dix-huit mille blessés, éclopés ou
malades ».

Depuis que nous écrivions ces lignes, après une visite
qui nous avait laissé une vive émotion, Mlle Canton-
Bacara devait continuer sa tâche de dévouement. Son
nom, populaire dans la région soissonnaise, restera désormais attaché au château de Vauxbuin, évocateur de
souvenirs de courage et de présence d'esprit.

M. Robert de Flers a conté, avec ce mélange exquis
de sensibilité et d'humour qui marque ses paysages et
récits de la guerre, quelques-uns de ces traits de la
vaillante infirmière [1]. Pendant l'occupation de Soissons,
un officier allemand, le lieutenant von Lœbenstein, l'avait
forcée, le revolver au poing, à monter dans son automobile pour qu'elle le guidât dans ses réquisitions.

La voiture, dans la ville déjà dévastée, ne pouvait avancer
que lentement. Tout à coup, en arrivant aux bords de l'Aisne,
à la lueur d'un phare, Mlle Canton-Bacara croit voir bouger
quelque chose dans un fossé. « — Arrêtez, arrêtez ! » Elle saute
à terre... Un homme habillé en civil est là, gémissant, le bras
brisé. A vrai dire, c'est un soldat qui n'a pas eu le temps d'être
équipé. En un instant, la prisonnière qu'elle est à ce moment
escamote son livret, pousse son fusil dans la rivière : le lieutenant n'y voit que du feu. Il refuse, néanmoins, de transporter
le blessé jusqu'à l'hôpital. On remonte en voiture, on repart,
mais on n'a pas fait cinq cents mètres que Mlle Canton-Bacara
dit, de nouveau : « — Arrêtez! Là, sur le talus, un uniforme.
— C'est assommant, à la fin, grommelle l'Allemand, je ne suis
pas venu ici pour sauver du monde; je suis venu pour en tuer.
L'uniforme est un petit chasseur, blessé à la cuisse. Le lieute-

1. *Le Figaro*, 10 et 17 janvier 1915.

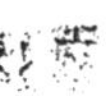

Mlle CANTON-BACCARA A VAUXBUIN.

nant von Lœbenstern est exaspéré. « — Nous le fusillerons, à
Bucy », déclare-t-il... Un kilomètre plus loin, l'automobile
s'arrête d'elle-même ; cette fois, c'est une panne d'essence.
« — Il n'y a plus d'essence, dit von Lœbenstern, cherchez-en.
— Volontiers, si vous m'accordez la grâce du petit chasseur. » Mlle Canton-Bacara discute, parlemente. L'essence est
bientôt trouvée, et le petit chasseur est sauvé. Le lieutenant,
que l'audacieuse énergie de cette jeune femme étonne et amuse,
s'adoucit. L'infirmière, elle, s'enhardit. « — J'ai autre chose à
vous demander. — Quoi encore ? — Le civil, vous savez... le
civil blessé de tout à l'heure, je n'y ai pas renoncé. Envoyez-le
relever et faites-le porter à l'hôpital. Ce sera une bonne action.
Vous n'en faites pas peut-être tous les jours. Profitez de l'occasion.

Avons-nous dit, en rappelant le souvenir d'Henri IV
et de Gabrielle d'Estrées, que ce fut Mlle Canton-Bacara,
infirmière-major de Vauxbuin, qui préserva de la déprédation dont il était menacé le pavillon célèbre, en fei-
gnant adroitement de le préparer pour des officiers
allemands blessés, après avoir caché ce qui était particulièrement précieux. Même en des heures critiques,
cette bonne Française avait songé à disputer à l'ennemi
ce coin de la vieille France.

CHAPITRE XV

La terre promise des Allemands. — Les vignobles glorieux. —
L'arrivée des Allemands. — L'état-major chez M. Claude Chan-
don. — Les menaces contre les otages. — A l'Hôtel de ville. —
Il faut faire un drapeau avec un tablier. — Les exactions de
l'ennemi. — Une douloureuse histoire. — « Mon beau-père ».
— La délivrance. — Le blessé de l'hôpital. — Au moulin de
Vercenay. — Un coin de bataille.

Epernay est une vieille ville, dont il ne reste plus rien
d'ancien. Au demeurant, les historiens seuls se souviennent
qu'elle fut brûlée par François Ier pour qu'elle ne devînt
pas une proie pour Charles-Quint, et ainsi, quelque
trois siècles auparavant, le roi-gentilhomme donna-t-il
l'exemple que Rostopchine devait suivre à Moscou.
Henri IV, estimant que les villes sont comme certaines
femmes, qui gardent d'autant plus d'attachement pour
leur vainqueur qu'elles ont été rudoyées par lui, en fit
le siège. Ce sont là de lointaines annales. La gloire
d'Epernay est d'être la vraie capitale du vin de Champagne, et ses caves, creusées sous ses riches coteaux,
contiennent des millions de bouteilles. C'est de cette
gloire-là que se souvenaient surtout les Allemands quand,
le 4 septembre 1914, ils firent leur entrée, sous le commandement du général von Plattenberg, de la Garde
impériale.

Epernay, c'était pour eux la terre promise, où le vin
pétillant devait couler à flots. Ils le firent couler, abon-

damment, en effet, mais ils ne croyaient pas que leur séjour serait d'aussi courte durée, et leur plus grand regret, quand ils furent contraints à la retraite, fut sans doute de ne s'être pas gorgés plus encore du généreux produit des vignes de Champagne.

L'état-major s'installa d'abord à l'Hôtel de l'Europe. Selon l'habitude des envahisseurs, des otages furent pris : le maire, M. Pol-Roger, un de ses adjoints, M. Perrault, et deux conseillers municipaux. Ils furent traités très durement et avertis qu'ils seraient fusillés à la première infraction de la ville. C'était une menace qui pouvait être prise au sérieux et qui, au demeurant, faillit, comme on va le voir, être réalisée.

L'après-midi du 4 fut employée à des réquisitions faites, ainsi qu'on peut l'imaginer, sans aucun ménagement. « — Nous savons, répondaient les Allemands aux tentatives d'objections, qu'Epernay est une ville riche. » Elles continuèrent le lendemain, et, aux réquisitions, si largement qu'elles se fussent exercées, on ajouta une contribution de guerre de cent soixante-seize mille francs.

Cependant, l'état-major ne se contenta pas de l'hôtel où il avait pris ses quartiers. Il s'avisa qu'il existait, à Epernay, une belle avenue, où habitent, les uns près des autres, en de confortables et élégantes maisons, les maréchaux du vin de Champagne. Il s'y transporta. Ainsi M. Claude Chandon reçut-il, comme hôtes qui s'imposaient, le général saxon von Teichmann et ses officiers. Un peu plus tard, il devait héberger un des fils de l'empereur. L'habitation de M. Claude Chandon a, bien qu'elle se trouve en ville, des allures de château : elle se compose de deux ailes, séparées par une grande cour. Au delà de cette cour, un escalier mène à de très beaux jardins à la Française. Les Allemands, par fortune, ne commirent là aucune déprédation, mais ils exigèrent de

M. Chandon qu'il présidât à leur réception, et qu'il leur fît les honneurs de chez lui. Cette exigence se trouva servir les intérêts d'Epernay ; le maître de la maison qui, en sa qualité d'héritier d'une marque célèbre, jouissait de quelque prestige auprès des Allemands qu'il logeait, s'employa au service de ses concitoyens. Il réussit à atténuer, dans une certaine mesure, les rigueurs de l'occupation. Mais M. Chandon nous contait quelles cruelles soirées il avait passées avec ces officiers qui ne souffraient pas qu'il vécût en dehors d'eux. Ils étaient persuadés, s'abstenant de piller, qu'ils se conduisaient galamment. Leur conversation n'en était pas moins choquante et brutale. Ils parlaient de leurs succès avec une morgue dont un Français ne pouvait que souffrir. Ils portaient sur notre armée des jugements hautains et dédaigneux : « — Vos fantassins ne valent pas grand'chose, votre cavalerie ne vaut rien ; il n'y a que votre artillerie dont on puisse avoir une meilleure opinion... » Quelques jours plus tard, la victoire de la Marne devait les faire changer tout à fait d'avis sur la vigueur de nos troupes.

Nous avons dit que les menaces dont le maire avait été l'objet furent sur le point d'avoir une tragique sanction. Un soldat allemand fut blessé, entre la rue Saint-Laurent et la rue Basse-Saint-Laurent. Il avait été atteint d'une balle à la jambe. Comment avait-il été blessé ? Pouvait-on vraiment accuser un habitant, alors que la plupart de ces soldats étaient ivres et qu'ils se querellaient constamment entre eux ? L'incident fut grossi. Les officiers enquêteurs soutinrent même, un moment, qu'il y avait eu deux blessés et que l'on avait fait disparaître l'un d'eux. Sur ce rapport mensonger, il fut décidé par le gouverneur que les otages seraient fusillés. L'intervention de M. Chandon auprès du général von Teichmann décida celui-ci à une étude plus équitable de l'affaire.

Autre incident, qui manqua encore de tourner mal pour M. Pol-Roger. Il fut rendu responsable de l'enlèvement du drapeau allemand sur la gare. Or, l'ennemi n'avait placé aucun drapeau sur la gare. M. Pol-Roger n'en fut pas moins condamné à arborer sur la mairie les couleurs allemandes, et, pour épargner la destruction d'une partie de la ville, il eut l'amertume, le couteau sous la gorge, de faire confectionner ce drapeau. M. Pol-Roger avait traversé déjà des heures douloureuses, mais ce fut là, pour lui, un moment de véritable supplice. Pour la partie noire, on se servit d'un tablier de la concierge.

Par contre, le maire eut un grand étonnement, et le fait, il est vrai, est unique dans les annales de l'occupation allemande en France. Un officier se présenta un matin à l'Hôtel de Ville et restitua les cent soixante-seize mille francs de la contribution de guerre. Le geste lui sembla pénible, d'ailleurs, et, à son air rogue, il était évident qu'il ne comprenait pas la mission dont il était chargé. Quelques habitants notables d'Epernay avaient représenté aux autorités allemandes que les réquisitions opérées dépassaient de beaucoup la somme dont la ville avait été imposée.

Les exactions, les actes d'odieuse brutalité n'en furent pas moins nombreux. On nous a raconté cette scène abominable : un officier s'était logé dans une maison habitée par une famille composée du père, de la mère et d'une jeune fille. Il avait eu la prétention qu'on lui tînt compagnie à dîner — un dîner dont il avait établi lui-même le menu, arrosé, naturellement, de plusieurs bouteilles de Champagne. Il n'avait cessé d'exalter l'armée allemande, l'irrésistible force allemande, la grandeur allemande, et il parlait de Paris comme d'une ville déjà conquise. Au dessert, il leva son verre en disant : « Je bois à la santé de mon beau-père ! » On

eut aussitôt l'explication de ces étranges paroles. Il se
précipita sur la fille de son hôte, qu'il entraîna, malgré
sa résistance désespérée, malgré la lutte qu'engagèrent
avec lui les malheureux parents, dans une chambre
voisine. Ailleurs, un homme fut tué, en cherchant à
défendre sa femme contre un attentat analogue.

On ne savait rien, à Epernay, de la grande bataille
engagée. L'armée du général Foch avait occupé Sézanne,
pris d'assaut le château de Mondement où se trouvait le
prince Eitel, s'était lancée sur Fère-Champenoise, avait
rejeté l'ennemi sur les marais de Saint-Gond, se dirigeait
vers Châlons. De son côté, l'armée du général Franchet
d'Espérey s'était emparée de Montmirail, et, des champs
de bataille illustres de Vauchamps et de Champaubert,
le général adressait à ses troupes un ordre du jour en-
flammé, poursuivait son offensive, entrait à Château-
Thierry, arrivait à Dormans. L'armée de Langle de Cary
dégageait Vitry-le-François, l'armée anglaise poursuivait
la gauche de l'armée de von Kluck...

On ne savait rien, mais les modifications de l'attitude
des Allemands étaient des indices d'événements inquié-
tants, puis angoissants pour eux. Le 10 septembre, des
colonnes traversaient Epernay, dans un sens contraire
à celui qu'elles avaient suivi. Le 11, la ville était évacuée, sauf par un petit détachement oublié, qui vint
rendre ses armes à l'Hôtel de Ville. A midi, un peloton
du 19e hussards, commandé par le lieutenant de la
Londe, faisait son entrée dans la ville. Mêlés à des blessés
allemands, des blessés français se trouvaient à l'hôpital.
L'un d'eux, d'une fenêtre, aperçut nos cavaliers. Il
poussa aussitôt un formidable cri de « Vive la France »,
trouva la force, malgré son état encore grave, de s'ha-
biller et, échappant aux infirmières qui voulaient le
retenir, leur répondit : « — Voilà le meilleur remède...
Je suis guéri, maintenant. » Cet effort fut payé d'une

longue défaillance, cependant, et on le transporta, éva-
noui, jusqu'à son lit, mais le brave garçon avait serré les
mains des hussards.

Pendant quelque temps, des groupes d'Allemands,
séparés de leur corps, errèrent dans les bois entre
Epernay et Reims. A la fin de septembre, il s'en trouvait
encore. Le sous-secrétaire d'Etat des Beaux-Arts, M. Dalimier, se rendant à Reims pour étudier les mesures qui
pourraient être prises pour la préservation de la cathédrale meurtrie, était amené, avec le préfet des Ardennes,
M. Népoty, qui l'accompagnait, à diriger la poursuite de
quelques-uns de ces soldats, bientôt cernés et faits prisonniers.

A cette époque, guidés par un ami d'Epernay, connaissant tous les coins de la région, nous embrassions,
de la hauteur où s'élève le moulin de Vercenay, un panorama de la bataille qui continuait, ayant changé
d'aspect, devenue le siège des positions allemandes à
Brimont ou à Nogent-l'Abbesse. Ce moulin de Vercenay
est une manière de vide-bouteille, auquel la fantaisie de
son propriétaire a donné cette apparence rustique. Devant nous s'étendaient les collines élevées occupées par
l'ennemi. Au-dessous de l'escarpement que nous avions
gravi, c'était le village, pittoresquement juché à mi-côte,
entouré de vignobles bien exposés qui disaient la richesse
de cette contrée. Sous le soleil d'une magnifique journée
automnale, les pampres se doraient, vision de paix,
d'espoirs, d'heureux travaux, si proche du champ de
carnage.

A moins d'un kilomètre, en effet, en face de nous,
étaient installées des batteries françaises, assez bien dis-
simulées pour que, du poste d'observation où nous nous
trouvions, nous ne les ayons pas aperçues. Leur présence
ne nous était révélée que par leur tir subit. Un peintre
militaire nous disait : « — Une bataille, aujourd'hui,

c'est un paysage avec des flocons de fumée. » Sous sa forme de boutade synthétique, rien de plus exact que ce mot.

Placés au-dessus de ces batteries, nous ne les avions découvertes qu'au moment de leur entrée en jeu. Mais, dans le rayon assez étendu que nous pouvions embrasser, rien ne signalait les milliers d'hommes qui s'entre-tuaient. La grosse voix du canon grondait sans cesse. Cependant, tout ce que nous pouvions voir, c'étaient des nuages blancs, quand nos obus avaient éclaté, presque noirs, quand il s'agissait des obus allemands. L'infanterie, de part et d'autre, était alors terrée dans les tranchées. C'était une étrange impression, dans l'espace où se livrait la lutte, de ne discerner personne. La mort passait, sans indiquer, de loin, sa terrible moisson. Elle n'en accomplissait pas moins son œuvre. Tragiques problèmes, se posant à chaque éclair qui luisait, à chaque détonation, à chaque éclaboussement de terre. La bataille ne dévoilait pas brusquement son intensité. Pour les témoins que nous étions, c'était, en quelque sorte, de l'horreur sournoise.

Sur la route qui serpentait à notre droite, apparaissait un régiment de Sénégalais, uniformes noirs, soutachés de jaune, chéchia bleue. Il marchait en colonne jusqu'à proximité des batteries établies devant nous. Là, il se formait en sctions, et ces sections elles-mêmes s'éparpillaient en profitant des accidents du terrain, donnant, d'où nous étions, l'impression de fourmis.

Soudain, c'était un moment d'accalmie, un impressionnant silence. Il avait quelque chose d'étrangement solennel, et la pensée se portait vers ces troupes qui se cherchaient, se harcelaient, tendaient leur effort à leur destruction réciproque... Combien de minutes dura ce silence ? Notre émotion nous avait fait perdre la sensation du temps. Il avait été court, sans doute. Bientôt, d'autres éclairs, d'autres explosions, d'autres flocons de fumée, des coups encore plus précipités.

Deux petits paysans, deux enfants du village de Vercenay, nous rejoignaient. Ils grignottaient des grappes de raisin. Depuis un mois, ils vivaient au milieu de la guerre ; ils s'étaient habitués à tout, leur curiosité avait épuisé toutes les scènes d'horreur. Nous les avions vus, une heure auparavant, au bord de la route, mêlés à un groupe d'habitants accomplissant, sous la direction d'un sergent infirmier, une cruelle besogne — l'enterrement de blessés ayant succombé dans l'ambulance de première ligne où ils avaient été transportés. Douloureuse vision ! mais ces sommaires funérailles — un peu de paille jetée sur les corps, rangés dans la tranchée — se faisaient dans un sentiment de grande pitié. Des mains rudes s'essayaient à être délicates pour aligner dans le fossé ceux-là qui, venus de loin, étaient tombés en terre champenoise. On eût dit qu'on voulait épargner à ces victimes une dernière souffrance. Un religieux silence, ou une exclamation qui échappait à un de ces hommes, devant un soldat plus jeune que les autres : « — Pauvre petit ! » Dans une fosse où il y avait déjà quatre morts, un vieux, portant des anneaux d'or aux oreilles, à l'ancienne mode, était descendu « pour les arranger plus commodément », comme il disait. Et il ajoutait, avec une naïveté dont personne ne songeait à s'étonner, tant il y avait de charité dans l'intention : « — Ça ferait plaisir à leurs parents ! » Pères de soldats, ces braves gens sentaient les liens qui les attachaient à ces inconnus qu'ils couchaient dans le sol. Inanimés, ils les aimaient, ils les choyaient. C'était là l'image de la solidarité unissant tous ceux qui ont dans les veines le sang de France...

Ces enfants, qui venaient de nous rejoindre au moulin, regardaient la bataille d'un œil sérieux, mais rien, déjà, ne les étonnait plus. Ils levaient la tête et nous faisaient signe : un aéroplane avait surgi dans le ciel ; il s'approchait, gardant de la hauteur, il évoluait autour de nous, il passait au-dessus du moulin, puis — un autre point blanc apparaissant, un avion français, celui-là — il regagnait les lignes ennemies. Le soleil déclinait. Comment, sur ce paysage où l'on se tuait, les larges bandes rouges qui se formaient dans ce crépuscule ne nous eussent-elles pas paru sanglantes ? Dans la direction des collines, en cet épaississement du jour, les traits de feu qui se succédaient sans interruption devenaient plus marqués, plus intenses ; des lueurs persistaient, maintenant. La nuit, d'ailleurs, ne devait pas interrompre ce terrible dialogue à coups de canon. Tandis que la nature s'apaisait, la lutte se prolongeait ; elle devait continuer dans le brusque enveloppement lumineux des projecteurs fouillant l'horizon.

En repartant, nous croisions dans les villages que nous traversions des campements de cuirassiers et de dragons. Ils attendaient impatiemment l'heure de la poursuite.

— Les sabres de mes hommes, nous disait pittoresquement un capitaine, dansent tout seuls dans les fourreaux. Ils ont des fourmillements !...

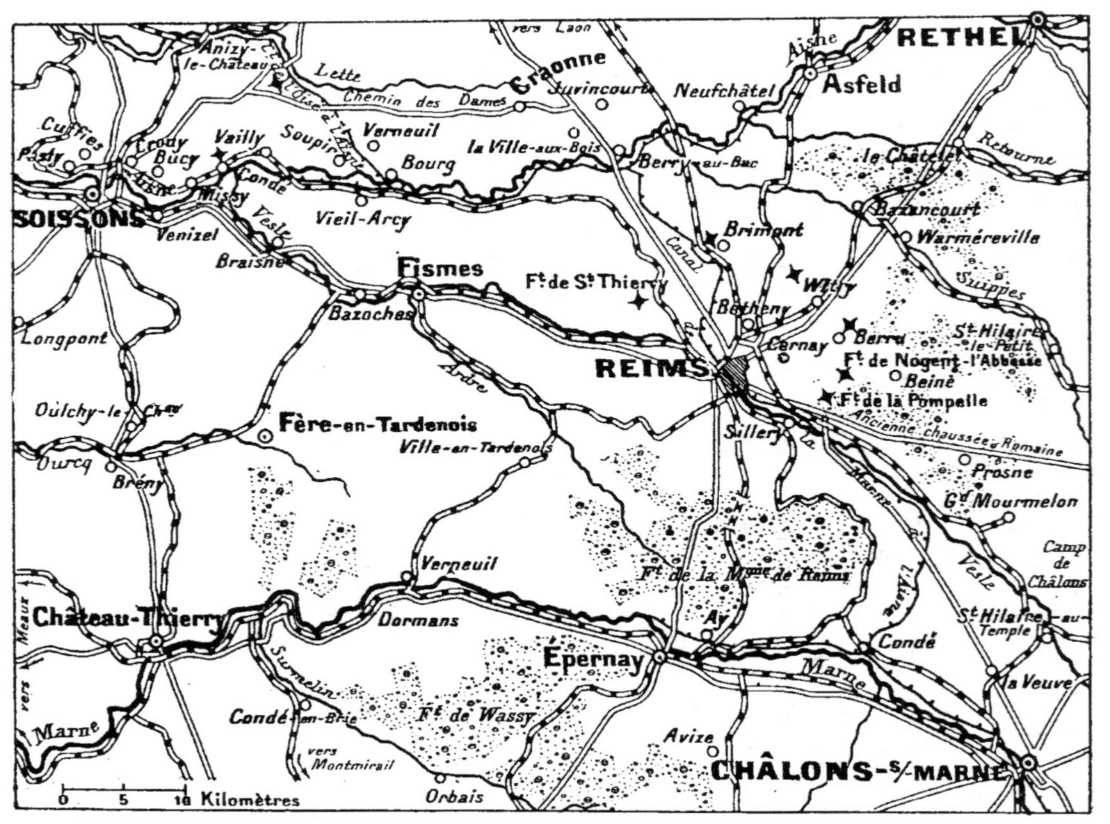

DE SOISSONS A REIMS.

CHAPITRE XVI

Reims, « l'ornement et l'honneur de la France »,
sacrait les rois dans la splendeur. Les Allemands, croyant
l'outrager et la détruire, l'ont à son tour, pour jamais,
sacrée par le fer, le feu et la souffrance, de telle sorte
qu'elle est illustre plus encore, aux yeux de l'univers,
qu'elle ne l'était par sa beauté et par sa gloire anciennes.
L'excès de leur haine s'est retourné contre eux-mèmes,
et ils auront obtenu ce résultat de faire d'une ville
admirée une ville sainte.

Reims, de par l'immense stupidité de l'Allemagne,
plus grande mème que sa fourberie et sa férocité,
brille d'un éclat encore plus beau que dans la prospérité. Les Germains, qui s'y sont pris à plusieurs fois,
dans l'histoire, pour obtenir ce résultat superbe, croyaient
consommer enfin sa ruine; ils ont assuré non seulement
son prestige, mais encore sa fortune. Il n'y aura pas
de lieu plus visité dans le monde entier. Ce sera le
pèlerinage de l'humanité délivrée du cauchemar des
guerres iniques.

La situation mème de la ville, de par celle de la
province où elle règne, la prédestinait à ce rôle sou-

vent douloureux, et enfin rédempteur. Les raisons de sa richesse sont les mêmes que celles de ses périls. La Champagne, placée entre la Belgique, la Lorraine, la Bourgogne et la Picardie et l'Ile-de-France, abondamment pourvue de routes de terre et d'eau, peuplée d'une race industrieuse et fine, bien pourvue de cultures et d'une des plus enviables de toutes, celle de la vigne, au point de vue de laquelle elle ne peut trouver ses rivales que dans deux autres provinces françaises, est naturellement un centre d'activités de toute sorte. Reims est elle-même le centre d'une telle opulente concentration. Aussi tant qu'il aura existé une race pour considérer les fruits du travail des autres comme une proie dont la possession légitime tous les moyens de la force, toutes les ressources même de l'esprit humain, appliqués à des entreprises de brigandage, cette partie de la France aura été exposée à tenter les appétits et à subir les violences.

Ainsi devient-elle, tout naturellement, de par sa configuration et sa place, la route des hordes septentrionales. Mais si elle est leur amorce, par un retour suprême des choses, elle peut devenir aussi leur tombeau. Plus d'une fois dans l'histoire elles vinrent s'y gorger, puis s'y faire écraser. Mais cette fois, en outre, elles sont venues s'y faire juger et condamner sans appel au tribunal de la civilisation.

Autrefois, on considérait que la Champagne était merveilleusement défendue par la puissante barrière des Ardennes, mais que, cette barrière une fois franchie par les envahisseurs, le cœur même de la France était menacé. En même temps, toutefois, on admettait que les vastes plaines qui formaient une si grande partie de son territoire qu'elles lui ont donné jusqu'à son nom, pouvaient se transformer en champs de bataille libérateurs.

Mais à présent, les barrières sont toutes relatives. Les plus puissantes s'enjambent comme des taupinières

par les troupes en automobiles comme par les projectiles des pièces à longue portée, tandis qu'en plaine,
avec quelques tranchées et quelques paquets de fil de fer
barbelé, on improvise un arrêt qui peut se prolonger
indéfiniment. Un cabaret devient aussi formidable qu'une
montagne et une maison de passeur transforme un
simple canal en un océan infranchissable. Pour Reims,
de vieux forts qui étaient considérés comme ne pouvant
jouer aucun rôle dans les opérations stratégiques de
quelque envergure ont permis aux Allemands de se loger
dans des positions longuement inaccessibles, d'où ils
ont pu, tout à loisir, assouvir leur vengeance et consommer les destructions matérielles par lesquelles ils
croient, ignorant nos forces vitales, tarir les sources de
la vie.

Les pauvres gens! Ils ne se rendent pas compte que
nos grandes cités, qui en ont vu bien d'autres, comme
on dit, peuvent se meurtrir, se supplicier, mais non
s'anéantir. Pour tuer à jamais Reims et la Champagne,
il faudrait tout d'abord dessécher tous les fleuves et
toutes les rivières qui sillonnent et fertilisent la province, et entre autres la Seine, l'Aube, l'Yonne, la Marne
et la Meuse elle-même. Car tout se tient dans ce magnifique et riant système de circulation. Il faudrait aussi
réduire à néant une race qui ne pullule peut-être pas
comme celle des Teutons, mais qui plie et ne rompt pas,
comme dit notre immortel La Fontaine que nous rencontrons à chaque pas quand nous parlons de la Champagne et de Reims; une race qui est capable de faire
les vendanges sous les obus et tour à tour de gagner
beaucoup et de vivre de rien; une race qui tient à ses
champs où l'herbe pousse presque sur la craie et les
considère comme les plus beaux du monde. Il faudrait
rendre, en un mot, l'Allemagne capable d'acclimater la
vigne et forcer la Champagne à ne récolter que du houblon.

Et encore le houblon de Champagne serait capable de jouer de mauvais tours aux conquérants trop pressés. Il faudrait éteindre le soleil de France. Et c'est difficile.

Considérez la situation géographique de Reims. Elle commande tout un réseau de routes, de canaux, de cours d'eau, de chemins de fer. La France est un pays à cœurs multiples et Reims est l'un de ces cœurs, offrant son complet système circulatoire. La Champagne est riche en plaines (car la fameuse *Champagne Pouilleuse* est devenue elle-même une richesse malgré son nom dérisoire) et Reims est établie dans une des plus belles de ces plaines. La Champagne possède des collines assez amples pour mériter d'être appelées des montagnes et Reims est entre les deux plus considérables de ces montagnes, la montagne de Reims proprement dite et la montagne Saint-Thierry. Deux admirables cours d'eau, l'Aisne et la Marne, tracent l'un au nord de la province, l'autre en son plein milieu, des parallèles enivrantes : des canaux les relient qui passent précisément par Reims, et il y a en outre de nombreux petits affluents comme la Vesle, la Suippe, l'Ardre, etc., qui, toutes, plus ou moins participent aux plus grandes pulsations.

Pour les routes de terre, elles sont nombreuses dans leur rayonnement. Les Romains en avaient amorcé certaines des plus importantes, comprenant à merveille, dans leur alliance avec les Rémois, quels véhicules de richesse et de puissance elles constituaient. Par les unes Reims est rattachée au centre même de la France, par les autres, elle fait déjà partie de l'est. Elle a des fibres qui la font correspondre ainsi à la fois avec la Belgique, avec la Lorraine, avec la Bourgogne, avec le Nord par Laon et Soissons, avec Paris par des parcours entre lesquels on n'a que l'embarras du choix. Une de ces grandes routes qui passe par Epernay, Montmirail et Meaux est

tellement vivante, même dans les moments les plus tragiques que Reims, pendant les journées aiguës de
l'invasion, percevait les mouvements de la bataille de la
Marne et ses phases favorables pour nos armes. Cette
route est une de celles qui relient directement la ville
à la capitale. D'Epernay, une autre rattache celle qui par
Dormans et Château-Thierry ne mène pas moins vite à
Paris.

Une route, à l'Ouest, fait communiquer Reims avec
Soissons, c'est-à-dire qu'elle est le chemin de la Picardie,
puis de la Normandie.

Au Nord, il y en a une qui monte tout droit d'abord,
et formant la limite des Ardennes et de l'Aisne, pénètre
dans ce dernier département, y oblique par Vervins,
puis remonte de nouveau en droite ligne, traverse le
département du Nord et conduit à Mons, donc à Bruxelles,
d'un seul tenant.

Mais, dans cette direction, ce n'est pas assez encore ;
à côté de la précédente, et entre elle et celle de Soissons
une route fait communiquer Reims avec Laon et rejoint
Saint-Quentin par La Fère, donc ménage un autre accès
direct à la Belgique.

Ce n'est pas tout : Reims tient à la Belgique par bien
d'autres grands chemins (nous avions envie d'écrire par
d'autres vaisseaux nerveux). Au nord-est, l'un d'eux se
dirige sur Rethel et Mézières et de là par Fumay et
Dinant vous porte à Namur. De Mézières, une bifurcation redescend sur Sedan puis remonte dans le duché
de Luxembourg.

A l'est, maintenant. Communication immédiate avec
la Lorraine par la magnifique route qui passe par
Suippes, traverse l'Argonne de part en part entre Sainte-
Menehould et Clermont. En la suivant, on arrive à Metz
sans se tromper !...

La Bourgogne enfin est unie à la Champagne (trait

d'union, certes, prestigieux), par la voie qui, partant du sud-est de Reims, traverse Châlons-sur-Marne, Vitry-le-François, Saint-Dizie , Chaumont, Dijon. Mais de Châlons une branche se détache qui relie aussi bien Reims à Troyes et à Tonnerre.

Quatre grandes lignes de chemins de fer et diverses petites, sans se prolonger d'une façon aussi directe et sans former un réseau aussi puissant et aussi complet que celui des routes de terre, suffisent toutefois largement aux communications et au trafic. Mais si nous avons insisté sur les routes, c'est qu'elles expliquent le rôle de Reims dans l'histoire, éclairent sa situation, commentent sa prospérité ainsi que ses vicissitudes.

C'est une reine tour à tour heureuse et torturée, confiante et trahie, rayonnante et outragée, mais toujours reine. Elle trône, au centre exact de sa belle plaine, entourée d'une couronne inégale, mais régulière, de forêts. Elle crée à la fois la fortune et les convoitises, grâce aux biens de la terre et aux produits de l'industrie que ses sujets mettent en œuvre infatigablement. On n'aurait pu lui reprocher d'aimer la richesse, d'y être même fortement attachée, que si elle n'en avait jamais souffert, et surtout que si au-dessus de cela, elle n'avait pas joué un rôle glorieux, un rôle idéal à ce point que l'on ne concevait pas dans l'ancienne France, l'autorité complète et consacrée sans s'être inclinée, pour se relever plus fière, au pied de ses autels. A Reims sonne l'heure du plus grand rayonnement de Jeanne d'Arc. N'est-ce pas tout dire d'un mot?

Aussi, cette ville royale, cette ville reine, jamais plus grande qu'aux lendemains de ses épreuves, qui n'aime pas la France la hait.

C'est cette haine qui domine toutes les annales des invasions. Jamais pourtant elle n'avait atteint son paroxysme comme en notre temps. Est-ce que l'on ne pour-

rait pas en conclure que le châtiment étant proportionné
à l'attentat, selon l'expérience de l'histoire, et la répara-
tion aux dommages, l'Allemand a, de ses propres mains
meurtrières, écrit en lettres de feu et de sang sa condamnation et préparé le phénomène merveilleux de la
fécondité des ruines? On pourrait de cela tracer la courbe
fatale, presque géométriquement, et déduire de la profondeur des maux la hauteur du relèvement. C'est peut-
être ce qui ressortira des présents chapitres.

En attendant retraçons sommairement l'histoire de
la cité, histoire qui a fait la matière de gros volumes,
mais dont les principaux traits sont nécessaires pour que
l'on sache bien de quoi étaient faites les vieilles pierres
qu'on a bombardées et l'atmosphère qu'on respirait
lorsqu'on venait à Reims pour méditer ; enfin pour que
le pèlerin voie pour ainsi dire du haut de ses tours le
tableau tout entier avec ses ombres et ses lumières, et
le comprenne mieux lorsqu'il sera redescendu.

César considère les Rèmes ou Rémois comme le
second peuple de la Gaule en importance. Il fait alliance
avec eux contre les gens du Nord. Dans l'histoire gallo-
romaine, Reims atteint une éclatante prospérité. Il n'en
demeure que des vestiges matériels peu nombreux, mais
on conçoit sans peine que cette puissance et cette
richesse se tiennent avec celles qui les continuèrent et
que la ville romaine doit le véritable substratum de la
ville française. Comme monuments, il ne reste guère
d'alors que la belle *Porte de Mars* à laquelle aboutit une
des grandes artères de Reims, la branche perpendiculaire
de la croisée principale de la ville, en quelque sorte de
son armature. Cette grande croix est formée verticale-
ment par les rues du Barbâtre, de l'Université, de Mars
et Henri IV, transversalement par les rues de Vesle,

Carnot et Cérès. Le croisement a lieu à la place Royale. La cathédrale est logée dans l'angle inférieur de gauche. On ne saurait trop songer à ces grandes lignes d'une cité ; elles deviennent symboliques et infiniment chères, lorsque l'on se dit, que malgré toutes les transformations que le temps, les événements, la mode, leur firent subir, elles marquent cependant le sillage de nos aïeux, foule immense et qui revit en nous. La croisée de Paris, par exemple, est sublime. Qui ne devrait se souvenir, en passant soit rue Saint-Honoré, soit rue Saint-Denis, que l'une a pour aboutissements le Louvre et la Bastille, toute une histoire de la royauté en deux mots, la seconde, le Quartier latin et la basilique de Saint-Denis, autre aspect de notre histoire ?

Qu'on nous pardonne cette digression. L'intelligence d'une ville s'obtient aussi bien par les comparaisons que par les descriptions. Avec leur aspect relativement moderne, les rues de Reims que nous venons d'énumérer n'en sont pas moins les lignes de construction sur lesquelles se dessinent toutes les arabesques des siècles.

Les grandes voies que nous avons énumérées plus haut, et particulièrement celle qui va à Suippes, sont également des monuments à un autre titre. Cette dernière n'est autre, en effet, que l'ancienne chaussée romaine. C'est par là qu'arrivèrent maintes fois les Vandales.

En même temps que les invasions se renouvellent, le christianisme progresse dans la Champagne. Reims est un des premiers évêchés métropolitains, avant même Châlons. L'antique place de Reims dans l'Église n'est pas demeurée si étrangère qu'on pourrait croire, aux bombardements de 1914. Il est certaines poésies prussiennes qui sont d'inspiration très nettement définie et qui, dans leur sauvage lyrisme célèbrent la destruction de la cathédrale plutôt comme une profession de foi que comme une action de guerre. Malgré cela, la Rome pontificale s'est moins solidarisée avec Reims que la Rome des Empereurs romains. Peut-être pourtant l'occasion n'avait jamais été plus grande de lancer l'anathème.

Parmi les défenseurs de la Champagne contre les Barbares, on cite Jovin [1], consul Rémois, puis Julien qui les défait dans les plaines, puis, de nouveau Jovin dans une grande bataille de Châlons, en 366. Mais quarante ans plus tard a lieu un des plus formidables parmi ces ras de marée humains : Vandales, Suèves, Alains, Burgondes, traversent le Rhin, pillent et détruisent les villes, massacrent les laïques et les clercs.

« Poussés, dit le poète Flodoard, par un instinct sanguinaire, les hordes des Vandales se précipitent sur diverses provinces, renversent les fortifications des cités, *égorgent les pères et les mères avec leurs enfants*; ils semblent n'ambitionner d'autre gloire, ne chercher d'autre avantage que de verser des flots de sang humain ».

C'est alors que prend place le martyre de l'évêque Nicaise, qui était demeuré un des événements les plus célèbres de l'histoire religieuse et guerrière de Reims, au point que son supplice et sa glorification tenaient une place en vue dans la décoration sculpturale du temple. Le bas-relief qui retrace l'aventure est un des plus typiques que nous montre ce livre de pierre. Au portail nord du transept, on voit ce pieux personnage, *Belge d'origine*, supplicié par les conquérants, tandis que sa sœur Eutropie, frappant au visage un des bourreaux, subit à son tour le même sort. Ainsi à des siècles de distance analogies de victimes et de tueurs.

C'est dans la partie méridionale de la Champagne que l'invasion d'Attila, qui devait être dépassée de nos jours,

---

1. Le nom de Jovin, commandant supérieur des armées gallo-romaines, et vainqueur des Barbares, n'aurait-il pas la même étymologie que Joffre ? Ce serait une belle rencontre.

fut repoussée par les peuples de la Gaule soulevés, sous le commandement d'Aétius. Les Attila font toujours de tels afflux et des fatalités mystérieuses président à leurs reflux.

Un nom des plus prestigieux s'inscrit au v⁰ siècle : celui de l'évêque Remi. Ici c'est l'histoire de la Gaule romaine qui finit et l'histoire de la France qui commence. Clovis, roi des Francs, est instruit et baptisé par Remi dans l'église de Reims, et les critiques historiques les mieux étayées ne sauront effacer de nos légendes la célèbre apostrophe au « fier Sicambre ». Les paroles légendaires sont après tout les plus vraies, puisque personne ne voudrait qu'elles n'eussent pas été prononcées.

Nous passons, bien entendu, tout ce qui est relatif à l'histoire générale de Reims, même la puissance des évêques sous les Mérovingiens, même la gloire de l'illustre Hincmar et tant d'autres choses importantes, car nous ne gardons que ce qui éclaire et renforce notre sujet.

En 946, le roi de Germanie, Othon Iᵉʳ, entre à Reims pour soutenir la cause de Louis d'Outremer. Puis c'est Othon II pour combattre Lothaire. Les siècles passent... Enfin, le 17 juillet 1429, a lieu le fait le plus grandiose de l'histoire rémoise, et un des plus importants de nos annales, le sacre de Charles VII dans la cathédrale, en présence de Jeanne, la bonne Lorraine, à qui l'on doit ce résultat magnifique d'une des plus belles résurrections de l'énergie française. Un tel événement suffit à illustrer à jamais une ville dans le monde entier, et si l'on peut concevoir que la haine s'acharne contre cette ville, la sottise est inconcevable qui s'imagine qu'on peut par la force la frapper à mort.

Au xvıᵉ siècle, la Champagne est de nouveau envahie, cette fois par les armées de Charles-Quint, et ensuite par des troupes allemandes qui viennent au secours des réformés.

Mais au xviie siècle, et jusqu'au commencement du xixe, on peut dire que c'est la prospérité qui l'emporte sur les vicissitudes, et si Reims connut les fluctuations inévitables des affaires humaines, pendant ce long espace de temps, du moins, les douleurs de l'invasion lui furent épargnées. Au xviie siècle Colbert vit édifier son bel Hôtel de Ville. Cette maison devait voir des héroïsmes et des drames, et on ne pourra lui refuser une part de l'attention que l'on serait tenté de reporter toute sur la seule cathédrale.

Les boulets, lors de la campagne de France, n'avaient pas épargné la cité qui devait être écrasée par le perfectionnement infernal du boulet, l'obus. On montrait encore, avant la guerre, les places où ces primitifs projectiles avaient frappé des maisons, ou même y étaient demeurés encastrés : les numéros 163 et 183 de la rue de Vesle, le 36 de la rue Saint-Jacques, le 73 de la rue Gambetta. Si les hasards du bombardement font que, par extraordinaire, l'une ou l'autre de ces maisons n'aient pas été réduites en miettes, on pourra les considérer comme doublement curieuses, pour le moins.

Pendant cette merveilleuse campagne de France où tous les historiens s'accordent pour dire que jamais le génie militaire de Napoléon ne se manifesta plus brillamment, Reims fut prise aisément par les ennemis et reprise à grand effort par nos troupes. Le quartier général s'y établit pendant quelque temps. On gardait à Reims la chambre qui fut occupée par l'empereur, 18, rue de Vesle, telle qu'elle était meublée et disposée pendant son séjour. Les obus de von Heeringen l'ont frappée. On avait dû sauver les souvenirs qu'elle contenait.

Reims nous fut reprise après la journée d'Arcis-sur-Aube. Le retour des lis, ces lis que l'Allemagne actuelle

a enfin catégoriquement proclamé mépriser et haïr,
ouvrait pour la Champagne et pour la France une nouvelle période de paix qui devait durer seulement cin-
quante-cinq ans.

Avant de passer aux événements de 1870 qui étaient
demeurés aussi loin de certains esprits que l'histoire de
Clovis, et qui vont prêter à des comparaisons saisissantes,
nous ne pouvons nous empêcher de jeter un regard en
arrière et de considérer une si longue suite de siècles
jalonnée par tant de malheurs identiques. Le fléau se
recopie, s'imite lui-même avec une régularité aussi
constante, aussi étonnante, avouons-le, que l'impré-
voyance de ceux qui le subissent. Quoi! au troisième
siècle, Probus fait replanter les vignes arrachées par
Domitien pour qu'au quatrième siècle, les Barbares
viennent boire le vin! Quoi! sous tous les prétextes,
soit celui de se mêler de nos affaires, soit celui de faire
simplement les leurs, les hommes d'une race qui n'a
pour but, comme le dit le bon Flodoard, que de verser
le sang humain, viennent, s'en vont, reviennent avec
la régularité de la mer! Et l'on n'a pas trouvé chez
nous le moyen, la volonté de créer entre eux et nous
des barrières infranchissables!

Il y a plus! Ne pouvant nous guérir de notre confiance invétérée, alors que nous aurions dû avoir au contraire plus que le souvenir, l'obsession, nous les
accueillons, au bout de quelques années, le temps de
relever les ruines qu'ils ont faites dans nos maisons, et
dirait-on, qu'ils n'ont pas faites dans nos âmes! Lorsque
quelques citoyens, plus vigilants et plus clairvoyants,
crient : prenez garde aux voleurs et aux assassins! nous
les considérons comme des sujets de raillerie. Le bon
La Fontaine, dans les fables de qui l'on trouverait tant
de vers admirables qui s'appliquent à notre histoire et,
ne fût-ce que le *Loup et l'Agneau*, ô Belgique! montrent

REIMS. — RUINES DU QUARTIER DE L'UNIVERSITÉ (23 AOUT 1915).
Cl. Section photogr. de l'armée.

une si profonde connaissance des ressorts de la méchanceté humaine, a écrit ceux-ci :

> Laissez-leur prendre un pied chez vous
> Ils en auront bientôt pris quatre.

qui s'appliquent d'une façon saisissante aux deux dernières invasions. Mais si l'on pouvait, à l'aide de quelque
machine à explorer le temps, comme l'a imaginé Wells,
remonter aux invasions primitives, il est presque certain
pour les intuitifs, que l'on réentendrait, le jour du supplice de saint Nicaise. celui de l'entrée d'Attila, ceux de
l'entrée d'Othon Ier, d'Othon II, de Charles-Quint, ou de
Blücher, les mêmes paroles exactement que prononcè-
rent à Reims en 1870, depuis le général Tumpling ou le
commandant von Pannewitz jusqu'au maréchal de Moltke
ou le roi Guillaume Ier en personne. Comment douterait-
on que les mêmes mots aient été dits, et dans le même
langage, lorsque trois fois en un siècle on retrouve les
mêmes noms de généraux, appliquant les mêmes méthodes, et prouvant ainsi que l'invasion de France est à
la fois une tradition nationale, quelle que soit la marche
de l'esprit humain, et même une fonction strictement
héréditaire.

Reims avait cependant assez souffert en 1870 pour ne
pas oublier et pour ne pas se laisser envahir de nouveau
en temps de paix. Alors, de très nombreux ouvriers,
employés et domestiques étaient revenus dans la ville sous
l'uniforme du uhlan, du grenadier ou du hussard de la
mort. On s'en était indigné. Qui eût dit qu'ils seraient plus
nombreux encore la fois prochaine — et qu'il y eût une
fois prochaine ! — que l'Allemagne effectuerait une véritable prise de possession en pleine paix, précédant la ruée
guerrière ; enfin, qu'alors ce seraient les maîtres et seigneurs qui enlèveraient à leurs valets le meilleur de leur
office d'espions ?

Guillaume Ier, Bismarck et de Moltke, séjournèrent à Reims, en 1870, arrivant presque aussitôt que Napoléon III l'avait quittée, car Sedan était proche, et c'est même à Reims, ou plus exactement dans sa banlieue, à Courcelles, dans la propriété de Mme Senart, que la marche sur Sedan avait été décidée. Cette maison où avait séjourné Napoléon le Petit avait conservé son décor, comme celle de la rue de Vesle avait fait pour la chambre occupée par Napoléon tout court.

Après des cérémonies théâtrales, le roi de Prusse quitta Reims le 16 septembre. Si l'on ne lisait pas ces détails dans le livre scrupuleux et délicat d'un religieux, le P. Domenech, on ne voudrait pas croire que le souverain que ses sujets proclamaient un modèle de gentil-hommerie, aurait laissé dans les salons de l'archevêché les mêmes souvenirs que prodiguent ses soldats dans les châteaux. Singulier et répugnant contraste avec l'éclat d'une pompe qui, aux yeux du monde entier, sauf de l'Allemagne, ne fait pas oublier la pure lumière qui émane, à travers les siècles, de l'invisible et toujours présent étendard de Jeanne d'Arc.

On peut d'autant plus ajouter foi à ce témoignage, que l'*Histoire de la Deuxième Ambulance* ajoute impartialement que le Prince royal de Prusse et le Prince royal de Saxe, au contraire, étonnèrent par leur correction.

Aussitôt quitté Reims, le roi l'abandonna à la cupidité tyrannique de ses subalternes. Le Prince royal de Prusse avait assez gravement déclaré aux Rémois qu' « il ne prétendait pour l'entretien de l'armée qu'au surplus des provisions qui n'étaient pas nécessaires à la population française ». Mais on sait que les promesses d'un Prussien n'engagent jamais celui qui arrive derrière lui. Reims fut durement et longuement frappée de contributions de toute sorte, en argent et en nature. Il suffit de rappeler que pendant l'occupation les soldats recevaient

deux bouteilles de Champagne par tête, les marques
supérieures étant exigées pour les officiers, et que suivant le journal du capitaine bavarois Tanera, « ce n'est
qu'exceptionnellement qu'ils se contentaient de leurs
deux bouteilles par jour ».

Le 27 septembre, le Gouvernement général de la
Champagne avait été créé, avec pour siège Reims, et
comprenant les départements de l'Aisne, des Ardennes,
de la Marne et de l'Aube. Cela indique assez quel est le
territoire que Guillaume II comptait annexer en 1914.
Le commissaire civil de ce Gouvernement général était
le prince Charles de Hohenlohe et le préfet prussien
était un certain de Rosenberg. Tout était calculé et
administré de façon à faire rendre au pays et à la ville
le maximum de leurs ressources. Cela allait jusqu'à dérober, il n'y a pas d'autre mot, sous forme d'adjudication
en apparence régulière, les arbres des forêts champenoises comme ceux des forêts lorraines. Une des mesures
que prennent sans tarder les envahisseurs est de faire
paraître, dans les villes principales qu'ils oppriment,
des journaux rédigés dans la langue de l'envahi. Nous
n'avons pas besoin de dire que ce ne sont pas des Français qui s'emploient à cette besogne qui combine agréa-
blement le mensonge destiné à désespérer les habitants,
et la consécration « officielle » des mesures de vexation et
de rapine. Il se trouve assez d'Allemands qui ont eu tout
le loisir de s'assimiler chez nous notre idiome, dont certaines finesses leur échappent d'ailleurs. Les Français,
eux, ne contribuent que pour le matériel qu'on leur
vole. Le *Moniteur officiel du Gouvernement général*, dont
le premier numéro paraissait le 18 octobre, avait été
composé et tiré de la façon la plus simple : « Si vous
insistez à refuser le concours de votre imprimerie, avait
écrit à M. Lagarde le prince de Hohenlohe, les autorités militaires seront requises de l'imprimer. — Dans

le cas où vos ouvriers se refuseraient à travailler à l'imprimerie, vous les avertirez qu'en les faisant amener de force, je saurai les contraindre à travailler sous vos ordres. »

Pour les mesures suppliciantes et les exécutions cruelles, elles ne manquèrent pas, et elles seraient longues à rappeler, se détachant sur un fond uniforme de sourde brutalité et d'oppression continue. Les Rémois furent menacés successivement par le général Tumpling et par le commandant d'étape von Pannewitz d'être « passés par les armes s'ils étaient trouvés possesseurs d'armes à feu, et punis de travaux forcés si c'étaient des armes blanches ». Mesure qui permettait au besoin de fusiller ou de dépouiller, suivant l'humeur ou l'intérêt du moment, celui chez qui l'on aurait découvert une arquebuse à rouet ou bien une antique hallebarde. C'est ce qui arriva, pour qu'on ne croie pas que nous parlons ironiquement, à l'abbé Miroy dont la belle tombe, ornée d'une pathétique figure de René de Saint-Marceaux, au cimetière de Reims, devra être dans l'avenir un pèlerinage plus célèbre et plus sacré encore que naguère. Ce ne fut même pas pendant la période de guerre, mais durant l'armistice, que ce prêtre au domicile de qui l'on avait trouvé des fusils de chasse démontés, fut exécuté pour avoir « distribué, disait l'acte d'accusation, des armes aux habitants et les avoir excités à la résistance », et pour « avoir commis, disait le stupéfiant jugement, le crime de haute trahison envers les troupes allemandes ! »

De nombreux notables de Reims, — cet exemple suffira pour terminer le memento des cruautés — risquèrent leur vie à maintes reprises, en qualité d' « otages d'accompagnement ». Quel est ce titre singulier ? Il s'agissait de Français que l'on faisait monter dans les trains militaires, soi-disant pour garantir la sûreté des ambulances, comme si c'était nous qui eussions l'habitude d'achever les blessés et de bombarder les hôpitaux. Le *Moniteur* de Reims entrait dans les détails du fonctionnement : « On placera ces personnes sur la locomotive, de manière à faire comprendre que tout accident causé par l'hostilité des habitants frappera en premier lieu les nationaux. »

Parmi ces otages dont la vie fut ainsi menacée — quelques-uns furent tués dans les manœuvres des trains — se trouva des premiers le maire de Reims, M. Dauphinot, qui pendant les deux interminables années de l'occupation, montra une fermeté et un courage civique que devait dépasser encore, quarante-quatre ans plus tard, le vénérable Dr Langlet.

Nous voici parvenus aux jours pour lesquels il n'y a pas de nom encore. Si Victor Hugo a pu appeler 1870 l'*Année terrible*, quel vocable adoptera l'histoire pour 1914?

CHAPITRE XVII

Tout est prêt pour le choc dont personne ne peut
ni prévoir l'issue ni simplement concevoir la marche.
Reims, l'heure de la mobilisation sonnée, est vibrante
d'enthousiasme, ruisselante de monde, fourmillante de
mouvement militaire, — et presque vide d'Allemands.
Sous les prétextes les plus divers, et que l'on s'obstinait
à trouver naturels, les employés modèles, le temps des
vacances étant arrivé, sont partis respirer l'air de la
campagne. Les ouvriers laborieux sont allés revoir leurs
petites familles. Les riches industriels sont allés dans
des châteaux ou vers des rivages. Toute cette population a pu, sans être inquiétée, disparaître de la population même, et plus, sans éveiller les soupçons, sans faire
naître les immédiates certitudes. Il en demeurera, de
ces espions, en pleine ville bombardée. Pour le moment,
le plus gros est parti revêtir la tenue vert réséda depuis
longtemps tissée, coupée et cousue.

Il en est qui s'obstinent à demeurer ostensiblement,
comme par tendresse, et, en réalité, pour se donner la
joie d'assister à la conquête et de recueillir le laurier,

d'être investi sur place de la dignité promise. Tel Hermann von Mumm, à qui Guillaume a déclaré réserver le titre de *Prince de Champagne !*

Ce prince se laissa cueillir dans les premiers jours de la guerre, par trop de confiance en la rapidité des armées où son frère était allé reprendre un commandement dès le 25 juillet. Mis en demeure, comme ses compatriotes restés à Reims pour des raisons à eux, de choisir entre le retour dans sa patrie ou le séjour dans un camp de concentration, il avait eu l'audace de proposer, si on lui accordait l'autorisation de résider comme par le passé, le don d'une somme quotidienne très importante pour subvenir aux besoins de la population. Que ne lui faisait-on confiance? N'avait-il pas demandé ses lettres de naturalisation tout récemment encore? N'était-il pas un tendre ami de la belle France, de la merveilleuse ville de Reims, à laquelle il devait une immense fortune? N'était-il pas reçu dans les meilleures familles de la cité? Ses relations françaises ne s'étendaient-elles pas jusqu'au plus modeste de ses employés ou de ses ouvriers qui tous le proclamaient un véritable philanthrope?

Evidemment, on était trop occupé pour lui répondre que la somme proposée, il avait des moyens de la récupérer en cas de succès des armées où servait Walter von Mumm; que la naturalisation, de par la fameuse loi Delbrück qui légitime le mensonge et la trahison vis-à-vis de toutes les nationalités du monde, n'était désormais qu'une présomption de plus; que la confiance inspirée aux riches Rémois par les façons déjà princières du grand industriel-espion n'était qu'un moyen plus sûr de piller leurs châteaux, de faire réquisitionner leurs biens et de connaître tous les ressorts de leurs affaires pour mieux en prendre la suite par la violence; enfin que la philanthropie envers les ouvriers et les employés était fort naturelle à l'égard d'un personnel qui comprenait une

REIMS. — RUE SAINT-SYMPHORIEN; AU FOND, LA CATHÉDRALE.
(22 AOUT 1915).

Cl. Section photogr. de l'armée.

notable proportion de uhlans et de hussards de la mort.

Mais sans se livrer à une si minutieuse discussion, l'officier de surveillance de la gare, et qui était rémois, donc doublement qualifié pour apprécier la circonstance, eut l'indiscrétion de demander à Mumm qu'il vit sa valise à la main, où il se rendait. Celui-ci répondit flegmatiquement qu'il allait à Paris « mais qu'il serait sûrement de retour à Reims le 20 août ». Cette réponse dissimulait une délicieuse plaisanterie. Le commissaire militaire n'en devait comprendre que plus tard la saveur, lorsqu'on trouva sur certains Allemands les ordres de rejoindre diverses villes de France à des dates désignées. Reims devait être « rejointe » précisément le 20 août. Mais en attendant, l'officier se contenta d'arrêter Hermann Mumm.

Quant au frère Walter, il avait quitté Reims le 25 juillet, dans son automobile, sous le prétexte d'aller à la chasse (il y avait encore sans doute une fine ironie dans ce mot) et une fois arrivé à Francfort, il avait sans autre forme de procès remercié son chauffeur, le laissant se débrouiller tout seul, en plein *Kriegszustand*, pour retourner en France.

Les souvenirs de leurs jours de confiance revinrent amèrement aux Rémois quand ils se virent un mois plus tard interpeller et tutoyer par d'anciennes connaissances en casques à pointe. Ils se citaient les exemples de cette traîtrise dont les Allemands s'honorent : ils se rappelaient, entre autres, cet employé principal d'une des plus importantes maisons de vin de Champagne qui, en partant, avait laissé sur le bureau de son patron ce simple mot : « Mille regrets, je vais rejoindre mon régiment en Allemagne » et qui devait revenir à Reims présider aux réquisitions dans toutes les maisons avec lesquelles il était en relations.

Ils se montraient également, à la porte des caves de

la maison Mumm, contre l'Hôtel de ville, l'Aigle impérial allemand prématurément éployé sous couleur de motif ornemental[1].

Mais les premiers jours de la guerre, ils n'eurent pas le loisir d'épiloguer longuement là-dessus. Ils étaient tout à l'espoir et au frémissement patriotique qui soulevèrent la France entière. Le 1er août, ils eurent la haute et fière émotion d'assister au départ des régiments de dragons, le 16e et le 22e qui étaient particulièrement sympathiques à la population. Ils partirent après dix heures du soir, par une magnifique nuit. Ils allaient vers les Ardennes. Combien en sont revenus? Puis ce fut le 122e d'infanterie.

Ce fut encore une foule transportée d'ardeur, où l'angoisse avait à peine part, qui acclama la lecture que fit, le soir suivant, sur le perron de l'Hôtel de ville, le Dr Langlet, de la proclamation présidentielle annonçant la déclaration de guerre. Dès le premier jour ce magistrat, malgré ses soixante-quinze ans, s'était montré à la hauteur de sa mission. Ses harangues, simples et pleines de dignité, décelaient les dispositions d'esprit les plus fermes et l'inébranlable volonté de se vouer tout entier aux plus graves éventualités de sa charge. A quoi bon tarder de dire que toutes ces promesses solennelles furent tenues, même bien au delà des quelques paroles modestes et concises par lesquelles il les avait exprimées à son conseil municipal : ·

« Je dois tout d'abord dire combien tous ici nous sommes dévoués à la cause que nous avons à servir.... Nous n'avons pas de temps à perdre pour nous mettre tous à l'œuvre. La situation est grave. Des hommes valides, jeunes et même vieux, quittent leur famille dont ils sont les soutiens, pour remplir leur devoir. Notre

1. *Le Martyre de Reims*, par deux Rémois. Gaston Etienne, éditeur.

devoir, à nous, est de veiller sur ces familles et d'empêcher la misère ».

Eût-il été jusqu'à pressentir l'invasion prochaine, le
maire n'eût pas pu imaginer que ses devoirs civiques
s'étendraient à des tâches infiniment plus douloureuses
encore que cette lutte contre les maux inhérents presque
normalement, hélas! à toute guerre. Comment eût-il pu
prévoir la férocité, l'ampleur, la durée d'un bombardement qui sans raisons autres que de monstrueuses,
anéantirait sous ses yeux la plus grande partie de sa
ville, et tuerait des centaines de pauvres gens? Mais
l'eût-il deviné, lorsqu'on a eu l'honneur d'approcher cet
homme aux yeux clairs, à la voix pleine de douceur mais
aussi d'autorité, à la barbe de neige contrastant avec le
visage sain et haut en couleur, on ne doute pas un
instant qu'il eût décidé, même à plus forte raison, de
faire face avec une égale intrépidité aux plus cruelles et
aux plus lourdes obligations de sa charge.

Pendant toutes les phases du drame, il n'y eut pas un
jour que le maire laissa passer sans siéger à l'Hôtel de
ville, sans tenir tête aux Allemands, sans visiter les
quartiers bombardés, sans organiser la lutte non seulement contre la misère mais encore contre la mort. Tout
cela simplement, on ne peut pas dire en souriant, quoiqu'il y ait des sourires qui soient l'expression la plus
haute de l'héroïsme, mais avec une sérénité qui en était
un équivalent encore plus noble et plus raffiné. Sans
doute il y aura beaucoup de statues à élever sur le sol
libéré de la France; mais plus tard il n'y en aura pas de
plus exemplaire, de plus nécessaire et de plus glorieuse
que celle que Reims devra au Dr Langlet, devant cet
Hôtel de Ville dont il fut véritablement l'ornement et
l'âme même.

Tout de suite après le départ de la garnison, Reims
fut pendant quelques jours une ville brillante, trépidante,

quasi-festivale. Tout d'abord, ce ne sont qu'automobiles lancées à toute vitesse, qu'aviateurs brodés d'or, que jeunes gens et dames élégantes arborant le brassard à la croix rouge. Toutes les villes ont connu ce spectacle, qu'il est bon de considérer rétrospectivement avec indulgence. Que les autos aient plus tard servi à des promenades moins frivoles, que les aviateurs aient accompli dans les airs des exploits encore plus éclatants que sur terre, et que le brassard ne soit demeuré qu'aux bras de ceux et de celles qu'aucune véritable souffrance humaine ne rebutait, ni ne lassait, c'est trop incontestable pour qu'on ne jette pas un regard si peu que peu amusé sur ces intentions en somme excellentes, pullulant aux heures encore claires, dans l'atmosphère d'un pays capiteux. C'est d'ailleurs un spectacle trop pittoresque pour être omis dans le tableau, et qui fait un contraste trop accentué avec celui des heures sombres pour que l'historien ne l'indique pas d'une touche, en passant. A celle qui va endurer le martyre saurait-on reprocher d'avoir été, la veille, couronnée de roses ou de pampres?

Au reste cette période d'animation allègre dure peu. Encore au moment où l'on ne parle pas de possibilités d'invasion, quoiqu'on s'attriste déjà des nombreux trains de blessés (mêlés il est vrai de quelques convois de prisonniers ennemis) et surtout que les arrivées de réfugiés belges, d'émigrants de Verdun, apportent les détails les plus affreux sur les horreurs de la guerre à l'allemande, on se préoccupe assez vivement de la question du chômage. On raconte Charleroi en flammes et on se demande comment occuper les nombreux ouvriers qui sont sur le pavé. Des crédits sont votés par le conseil municipal pour la mise en œuvre de travaux importants, — la pioche et la truelle n'auront pas à faire longtemps leur office.

Toutefois, quelques inquiétudes qui commencent à étreindre les esprits, jusqu'au 28 août on n'a vu d'émigrants que des Ardennes et de Belgique. Mais le 29 août survient un flot d'habitants des communes plus proches, et même le 30 août, voisines de Reims. On sait que des combats ont lieu du côté de Rethel, et Rethel est trop reliée à Reims, trop en rapports constants, pour qu'on ne puisse plus se dissimuler la gravité de la situation. Les blessés complètent les détails donnés par les paysans; par eux, on connaît la rapidité de l'avance prussienne.

Au surplus, une affiche municipale prescrit le dépôt des armes, de toutes armes, par les civils, et malgré les recommandations de ne pas s'alarmer, on n'ignore pas ce que cette mesure signifie. Alors il n'y a plus absolument que du tragique dans l'air. La gare est remplie de cette foule extraordinaire des exodes que l'on connaît, où le riche et le pauvre, l'obscur et le notable, la femme élégante et l'ouvrière sont confondus dans la fraternité de l'effroi, où tout le monde se rue aux derniers trains, emportant d'assaut le compartiment où l'on empilera femmes, enfants, bagages, et les plus hétéroclites souvenirs de la maison où l'on n'espère guère revenir. Le 2 septembre au soir, la gare est fermée et morte, la ville est léthargique. Le 3, l'affiche signée du maire faisait les dernières recommandations, renouvelait les assurances de présence et de dévouement. On entendait la détonation qui signalait la destruction de la voie ferrée. Le soir, vers huit heures, les premiers Allemands entraient dans la ville.

Une longue conférence avait lieu, dans la soirée même, entre la municipalité et les officiers saxons ainsi que l'intendant Zimmer — personnage qui demeurera légendaire à Reims, — quant aux premières mesures à prendre, aux exigences auxquelles il y aurait à satisfaire.

La conférence devait être reprise dès la première heure le lendemain, et l'on comptait que pour accablante que serait la situation, elle n'atteindrait pas dès les premiers moments le comble de l'horreur. C'est pourtant ce qui arriva avec le premier bombardement de Reims, dont il a été peu parlé, car il eut lieu au moment même où nous n'avions pas de nouvelles et où tous les esprits étaient tendus vers l'approche de la trombe sur Paris. Il importe maintenant de donner le relief nécessaire à ce terrible lever de rideau d'un plus terrible drame, afin de bien montrer la préméditation dans le crime et sa froide exécution.

Quelle que fût la relative confiance de Reims dans la façon dont elle serait opprimée à l'amiable, il demeurait toutefois une crainte. Il avait été question plus d'une fois de la possibilité d'opérations militaires pour délivrer la ville des Allemands au cas où ils l'auraient occupée. Nous avons assez indiqué plus haut l'importance de la ville comme centre de communications, pour que sans invraisemblance on pût la supposer prise et recouvrée par la force. Si, pendant que les ennemis commençaient à l'occuper, il tombait des obus sur la ville, il ne pouvait donc venir qu'une pensée aux habitants, pensée qui ne devait pas d'ailleurs rendre leurs réflexions beaucoup moins sombres : c'est que leurs maisons étaient bombardées par nos troupes au lieu de l'être par les envahisseurs.

Or, le matin du 4 septembre, pendant que l'irascible et roux intendant Zimmer était en train de discuter avec les magistrats de Reims les voies et moyens de se faire livrer, sans retard, ses 100.000 kilos de pain, ses 25.000 kilos de légumes, sans compter 50.000 d'avoine et 60.000 litres d'essence, — on entend la violente détonation d'un obus.

Le Zimmer entre en fureur : » Qu'est-ce qui éclate ?

(*Was explosiert?*) Vous nous avez trahis. Les armées françaises bombardent nos troupes dans Reims ! Vous· allez le payer chèrement ! » etc., etc. Le Maire proteste, dit l'impossibilité d'un retour offensif de nos armes momentanément. Pendant cette violente explication, un employé de la Mairie arrive hors d'haleine, apportant un fragment d'obus allemand ! Le Saxon est décontenancé, et, au bout d'un instant, voici les autorités allemandes qui ne songent qu'à s'associer aux efforts de la municipalité française pour faire cesser le feu, par tous les signaux et tous les émissaires possibles !

Que s'était-il donc passé pendant cette minute étrange ?

Les Rémois s'attendaient à voir le gros de l'armée allemande arriver de bonne heure dans la matinée, et ils commençaient à se demander, vers neuf heures et demie, la raison du retard. Soudain une mitrailleuse automobile blindée descend rapidement la rue de Vesle, et « arrivée à peu près à la hauteur de la rue des Poissonniers, tire un coup en l'air et repart à fond de train. Presque aussitôt, un sifflement sinistre, suivi une seconde après d'un bruit formidable comme celui d'une décharge brusque de matériaux, retentit[1] ».

Alors, pendant trois quarts d'heure exactement, chaque quinze secondes, les obus s'abattent sur les quartiers compris entre la cathédrale et la porte de Paris principalement. Les maisons s'effondrent, les usines brûlent, tous les entours de la cathédrale sont plus ou moins atteints, et des tourbillons de poussière et de fumée rendent la circulation presque impossible à ceux qui sont tenus de se rendre de ce côté pour faire leur devoir. Les habitants, affolés, descendent dans leurs caves, comptant les détonations qui se succèdent et dont quel-

---

1. *Le Martyre de Reims,* ouvrage cité.

REIMS. — L'AMBULANCE SAINTE-MARIE APRÈS LE BOMBARDEMENT.

Photo L. Doucet.

ques-unes amènent la destruction de leurs maisons ou des maisons voisines. Beaucoup n'ont pas eu le temps de trouver un refuge, et des femmes, des enfants sont tués surtout.

En toute hâte, d'accord avec les officiers saxons qui affectent la désolation d'une « regrettable méprise » — peut-être sont-ils sincères à ce moment, nous verrons pourquoi, — on confectionne des drapeaux blancs, et parmi la fumée, les ruines flambantes, le sifflement et l'explosion des obus, on va les hisser sur la cathédrale et sur le beffroi de l'Hôtel de Ville.

A dix heures un quart, le bombardement cesse.

Quels sont les motifs de cette première et surprenante infamie? Erreur, ou guet-apens? L'erreur est impossible, puisque les Allemands savent que la ville est complètement évacuée par les troupes françaises. La surprise et la colère de l'intendant Zimmer prouve assez cette conviction.

Impossible encore puisque le bombardement commence à un signal précis : ce coup en l'air par l'automobile isolée, qui suit un parcours déterminé et s'arrête à un point également fixé d'avance.

Pourtant, les Allemands qui sont déjà dans la place? Peut-on admettre que ceux qui sont au dehors tirent sur leurs propres compagnons d'armes? On pourrait ergoter là-dessus et insinuer que ceux-ci sont à peu près à l'abri dans l'Hôtel de Ville, ou qu'ils ont des indications qui leur permettraient de se garer. Mais ce serait indigne de notre impartiale autant qu'inflexible examen.

Il devient dès lors évident que *s'il y a eu une méprise, elle provient uniquement de ceux qui sont déjà dans la ville, et non de ceux qui la bombardent.*

Il n'est nullement nécessaire, comme on l'a fait, de supposer des dissentiments entre les Saxons qui sont dans Reims et les Prussiens qui sont dehors, dissentiments qui iraient jusqu'à faire considérer par ceux-ci la vie de ceux-là comme négligeable. Nous avons toujours cette naïve tendance à supposer qu'il y a des divisions entre les divers membres du monstre.

Deux preuves du guet-apens suffisent, et elles sont accablantes. D'abord le retard, sans aucune raison, de l'entrée solennelle par laquelle les Allemands tiennent toujours à effrayer (et même, pensent-ils, à éblouir) les populations. Cette entrée n'a pas lieu le matin. Elle a été arrêtée pour l'après-midi. La matinée est réservée pour le bombardement, dont la diabolique automobile donne le signal au point de repère voulu, comme un chef d'orchestre déchaîne la partition d'un trait de sa baguette. Cependant, il y a eu un à-coup dans l'exécution de cette effroyable « ouverture », et c'est la présence prématurée des officiers et de l'intendant saxons, impatients de mettre la main sur la proie des vivres et des denrées.

Mais qu'importe ce léger accident, puisqu'à part lui, le programme est réussi dans son ensemble.

La seconde preuve, la voici. La batterie qui a, pendant trois quarts d'heure, donné aux Rémois l'affreux avant-goût de leurs tortures, était une batterie de la garde prussienne établie aux *Mesneux*, village situé à cinq ou six kilomètres au sud-ouest de Reims.

Et lorsque cette batterie commença le feu, le Maire des Mesneux, M. Brûlé-Luzzani, essaya de l'empêcher en se portant garant que la *ville ouverte* de Reims ne contenait plus un seul soldat français. L'artilleur prussien répondit :

— Cela m'est égal ! *J'ai l'ordre de tirer.* Sans la brume qui nous gênait, le bombardement serait commencé depuis deux heures[1].

Ainsi, le plan allemand de haine contre Reims se

1. *Le Martyre de Reims*, ouvrage cité.

révèle dans toute l'ampleur de son atrocité. Il veut la conquête de Reims, mais il veut aussi son châtiment d'avoir jeté dans l'histoire un rayonnement qui fait mieux ressortir la barbarie qui a fini par se proclamer culture. Il détruira son industrie pour y substituer l'industrie germanique. Il veut détruire avant de régner, et abattre avant de réédifier suivant les projets sans doute préparés de quelqu'un des artistes qui ont signé le manifeste des quatre-vingt-treize. *Il veut que l'entrée triomphale, tout d'abord, ait lieu parmi des ruines.* Plus tard, on verra à humilier la ville du sacre de quelque autre manière. Lorsqu'on ne réussit pas — la supposition est d'ailleurs impossible — à conserver la ville que l'on a de tant de façons conquise en paix comme en guerre, on en sera quitte pour accomplir le total anéantissement, qui a d'ailleurs été prédit, annoncé, demandé par les poètes et les penseurs sublimes du Deutschland.

Nous ne craignons pas que tout cela soit un jour contesté par l'histoire. Nous n'avons même pas attendu, pour en faire ressortir la monstruosité, que l'ensemble des faits ait fini de se dérouler, et pour réserver ces affirmations en guise de conclusion. Nous conclurons de toute autre sorte. Quant aux faits qui vont se succéder dans notre récit, ils ne feront que consolider et cimenter de plus en plus notre démonstration.

Le résultat du bombardement du 4 septembre avait été effrayant. Il était tombé sur la ville près de deux cents obus, par quatre à la minute. Beaucoup de maisons avaient été détruites ou fortement endommagées ; cinquante personnes environ avaient été tuées ; d'autres avaient été blessées en nombre qu'il est difficile de fixer, parce que parmi elles se trouvaient une certaine proportion de réfugiés et d'errants, ne sachant où chercher un refuge dans la ville où ils venaient d'arriver. Beaucoup de blessés succombèrent qu'il faudrait ajouter à la funèbre liste. Des cas de folie se déclarèrent pendant ce bombardement imprévu et furieux. Parmi les tués du premier coup, il y avait des vieillards et des vieilles femmes de soixante-dix et soixante-seize ans, de quatre-vingt-deux ans, des enfants de sept ans, de huit ans, de quatre ans, de deux ans, de trois ans, et deux bébés d'un mois. Parmi les plus atroces de ces morts, on peut, sans entrer dans de lugubres détails, mentionner celle de toute une famille, la famille Remy, rue du Barbatre : un grand-père, une grand'mère, un mari, une femme et un petit enfant. Tous furent broyés dans l'escalier de leur cave.

Il va sans dire que les coups n'étaient pas dirigés au hasard et que les édifices les plus sacrés, ceux de la douleur et ceux de la prière, furent essayés dès ce premier bombardement expérimental. L'ambulance des Sœurs de Saint-Vincent-de-Paul fut dévastée par les bombes ; les religieuses furent cependant épargnées cette fois par la mort. La Cathédrale, Saint-Remi et l'Hôtel de ville étaient nettement visés. Cela a été démontré par la direction et le groupement des projectiles. Les deux admirables basiliques furent ainsi formellement averties du sort qui les attendait.

Tout autour de la cathédrale, c'est-à-dire rue du Trésor, rue Robert-de-Coucy, rue du Cloître et sur la place même du Parvis, ce fut un cercle de ruines qui fut tracé comme au compas, ou comme les balles d'un habile tireur environnent le centre de la cible. Vienne le bombardement *sérieux* si la circonstance le dicte, tous les coups que l'Allemand voudra porteront. Un des prêtres de Notre-Dame a raconté à nos deux confrères Rémois l'angoisse qu'éprouvèrent ceux qui étaient venus hisser le drapeau blanc sur les tours. Une explosion terrible de la bombe tombée rue Robert-de-Coucy leur fit croire que tout s'écroulait.

« L'église était pleine de fumée. La poussière montait jusqu'aux voûtes en tourbillons opaques, comme il arrive certains jours d'orage, sur les grandes routes dans la campagne. On entendait les éclats d'obus frapper les murailles. Quelques barres d'appui des vitraux (des barres de fer de trois centimètres) volèrent même en éclats et allèrent rebondir sur le pavé de marbre jusqu'au milieu du chœur. Nous crûmes tous à ce moment que la bombe était entrée par la grande rosace et qu'elle venait d'éclater au milieu de la grande nef. Ceux qui ont entendu ce bruit de tempête dans la cathédrale ne l'oublieront jamais. »

Quant à Saint-Remi, c'est le maître de chapelle, l'abbé Thinot, qui aussitôt après le bombardement a montré aux mêmes annalistes les premiers ravages causés. Le portail méridional, de style flamboyant, construit par Robert de Lenoncourt, a été tout d'abord éprouvé ; ses vitraux ont été pulvérisés. Ils étaient d'une grande beauté et représentaient Jésus-Christ au milieu des docteurs, prononçant le sermon sur la montagne, chassant les vendeurs du temple, marchant sur les eaux. L'obus avait « percé la voûte à droite de la clef, était venu tomber sur le pavé du croisillon » et avait criblé les colonnes, les peintures, les bas-reliefs des chapelles. Du côté de la chapelle des fonts baptismaux, multiples dommages. La nef latérale de droite avait également perdu en grande partie ses vitraux. Mais tout cela n'était rien et Saint-Remi devait connaître de plus graves désastres. L'abbé Thinot, qui, avec un courage et une habileté également superbes, s'était prodigué à photographier les premières et les ultérieures ruines de son église ainsi que celles de la cathédrale qu'il tirait des endroits les plus exposés et les plus dangereux, n'aura que peu survécu à cette période tragique et n'aura pas eu la récompense de voir sa ville délivrée et son temple réparé. Ce prêtre, vaillant et savant, musicien de premier ordre, devait mourir sur le front en remplissant sa mission d'aumônier militaire.

Peu d'heures après les angoisses du bombardement, Reims eut à subir l'outrage de l'entrée de parade. Elle eut lieu à deux heures. Les régiments défilèrent par la rue de l'Université, la place Royale et l'Hôtel de ville, aux sons d'une musique violemment allègre dont les harmonies féroces et l'éclat démesuré contrastaient d'une façon stupidement sauvage avec les proportions si sobres, si modérées de la ville. Ce déploiement théâtral qui n'avait aucune raison d'être sinon d'impressionner les envahisseurs, beaucoup plus que les habitants eux-mêmes, dans une ville ouverte, résignée et aux trois quarts vide, était encore accentuée par la tenue du général von Zückau, qui cavalcadait en tête des troupes. Ce noble reître, coiffé d'un casque reluisant et drapé dans un ample manteau blanc, après avoir déclaré au Dʳ Langlet, qui se tenait résolu et impavide ainsi que ses adjoints dans l'Hôtel de ville, qu'il lui laissait la liberté sous condition de toutes les responsabilités, harangua ses soldats. Ce discours, qui rappelait l'entrée à Reims à la même date en 1870, se terminait par la promesse d'une prochaine arrivée à Paris dont Reims était la clef. Les hurrahs d'usage retentirent, et tout aussitôt après, les Allemands se mirent en devoir d'occuper et de piller.

Les avis à la population, toujours destinés à terroriser et aussi à préparer un prétexte pour les incendies ou les massacres, furent placardés dans diverses parties de la ville. Ces affiches, a-t-on remarqué qu'elles furent, vu leur forme générale et l'unité de leur teneur, *rédigées et imprimées à loisir en temps de paix*, et qu'elles apportent leur preuve de complète, longue et minutieuse préméditation ? Celle qui concernait Reims vaut la peine d'être en partie citée à cause de son originalité dans le mensonge et la méchanceté. En voici le début :

PROCLAMATION
s'adressant à la population.

D'après les *informations reçues,* la population *du pays* a, *à plusieurs reprises,* participé dans les actions hostiles. Il est *prouvé* que les habitants du pays, cachés en embuscades, ont tiré sur les troupes allemandes. Ils sont allés jusqu'à *tuer des soldats allemands blessés ou à les mutiler d'une manière atroce. Même les femmes ont pris part à ces atrocités.*

En outre, *sur plusieurs routes,* des barrages ont été construits, dont une partie était occupée *et fut défendue par la population.* La guerre n'est faite que contre l'armée de l'ennemi et pas contre les habitants dont la vie et la propriété resteront intactes.

Si cependant d'autres violences, de quelque sorte que ce soit, sont commises...

Suit la menace des plus graves punitions, de châtiment de toute la population, tenue pour solidaire des actes de violence commis par « quelques individus fanatisés ».

Quel monument de cruauté et de fourberie ! Quel modèle de la mauvaise foi et du mensonge, qui ont cet effet, particulier aux seuls Allemands dans le monde, d'avilir le crime et d'avilir la haine ! Ils mentent avec de farouches et ignobles délices, mais ils ne savent même pas bien mentir. Ne voit-on pas, dès le premier coup d'œil, dans ce typique document, la contradiction entre les premières phrases et la fin conditionnelle des menaces ? Tout cela n'est-il pas répugnant autant qu'abominable ?

Nombreuses furent les pages de cette littérature. Elles se répètent : inutile, au cours de cet ouvrage, de les citer toutes. Mais elles formeront plus tard un dossier singulièrement éloquent. Nous n'en donnerons plus

REIMS. — LE GREFFE DU PALAIS DE JUSTICE INSTALLÉ DANS LA CRYPTE.

Cliché L. Doucet.

qu'une, dans un instant, après avoir poursuivi notre récit des faits essentiels de l'occupation.

Un de ces faits, qui faillit, dès le 5 septembre, causer à Reims de très graves tourments, fut l'aventure de deux soi-disant parlementaires allemands, von Arnim et von Kummer, qu'un envoyé du général von Bülow était venu réclamer à la municipalité avec les plus terribles menaces. On eut beau dire que personne n'avait vu à Reims ces parlementaires fantômes, ce ne fut qu'après de difficiles explications entre les notables, l'envoyé de von Bülow, le général von Zückau et le prince Auguste-Guillaume, venu en personne pour approfondir l'affaire, que l'on put commencer à savoir par des Rémois, fortuitement au courant, ce qu'il en était advenu. Les deux personnages avaient été vus pour la dernière fois dans un village voisin, La Neuvillette. Le maire de cette localité fut mandé puis emmené, ainsi qu'un autre notable du pays, M. Kiéner, à la recherche des invisibles. Il fut reconnu dans l'intervalle que Reims n'avait rien à faire avec cet Arnim et ce Kummer, et elle évita ainsi l'exécution du maire et de dix notables, un nouveau bombardement et une amende de cinquante millions. Rien moins.

Un incident comique eut lieu pendant ce dramatique imbroglio. Le fameux intendant Zimmer, qui voulait assurer ses réquisitions avant tout, se serait vu couper la parole d'une façon assez vive par le prince Auguste-Guillaume dont il n'avait pas remarqué la présence.

Il serait trop long de dire l'odyssée des deux otages français et celle des deux prétendus parlementaires allemands ; elles ont été contées tout au long dans les journaux d'octobre 1914. Il suffira de faire savoir que MM. de Tassigny et Kiéner, après les plus invraisemblables aventures et les plus arbitraires captivités, ne purent recouvrer leur liberté que le 28 octobre. Quant à

von Arnim et von Kummer, ils avaient été arrêtés, puis
relâchés, dans des conditions qui n'ont pas été publiées.
Toujours est-il qu'on a pu lire dans une lettre trouvée
sur un jeune officier prussien tué en Russie (tout est
extravagant dans cette affaire) le récit de la réception
par le Kaiser lui-même du Kummer délivré. Dans ce
récit, d'ailleurs, Guillaume II apparaît comme un van-
tard, ou un menteur, et comme un plaisant plein de vul-
garité, s'abaissant jusqu'à dire à son favori : « Et maintenant ne vous laissez plus reprendre, mais si cela vous
arrive, je vous conseille de tirer avant tout sur le président du Conseil de guerre ».

Les jours de l'occupation après cette alerte se passèrent d'une façon onéreuse, mais en résumé assez paisible. Les habitants de Reims ne tardèrent pas à être
d'abord vaguement, puis de façon tout à fait précise, au
courant des péripéties de la bataille de la Marne. L'attitude de plus en plus fiévreuse de la garnison leur prou-
vait assez le bien fondé de leurs espérances.

Ce qui les renseigna encore mieux que tout, ce fut
cette affiche que nous avons annoncée plus haut. Elle
doit demeurer comme un mémento d'infamie :

PROCLAMATION

Dans le cas où un combat serait livré aujourd'hui ou très
prochainement aux environs de Reims ou dans la ville même,
les habitants sont avisés qu'ils devront se tenir absolument
calmes et n'essayer en aucune manière de prendre part à la
bataille. Ils ne doivent tenter d'attaquer ni des soldats isolés
ni des détachements de l'armée allemande. Il est formellement
interdit d'élever des barricades ou de dépaver des rues de façon
à ne pas gêner les mouvements des troupes, en un mot de
n'entreprendre quoi que ce soit qui puisse être d'une façon
quelconque nuisible à l'armée allemande.

Afin d'assurer suffisamment la sécurité des troupes, et afin
de répondre du calme de la population de Reims, les personnes

nommées ci-après ont été prises en otages par le commandement général de l'armée allemande. Ces otages seront pendus
à la moindre tentative de désordre. De même, la ville sera
entièrement ou partiellement brûlée et les habitants pendus,
si une infraction quelconque est commise aux prescriptions
précédentes.

Par contre, si la ville se tient absolument tranquille et calme,
les otages et les habitants seront pris sous la sauvegarde de
l'armée allemande.

Par ordre de l'autorité allemande,

Reims, le 12 septembre 1914.

Le lendemain, Reims connut la joie de la libération,
la rentrée fêtée de l'uniforme français, sans avoir eu à
éprouver l'effet de ces menaces, si effrontément inhumaines. Elle se croyait quitte envers le malheur, ayant
largement payé. Et pourtant, c'était son véritable supplice qui allait commencer.

CHAPITRE XVIII

L'esthétique de Reims. — Un point de vue sur la cathédrale. —
Courtes joies, longues douleurs. — L'ouragan. — Le supplice
de la basilique. — Les chefs-d'œuvre sont morts, les Penseurs
applaudissent. — Gœrres excite, Heeringen bombarde, Clemen
ergote, Disfurth éclate de rire.

Il pourrait paraître une tâche inutile de décrire une
ville si fréquentée naguère, et qui le redeviendra mille
fois plus quand on lui aura reconquis le droit de vivre ;
une ville que tous les commerçants, comme tous les
artistes, — et même comme tous les gens de plaisir,
simplement, — ont visitée à maintes reprises. Les étrangers, ceux qui la respectaient et l'aimaient, c'est-à-dire
les honnêtes gens du monde entier, et ceux qui la haïs-
saient, c'est-à-dire les Allemands et les Autrichiens,
y étaient attirés, les uns par le rayonnement, les autres
pour la proie. Siège de transactions commerciales des
plus importantes, à cause de ses deux grandes sources
de prospérité, la filature et les vins, elle était par cela
même, en toute saison, le siège d'un mouvement sans
cesse renouvelé de voyageurs. Depuis quelques années,
les grandes expériences de l'aviation française l'avaient
rendue familière encore à un public nouveau et immense.
Les arts y florissaient comme les affaires de finance ou
d'industrie. Reims avait eu et continuait d'avoir de
grands collectionneurs, qui comptaient parmi les plus

avisés et les plus fastueux de la province. C'est ainsi que son musée pour lequel elle avait fait de récentes et importantes dépenses était devenu, entre beaucoup d'autres raisons d'admiration, à peu près le plus riche de toute la France en œuvres de Corot. On devine bien que si nous ne parlons pas des innombrables pèlerins que la foi religieuse ou la foi artistique jetait au pied du portail de Notre-Dame ou dans la nef de Saint-Remi, c'est que nous avons pour but de faire ressortir bien plus, non pas ce que ces trésors de l'humanité méritaient, mais ce qu'on les a fait devenir.

Enfin, il n'était jusqu'à un prestige militaire qui n'auréolàt, depuis dix ans, la cité près de laquelle avait eu lieu l'inoubliable et quasi-prophétique revue de Bétheny.

Ce n'est donc que pour remémorer, et non pour instruire, que nous retracerons ici les principaux linéaments de la ville si souvent parcourue par les voyageurs et si complètement décrite par les guides, y compris les espions de Baedecker. C'est aussi pour guider dans les grandes directions les explorateurs de ruines qui seront, tant leur étendue est vaste, longues à disparaître, et pour établir, d'une façon sommaire, la géographie du bombardement.

Comme toute ville typique, Reims se présente fort différemment selon le côté par lequel on l'aborde.

A ceux, les plus nombreux sans doute, qui débarquent par la gare, elle se montre tout de suite opulente et riante, avec les beaux jardins de sa promenade qui s'étalent entre les riches parallèles des boulevards de la République et Louis-Rœderer. Si, après avoir passé devant la statue d'un des plus illustres Rémois et aussi des plus illustres Français, Colbert, on prend vers la gauche, la rue Thiers, on arrive vite, entre de solides et cossues maisons bourgeoises, à l'Hôtel de ville, et de

là, rapidement, au cœur même de la ville, à cette place
Royale où se traversent les deux branches de la grande
croix à laquelle nous avons fait précédemment allusion.
Alors on a laissé, sur sa gauche, toute une partie déli-
mitée par le boulevard Lundy, et qui est le siège de
quelques-unes des plus grandes fortunes.

L'on a déjà eu, de la sorte, une vision rapide de
trois siècles de l'histoire de Reims, le xix⁰ où s'étalent
les plantureux immeubles, le xvii⁰ où s'érige l'Hôtel de
ville, le xviii⁰ où s'ordonne la place Royale.

Si, d'autre part, on vient à Reims par une des grandes
routes et qu'on fasse son entrée par l'Ouest, l'impression est toute autre. L'on a quitté l'agrément tout moderne et, dans son ensemble, dépourvu de caractère,
d'Epernay. Tout de suite après l'on a grimpé vers les
hauteurs et bientôt l'on a revu cette ville, devenue belle
à distance, par sa situation favorisée. Les plans des collines ondulent et s'étagent magnifiquement, verdoyants
en été, fauves en hiver. De toutes parts les vignes s'étendent à perte de vue. Dans la saison desséchée, les ceps
hérissent la terre brune, et de place en place les paquets
d'échalas font un curieux effet, entassés dans des sortes
de supports dont le système doit remonter à des temps
très anciens. On traverse alors la *Montagne de Reims* et
la forêt qui la couronne, et les villages vieux qui se succèdent et qui ne se croyaient plus destinés aux passages
de tant de convois et d'armées. Lorsqu'on redescend
l'autre versant, Reims se découvre tout d'un coup, étendue dans sa plaine et couronnée de sa cathédrale. Heureux qui l'aura pu voir et qui la reverra ainsi apparaître
dans une brume d'or, parmi ses cultures garanties
désormais contre les incursions des loups ! D'ici, le
spectacle est spacieux et magnifique. Les bocages et les
petites communes ponctuent l'étendue tout en s'y fon-
dant, et sans détourner l'attention de la ville souveraine.

Celle-ci, par un privilège étrange, peut se montrer simultanément, sans déconcerter la pensée et sans choquer le regard, ville de la basilique et ville des manufactures. En vérité, les cheminées d'usines qui se dressent autour de la grande masse urbaine, ne gênent point la majesté du bloc imposant que forme la cathédrale teintée d'atmosphère, au-dessus de l'agglomération grise. Les panaches de fumée lui font parfois un sombre dais mais ne l'obscurcissent jamais, et les grêles fûts de brique ne font que mieux ressortir la puissante prestance des tours.

C'est à la fois du rêve et de la réalité qui s'associent en s'offrant au regard. Il nous manque un autre aspect de Reims vue des hauteurs, celui que l'on a des collines de Brimont et de Nogent-l'Abbesse. Nous ne l'avons point vu, nous ne le décrirons pas d'après des descriptions. Mais quelle émotion saisira ceux qui un jour viendront contempler tant de beauté et d'infortune du haut des points où s'exaspérait la volonté de ruiner ce qui est beau et d'accabler ce qui souffre ! Il est certain d'ailleurs que la vue ne sera pas moins belle de ces positions qui réuniront de nouveau les Ardennes et la Lorraine à la Champagne que de celle que nous venons de parcourir en venant de Paris.

Il s'appelle faubourg de Paris, d'ailleurs, le faubourg que l'on traverse en s'engageant dans Reims. On franchit le canal de l'Aisne à la Marne, petit chemin d'eau qui semble vouloir rappeler que la Champagne a aussi des affinités avec les Flandres, et tout de suite on se trouve au commencement de la *rue de Vesle*. Son apparence est plus modeste de beaucoup que celle des grands boulevards sur lesquels débouche la gare et qui entourent Reims d'une courbe irrégulière, de tous côtés, sauf de celui du canal, qui, de cette courbe, trace la corde. La rue de Vesle est tout d'abord celle des aisances modé-

REIMS. — LA CATHÉDRALE AVANT LE BOMBARDEMENT.

Photo L. Doucet

rées, du petit commerce, puis, en approchant du centre,
elle est vouée aux entreprises plus importantes et à la
vie plus active. C'est, à tout prendre, une des grandes
artères de Reims, puisqu'elle forme une des branches
de la croisée avec la rue Carnot qui la continue. Cette
branche, que barre au commencement un superbe arc
de triomphe en fer forgé, retrouve la place Royale après
avoir passé devant deux édifices importants mais non
vénérables, le Théâtre et le Palais de Justice. Ainsi elle
débute et finit par le xviiie siècle. Elle a révélé quelque
peu de la vie populaire puisqu'elle commence par les
petites bonnes gens, et qu'à de certaines heures elle
fourmille des descentes et remontées ouvrières. Elle a
également laissé ouverts certains intervalles du rideau
des maisons par lesquels on aperçoit les faîtes de la
cathédrale, et, par suite, donné un avertissement altier
de la Reims du Moyen Age.

Si du dernier tronçon de cette rue de Vesle nous
avions tourné à gauche, nous aurions passé devant Saint-
Jacques à la façade morne et au joli clocher du xviie,
nous aurions débouché sur la large et brève avenue
dénommée place Drouet-d'Erlon, qui, de ce côté, commence bien puisqu'elle est bordée de vieilles arcades qui
conservent aux maisons un reste de style; continue mal
puisqu'elle est ponctuée par un monument moderne,
compliqué, ambitieux et de mauvais goût, une de ces
fontaines que personne n'ose détruire, mais que personne ne voudrait voir recommencer; enfin se termine
avec régularité en rejoignant les promenades fleuries
par lesquelles le voyageur en chemin de fer avait abordé
la ville.

Reprenons maintenant, afin d'en finir avec toute cette
succincte, mais pourtant déjà longue topographie, la division par quatre branches d'une grande croix.

De cette croix, un des arbres descend nettement du

Nord au Sud, et, par conséquent, l'arbre qui le traverse se dirige exactement de l'Ouest à l'Est.

Une chose paraîtra surprenante, mais elle est normale.

La croix que forment les grandes artères de la ville double strictement celle que forme la cathédrale logée vers son aisselle sud-ouest. D'un Christ immense qui serait étendu sur Reims et sur cette croix, dans le sens même de l'église, la cathédrale occuperait la place du cœur!

Ainsi de l'orientation rigoureuse, rituelle de l'une, ne diffère pas l'orientation topographique de l'autre et toutes deux furent en même temps crucifiées.

Il est à remarquer que la grande voie qui, partant de la Porte de Mars, rencontre sur son chemin l'Hôtel de ville et la place Royale et se termine à la hauteur de Saint-Remi, forme en quelque sorte la ligne de partage des beaux édifices, car entre elle et les boulevards Lundy, de la Paix et Gerbert, il n'en est point d'importants ni de très artistiques, tandis que de l'autre côté se trouvent l'Hôtel de ville, la Cathédrale, Saint-Jacques, le Séminaire devenu Musée des Beaux-Arts, l'Hôpital-Général, et Saint-Remi avec l'Hôtel-Dieu, sans compter les ambitieuses constructions modernes.

Cette vaste et claire ordonnance, si claire et si vaste à la vérité qu'au premier aspect, pour le touriste pressé, Reims ne semble, à part les trois ou quatre grands joyaux qui la ponctuent, qu'une ville en somme de peu de caractère, cette ordonnance, disons-nous, se complète par un réseau de voies les unes en damier, les autres infléchies en courbes autour du centre. C'est dans les détours de ces rues discrètes (quelques-unes pourtant animées et trafiquantes) que se trouvent les vieilles maisons, les vieilles mœurs et les antiques caractères, en un mot, la véritable et indéniable originalité de Reims. Mais quoi! l'originalité, tant réclamée de ceux surtout qui sont le moins capables de la voir, parce qu'ils sont peu disposés à faire l'effort nécessaire pour mériter d'en jouir, n'est-elle pas une qualité qui se trouve aussi bien et beaucoup plus dans le simple, le modéré et le judicieux que dans le torturé, l'excessif, et ce que l'on hésite à appeler, tant le terme est devenu répulsif et obsédant, inadmissible, le colossal? Ce qui fait non pas l'originalité, mais une des originalités de Reims, c'est cette jolie discrétion, cette fine mesure, qui entourent une des créations les plus riches et aussi les plus vénérables du monde. C'était le terrestre sachant garder sa séduction tout autour et au-dessous du céleste.

Quant au reste, il est bon de maintenir ceci, c'est qu'on ne connaît à fond une ville que lorsqu'on en est, quand on y possède l'héritage invisible des aïeux, et qu'on a grandi, vécu, entre son ciel et son sol. Des espions l'explorent, la repèrent, la trahissent. Des barbares l'occupent et la détruisent, ou croient la détruire. Ils ne la connaissent pas. Sans cela les Allemands, quelle que fût leur haine, quels que fussent leur ressentiment et leur dépit, ne l'auraient pas bombardée, car ils auraient su que la ruine momentanée était inutile, que les courages ne fléchiraient jamais sous la brutalité absurde de la matière, enfin que la victime serait la vengeresse et que la morte était immortelle.

Le bombardement commença presque aussitôt après ce qu'on croyait être la délivrance. Les Allemands avaient été forcés d'évacuer la ville le 12 septembre.

« Dès l'aube du dimanche 13, écrit le général Dubois, les premiers soldats français pénètrent dans la ville par le faubourg de Vesles et ramassent les Allemands isolés qui se sont attardés dans les estaminets. Quelques coups de fusil sont échangés : deux uhlans tués dans la rue de Mars....

« Partout, dans les rues, l'enthousiasme déborde ; nos soldats sont pleins d'entrain et d'espoir. Les succès de la Marne, qu'ils racontent plaisamment, leur ont rendu la confiance et fait oublier de dures et longues fatigues...

« Il est onze heures lorsqu'une canonnade lointaine se fait entendre dans la direction de Pontavert ou Berry-au-Bac. Peut-être les passages de l'Aisne sont-ils disputés à quelque convoi allemand battant en retraite.

« Des taubes survolent la ville ; ils doivent sans doute signaler les points de rassemblement de nos troupes aux batteries qui ont été organisées autour de Berru et de Brimont et qui sont encore silencieuses. Mais la foule qui remplit les rues et les places s'en inquiète peu ; elle est tout à la joie de se trouver au milieu de soldats français et d'avoir vu disparaître les « Boches » qu'elle espère bien ne plus revoir... »

Ces forts de Berru et de Brimont, ainsi que celui de Nogent-l'Abbesse, comment la bataille de la Marne n'avait-elle pas eu pour conséquence de les remettre entre nos mains ainsi que Reims même ? Cette question, que tout le monde s'est posée avec douleur, doit encore rester sans réponse. Il manque à peu près tous les éléments formels de la discussion. Est-ce sur une simple opinion courante qu'il faut admettre qu'abandonnés par les Allemands, les forts avaient été jugés négligeables par le commandement, et qu'on les laissa tranquillement réoccuper, s'apercevant seulement quand les obus tombèrent, qu'ils avaient de l'importance ? Faut-il encore accepter cette explication simpliste que les munitions manquèrent pour empêcher les Allemands de revenir sur les hauteurs qui dominent le nord et l'est de Reims ? Doit-on enfin s'en tenir à cette dernière version, qui semble ressortir de ce que vient de nous dire M. le général Dubois, que les ennemis n'avaient jamais quitté les forts, et qu'ils profitèrent de cet avantage pour accomplir leur fonction de barbares s'ils n'avaient pu mener à bien leur programme de guerriers ?

La réponse définitive à ces questions sera, hélas ! toute platonique lorsqu'elle pourra être acquise. Ce qu'il y a de certain c'est que les Allemands ont commis un des plus grands crimes de l'histoire, que ce crime était prémédité, et qu'il n'a pas d'excuse, puisque les criminels eux-mêmes, avec une inconcevable stupidité, ont eux-mêmes bombardé les arguments par lesquels, au début, ils avaient tenté de se justifier devant la civilisation frémissante d'indignation et de douleur.

Le général Franchet d'Espérey, un des victorieux auxiliaires du généralissime, avait donc, le 13 septembre, fait son entrée dans une ville rayonnante qui jetait sous les pas de l'armée des brassées de fleurs. Le lendemain matin, les obus pleuvaient sur cette ville stupéfaite. On s'apercevait bien vite que c'était un bombardement férocement systématique qui commençait.

Rien en effet ne montrait qu'il s'agît d'une opération stratégique. Ou c'était l'absurde ou c'était l'infernal. La continuité de l'acte et son étendue montraient que c'était l'infernal qui dominait sans que l'absurde fût exclus, car en même temps les bombes tombaient sur les ouvrages de défense et les batteries installés dans la périphérie orientale de Reims, et dans le centre même de la ville où l'installation de canons et la présence de troupes eussent été une impossibilité et un très coupable non-sens.

Au surplus, après les quatre premiers jours de ce bombardement, c'est-à-dire le 18 et le 19 septembre, il dévoila alors son véritable caractère : l'*obus incendiaire* fit son apparition.

Le 19, l'ouragan de feu atteignit son paroxysme. Alors, pendant que tout se fracassait et flambait dans toute la ville, la cathédrale fut le but constant, manifeste, du plus principal acharnement. Comment rendre un pareil spectacle d'horreur que l'imagination peut à peine concevoir, mais dont toute description est forcément languissante ?

L'incendie commence sur plusieurs points à quelques secondes de distance. D'abord la toiture du côté de l'abside est traversée par les projectiles et la nappe de feu ne tarde pas à embraser la prodigieusement belle et prodigieusement touffue forêt de charpente qui règne entre cette couverture et la voûte. Presque en même temps, les échafaudages qui enveloppaient, pour des fins de restauration, la tour du nord d'un dangereux réseau, prennent feu de leur côté. Les massives portes de bois du triple portail sont aussi touchées par les obus qui, en éclatant, dévorent. Cet incendie entraîne celui des amples et beaux tambours sculptés du xvii⁰ siècle qui, à l'intérieur, enveloppent les contre-portails. Le plomb fondu commence à tomber dans la nef par la voûte qui le distille. Dans cette nef, dans les bas-côtés, partout, le sol est tapissé de paille. Le prince Auguste-Guillaume avait tout spécialement exigé qu'on prodiguât cette litière pour transformer la cathédrale en une gigantesque ambulance ; on ne peut supposer que cet homme, qui a une femme, un jeune enfant aux yeux d'ailleurs déjà féroces, a prévu que ces bottes étalées seraient à deux fins et activeraient la conflagration. Il y a encore quelques blessés allemands là-dessus. On en sauvera une partie, car nous sommes capables de cela en France. D'autres, qui ne pourront être atteints, devront connaître, de par la propre main de leurs compatriotes, dans une église vénérée, les tourments mêmes de l'enfer. Quelles prières ou quelles malédictions auront pu s'échapper de leurs combustibles poitrines ?

Feu sur le sol, feu sur le faîte. Le vaisseau mystique est maintenant une fournaise. Les vitraux éclatent ou se liquéfient. Tout ce qui peut flamber, flambe, attisé

par les deux tours qui deviennent, de la fournaise, les
immenses cheminées, et qui, à la nuit tombée, se transforment en deux torches géantes, éclairant toute la ville
terrifiée.

Cette ville, qui ne peut penser échapper à sa dernière heure, trouve encore des forces pour contempler
son infortune avec des yeux épouvantés, et toutefois
héroïques. Oui, l'attraction des immenses périls, le
désespoir, la plus poignante et la plus passionnée curiosité qui puisse animer l'âme humaine, tous ces sentiments
atroces et sublimes, tout cela jette hors des caves où
elle s'était réfugiée, une population en effroi, en cris, en
larmes, en admiration horrifiée, dont la pensée monte,
avec les flammes, vers cette immensité indifférente que
nous appelons le ciel.

L'archevêché, dont les grands et calmes bâtiments
abritaient des trésors d'art et d'histoire sans nombre et
sans prix, devient lui-même à son tour un ample brasier,
d'où s'envolent à jamais le génie des manuscrits vénérables, des livres rares, le spectacle harmonieux des
nobles tapisseries, le travail des vieux orfèvres et l'image
de tant d'êtres illustres qui passèrent dans les siècles et
formaient une ascendance glorieuse, une cohorte exemplaire. Tant de merveilles, d'enseignements et de bienfaits, s'en vont en impalpables cendres, de par la volonté
d'un empereur qui a mille fois dépassé Néron. Tant de
beauté s'évanouit à jamais, sans même laisser une trace,
de par la brutale servilité de l'exécuteur des viles œuvres
de ce Néronissime, un vieillard à la large face barrée,
bornée d'orgueil, aux yeux endurcis implacables, sombrement illuminés de la satisfaction de son crime et du
reflet des bûchers où il croyait anéantir la gloire française, mais où l'histoire le fera lui-même monter, en un
mot, un de ces personnages funestes de qui le nom devient
un des symboles du Mal : *le generaloberst von Heeringen*.

REIMS. — AGENCE DES TRAVAUX DE LA CATHÉDRALE ET DE L'ANCIEN SÉMINAIRE (22 AOUT 1915).

Cl. Section photogr. de l'armée.

Comme ceux qui feront le pèlerinage de Reims se seront sans doute prémunis d'une des nombreuses et considérables monographies qui ont été, depuis long-temps, et sont en ce moment même consacrées à la seule cathédrale, nous ne nous adonnerons pas à la trop facile tâche de récrire par le menu, d'après ces travaux, l'histoire de cette basilique, dont le martyre devait, chose qu'on eût jugée impossible, accroître encore l'illustration. Simplement, nous rappellerons les grandes lignes de sa structure et les principales raisons de sa beauté.

Notre-Dame, qui remplaçait l'église romane où avait officié Hincmar, succédant elle-même au temple où saint Remi avait baptisé Chlodowig, fut l'œuvre, princi-palement, de trois siècles. On s'accorde à attribuer l'honneur d'en avoir conçu le plan audacieux et fort, et d'en avoir commencé les premiers et décisifs travaux, au génial architecte Jean d'Orbais. Génial en plus d'un sens, mais particulièrement en ceci que, préparant à ses successeurs toutes les possibilités de construire un édi-fice de lumière et de rêve, il avait donné à la base, au point de départ, des assises à peu près indestructibles. Ainsi Jean d'Orbais, puis Jean Le Loup, puis Gaucher, puis Bernard de Soissons, Robert de Coucy et plusieurs autres encore se faisaient la courte échelle vers le ciel. A la fin du xvᵉ siècle, Notre-Dame avait été non seulement ache-vée en gloire, mais encore réparée des suites d'un incen-die accidentel.

Alors, depuis 1429, elle était toute imprégnée du souvenir de Jeanne d'Arc, et aussi chère ainsi aux Fran-çais que vénérée des chrétiens.

Ce qui faisait la nouveauté, entre autres, de l'église, et ce qui lui donnait, pour le passant comme pour le familier, son expression, son action éblouissante et fasci-natrice, c'étaient deux choses surtout : la splendeur de

son vêtement au dehors, et, à l'intérieur, le prestige
mystérieux et divers de la lumière qui, de haut, l'inon-
dait.

Cette parure ornementale, dont chaque détail était,
soit une statue admirable autant que celles de l'antiquité
grecque, soit une composition en bas ou en haut-relief,
hardie, pleine de vie, de vérité et de grandeur, tout en
gardant une pureté ravissante, cette parure de pierre
dont le temps avait fait une parure d'or, se répartissait
principalement au triple portail de la façade, et, en cein-
tures de chefs-d'œuvre, à diverses hauteurs, tout autour
de l'édifice.

Au portail, c'étaient, encadrées dans leurs gables
d'une indicible légèreté, la *Trinité*, le *Couronnement de
la Vierge* et la *Crucifixion*. Au-dessous de ces trois
tableaux grandioses, les archivoltes étaient comme trois
cascades mystiques d'apparitions innombrables : anges,
saints, apôtres, docteurs. Au-dessous encore, aux ébra-
sements, la phalange des grandes et admirables figures
bibliques, peut-être les plus belles de toutes, radieuses,
majestueuses ou recueillies, parmi lesquelles la *Reine
de Saba*, la *Vierge* et l'*Ange* de l'*Annonciation*, la Vierge
et la Sainte Anne de la *Visitation*, enfin les prophètes et
les papes, dont le calme, la dignité, la fermeté n'ont pas
été dépassées par les créations des Verrochio et des
Donatello.

Après cette base magnifique, vient une autre région
aux hardis ajourements, hautes baies géminées, rose
rayonnante inscrite dans un autre arc plus ample et plus
puissant ; et ces ouvertures qui distribuent superbement
la profondeur des ombres et la clarté des saillies, sont
séparées par de hautains contreforts où se trouvent
ménagées des niches abritant elles-mêmes des imagina-
tions grandioses. (Voir *Illustration*, p. 337.)

Après cette région encore, toute la suite des Rois,

dont les dais ininterrompus abritent d'un feston vraiment princier la sévère silhouette.

Après cela encore, la partie supérieure des tours, qui avec leurs jours d'un seul tenant, les longues et sveltes colonnettes qui constituent ces tours mêmes, et qui en font comme deux gerbes suprêmes. Après cela... il ne peut plus rien y avoir que la lumière du jour, ou, la nuit, le poudroiement d'or illimité des étoiles.

Et pourtant, il y avait encore des choses qu'on pouvait, qu'on devait admirer, une fois tout cela vu, revu et ressenti. D'abord, les portails du transept, eux aussi assez riches en morceaux et en compositions de grande beauté pour qu'il soit impossible de les énumérer ici même en abrégé. Puis, cette conception si fine, si délicatement originale, on dirait, sauf la crainte de faire un jeu de mots qui pourtant est le seul qui exprime la vérité, cette conception ailée, de tous les anges qui entourent de leur plumage éployé et de leur adorable sourire l'édifice tout entier. Chaque contrefort sur lequel vient s'appuyer un double arc-boutant, est surmonté d'un dais à colonnettes de marbre qui donne le change et déguise l'utile sous l'exquis, et chacune de ces niches abrite son ange, son grand ange aux ailes étendues.

Cette création d'une sorte de garde céleste est particulière à Reims et unique au monde. C'est l'arabesque étincelante qui signe l'œuvre et la parachève.

A l'intérieur, avons-nous dit, une autre originalité grande était instaurée. Après Chartres, qui avait allégé l'empire architectural, mais tout en demeurant austère, Reims osait bâtir de l'aérien. De là, cette audacieuse suppression des galeries surmontant les bas-côtés, et, à la place, le clair et large réseau des très hautes baies qui montaient jusqu'à la naissance de la voûte. Alors, il avait été presque nécessaire de décentrer pour ainsi dire cette partie supérieure par rapport aux inébranlables assisès. Elle n'était pas construite sur le même canon, et semblait posée *seulement presque* d'aplomb par une main sûre, osée, et cependant émue. C'était comme une autre église dont on avait couronné la première. Et pourtant, par la vertu du génie de ces grands vieux maîtres, elles se trouvaient l'une à l'autre indissolublement liées. Par la contagion du miracle, ce tour de force avait permis à Amiens d'en réaliser encore un plus grand, et si Reims avait montré l'exemple de construire avec une matière éthérée, Amiens à son tour, exaltée par cet exemple, avait fini par sembler supprimer ce qui pouvait demeurer de matériel.

Si nous parlons ici incidemment d'Amiens, ce n'est pas par de simples raisons d'associations d'idées, c'est parce que la magnifique fermeté de Reims a pu résister aux plus effrayants assauts, où une minime partie de ces attentats aurait réduit à néant la féerique subtilité d'Amiens.

Cette remarque a été faite, avant tous, par un noble artiste qui a été en même temps un homme de noble courage, M. Whitney Warren, architecte et citoyen des Etats-Unis.

M. Warren était arrivé à Reims dès le 25 septembre, c'est-à-dire presque au lendemain du grand incendie de la cathédrale, et pendant que les décombres étaient encore fumants. Il constata les ravages jusque dans les moindres détails pendant trois jours, notant les ensembles disjoints et les œuvres d'art écrasées ou calcinées. Il en arriva à cette formelle conclusion : « Si la cathédrale d'Amiens avait subi le même sort, les voûtes auraient sans aucun doute cédé, par suite de la légèreté de leur construction ; les arcs-boutants se seraient écroulés, entraînant la destruction des murailles, et il ne serait resté qu'une masse de pierre informe, à l'exception peut-être des ruines des tours. Si donc il reste quelque chose de la cathédrale de Reims, je considère que cela est dû uniquement à la solidité de la construction et non au désir de l'ennemi de sauver le monument d'une destruction totale, qui était voulue. La cathédrale domine le reste de la ville, et il aurait été facile d'en éviter la destruction, étant donnée l'inutilité de semblable mesure contre un monument servant en outre d'hôpital ».

Et après cette conclusion du technicien, venait celle-ci encore plus grave et plus solennelle, de l'artiste et du citoyen d'un pays libre, indigné devant cet attentat contre l'art et l'humanité, et ayant vu par ses yeux toutes les preuves qu'aucune raison militaire ne le justifiait : « La seule explication que l'on puisse donner de cette profanation est une rage de destruction qui semble avoir frappé une partie de l'armée assiégeante ».

Dès que furent connus le bombardement de la ville et l'incendie de la cathédrale, un cri de pitié, de colère et de dégoût s'éleva d'un bout du monde à l'autre, sauf dans les repaires qui se nomment l'Allemagne et l'Autriche-Hongrie. Quatre-vingt-treize savants, philosophes, écrivains ou artistes dont plus d'un avait été honoré et même poussé à la célébrité par la France, signèrent un factum honteux qui se bornait à démentir sans preuves et à glorifier, en cette occasion, le génie civilisateur de la Germanie. Qu'était-ce que cette centaine de cerveaux obscurcis par l'orgueil allant jusqu'à réclamer ainsi leur part de complicité morale, auprès des centaines de milliers de cœurs généreux et d'esprits lucides qui représentaient les sociétés artistiques ou savantes dans tout le reste des deux mondes ?

Peu de jours après le cataclysme, une commission officielle, dirigée par M. Dalimier, sous-secrétaire d'Etat des Beaux-Arts, vint en évaluer l'étendue. Elle nota la destruction totale de la toiture et du beau clocher

de l'Ange; les graves dommages causés à la tour du
Nord; la quasi-fusion des cloches qui avaient sonné pour
tant de fêtes et de fastes; la pulvérisation des vitraux;
la carbonisation des boiseries; enfin les plaies reçues
par tout le corps de la cathédrale, arcs-boutants entamés,
colonnettes fracturées, parois ou contreforts labourés
de trous, criblés d'éclats, et par-dessus tout, la destruction de beaucoup des plus belles sculptures du portail de
gauche et du côté nord de sa tour.

Disparus les beaux anges et les graves apôtres. Déca-
pitée la Reine de Saba. Broyés ou calcinés au point de
s'effriter au moindre contact les types de race et les
spécimens de l'art de nos vieux imagiers. Et le rapport
officiel, communiqué à toutes les nations, concluait par
ces lignes éloquentes :

« En résumé la cathédrale est défigurée dans les
lignes et dans les détails de sa décoration. Si sa construction puissante a résisté en partie au choc des projectiles,
on ne refera jamais ses admirables sculptures, et elle
portera la marque d'un vandalisme qui dépasse l'imagination. »

A ces protestations si fermes de la France outragée
dans ses affections si chères plus encore que meurtrie, à
cette solidarisation avec elle de tout ce qui dans toutes
les contrées est l'honneur et la sauvegarde de la pensée,
comment répondirent les accusés ?

Par des mensonges, et encore des mensonges, tout
d'abord. L' « Homme aux chiffons de papier » osa alléguer
auprès des gouvernements étrangers d'invraisemblables
raisons militaires. Les Français avaient établi un poste
d'observation dans les tours, faisaient de là des signaux
lumineux, et même, ô effronterie d'âmes à qui ne répugne
point la plus grossière menterie! avaient installé de
l'artillerie lourde autour de la cathédrale pour canonner
les positions allemandes!

Or, il y avait bien eu un poste sur les tours, et c'étaient les Allemands qui l'y avaient érigé. Il y avait bien eu des signaux lumineux, mais c'étaient les Allemands qui les avaient faits, avec un projecteur électrique qu'ils avaient emporté dans leur retraite.

Le communiqué officiel du 21 octobre n'eut pas de peine à répondre qu'il n'y avait pour nos armées aucun intérêt à placer des observateurs dans les tours quand on pouvait surveiller toute la plaine de Reims de beaucoup d'autres points aussi efficaces et bien plus pratiques tout en n'exposant pas la ville à d'affreux dangers. Quant aux signaux l'on eût pu aussi bien les donner par un téléphone que par l'éclatant avertissement d'un projecteur.

Pour l'artillerie lourde placée dans les alentours de la cathédrale, le gouvernement ne répondit même point à une bourde pareille. Il suffit de la simple remarque d'un caissier rémois[1], qu'on ne voyait pas très bien, à Paris, « des canons sur le parvis de Notre-Dame pour bombarder les hauteurs de Saint-Cloud ».

S'il était venu, en effet, de l'artillerie lourde pour essayer de réduire au silence les meurtriers d'une cité qui ne contenait plus que des femmes, des enfants ou des hommes en dehors de l'âge de combattre, c'était aux extrémités et dans la banlieue de la cité.

« Nous avons reçu, ajoutait ce judicieux Rémois en des lignes significatives, *de l'avis même des Prussiens, ce qui était destiné à Paris.* »

Croit-on enfin que ceux qui avaient charge d'âmes et la population elle-même auraient laissé installer leur mort même, par l'autorité militaire, et que celle-ci aurait eu la sottise et l'inutile cruauté de l'exiger?

---

1. Lettre de M. L. [Joubert, caissier du Crédit Lyonnais, à *l'Écho de Paris*, 17 octobre.

Mais à quoi bon discuter avec ceux qui ont tué dans le monde la discussion, comme ils ont tué la foi jurée, et le prix de la vie humaine, et ravagé avec une opiniâtreté de buffles en folie, la beauté de toutes choses ?

C'était d'autant plus inutile que par la continuation même de leur acte criminel, ils en infirmaient l'explication, et sans plus s'en soucier, peut-être sans même s'en apercevoir, ils démentaient leur propre mensonge.

Ce qu'il ne faudra jamais trop relire, c'est que la destruction de la basilique était chez les Allemands, et particulièrement chez les théologiens, les penseurs et les poètes, une obsession véritable. Avec son ironie à double tranchant Henri Heine avait prédit, sans en paraître autrement affecté, que le marteau de Thor abattrait nos cathédrales « gothiques ». Mais ce qui pouvait alors paraître une fantaisie avait été auparavant exigé en propres termes par des hommes meilleurs Allemands que Heine. M. Dorchain a été bien inspiré en rappelant le texte d'un théologien illustre et vénéré en Allemagne. Johann-Josef Gœrres avait jeté, en 1814, dans le *Mercure du Rhin*, ce cri de pieuse haine :

« Réduisez en cendres cette basilique de Reims où fut sacré Klodowig, où prit naissance cet empire des Franks, faux frères des nobles Germains ! Incendiez cette cathédrale ! »

Avant que M. Dorchain en eût trouvé le saisissant rapprochement, nous avions déjà noté et mis en lumière le cynique aveu du *Berliner Blatt*, dès le 5 septembre 1914 :

« Déjà le groupe occidental de nos armées de France a passé la seconde ligne des forts d'arrêt, sauf Reims, *dont la splendeur royale qui remonte au temps des lis blancs, ne manquera pas de crouler en poussière, bientôt, sous les coups de nos obusiers...* »

Le bombardement du 4 septembre n'était donc que le commencement d'exécution de cette nationale consigne. Ceux qui se succédèrent sans relâche à dater du 14 septembre en furent l'exécution complète, dans la mesure où l'avait laissée possible le génie — peut-être divinateur ! — du constructeur Jean d'Orbais.

C'est pourquoi, les « nobles Germains » qui firent éclater leur joie sont moins immondes, dans leur sauvagerie que ceux qui, comme Bethmann-Holweg, et comme certains ergoteurs à gages, essayaient de discuter et de trouver des arguments plus ou moins ingénieux pour rejeter le tort sur la victime.

Les généraux d'abord. Von Bissing interrogé par un journaliste hollandais : « Il est, certes, à regretter que des maisons, et même des villes entières doivent être détruites, mais il faut que personne ne se laisse aller à une sentimentalité déplacée. Ces conséquences n'ont pas pour nous autant de valeur que la vie d'un seul soldat. Cela va de soi et n'a pas besoin d'être expliqué ».

Von Heeringen, l'auteur responsable, répondait à un reporter américain : « Le sang allemand vaut mieux que les monuments français (comme s'il y avait le moindre rapport entre cela et ceci !). Quand le moment viendra de prendre Reims, si les Français ne l'abandonnent pas d'une autre façon, j'ordonnerai le bombardement total de la ville, et la responsabilité de sa destruction incombera aux Français. Nous respecterons Reims seulement quand les Français n'y seront pas ».

Remercions du moins ce lansquenet affreux de l'explication, cherchée par quelques-uns : pourquoi, en 1870, les nobles Germains n'avaient pas répondu à l'exhortation du pieux Gœrres.

De Berlin même, à la fin d'octobre, un autre général, von Disfurth, poussa un éclat de rire sauvage. « Nous n'avons pas du tout à nous occuper de l'opinion des autres pays, même neutres. Et si tous les monuments, tous les chefs-d'œuvre d'architecture qui sont placés

entre nos canons et ceux de l'ennemi allaient au diable,
cela nous serait parfaitement égal... Mars est le maître
de l'heure, et non Apollon... *On nous traite de barbares,*

GÉNÉRAL VON HEERINGEN.

qu'importe! Nous en rions!... Que l'on nous épargne
enfin et définitivement ce bavardage oiseux, et qu'on ne
nous parle plus de la cathédrale de Reims, et de toutes
les églises, de tous les palais qui partageront son sort!.. »

Dans de telles conditions, un criminel est encore moins révoltant qu'un imbécile.

Certes, le « poète lyrique » Rudolf Herzog est bien écœurant, qui verse dans le *Berliner Lokal-Anzeiger* du 1er janvier l'effusion d'une ode à la joie de la cathédrale détruite : « Les cloches ne sonnent plus dans le dôme aux deux tours... Finie, la bénédiction !.. Nous avons fermé avec du plomb, ô Reims, ta maison d'idolâtrie ! »

Mais il est splendide, ce crétin, auprès des professeurs qui ont essayé, avec des regrets hypocrites, de montrer que, si les Allemands avaient détruit la cathédrale, ce n'était pas de leur faute. L'un, Paul Clemen, « inspecteur des monuments belges et français », est grave. L'autre, Cornelius Gurlitt, est bouffon. Le premier s'insinuait jadis chez nos artistes notoires et affichait une débordante admiration pour notre « culture », presque de l'amour. Son lourd et compliqué mémoire n'a de plaisant que l'inutilité à laquelle l'a réduit la continuation du bombardement pendant une année. L'autre pédant démontre le haut degré de civilisation de l'Allemagne par une conférence qu'un officier, le comte de Vitzthum, fit aux troupes pendant l'occupation, et le degré de sauvagerie de la France par les restaurations que l'on fit à Reims sous Louis XV et sous Napoléon Ier. Conclusion : les Barbares, ce sont les Français. Puis, ce pince-sans-rire donne à comprendre que les Allemands s'entendraient infiniment mieux que nous à restaurer la cathédrale dans le vrai esprit gothique. Projet sans doute et candidature naïvement dévoilés.

Pour en finir avec cette douloureuse discussion, malgré l'évidence maintenant universellement reconnue, il faudra rappeler que le Dr Langlet et l'archiprêtre de la cathédrale, l'abbé Landrieux, engagèrent solennellement leur honneur à démentir les raisons soi-disant « militaires » par lesquelles les Allemands avaient pensé tout d'abord à se disculper, et que M. le général Dubois, en ajoutant son témoignage à celui de ces deux grands citoyens, l'a rendu plus saisissant encore par ces paroles magnifiques : « J'ignore le nombre des victimes restées dans l'affreuse catastrophe, mais je sais que cinq religieuses de l'Enfant-Jésus et plusieurs brancardiers y ont péri en voulant sauver des flammes des blessés allemands. »

CHAPITRE XIX

Quelques impressions de Reims martyrisée et invinciblement
vivante. — Fiacres, langouste, vendanges. — Les caves, refuges
de la douleur et forteresses de l'enfance studieuse. — Admirable
conduite des instituteurs et des institutrices. — Les jours et les
nuits de Reims. — Le maire Langlet et ses collaborateurs. —
Ce que les Allemands n'ont pas compris, et ce qu'ils n'ont pas
prévu.

Nous voici ramenés sur le sol brûlant, parmi les
pierres noircies et les êtres voués à une mort cruelle ou
à des angoisses sans fin, plus cruelles encore.

Ces êtres humains, ces Rémois, ces Français, par un
phénomène qui pourra paraître incompréhensible à des
Allemands, mais que nous trouvons tout naturel, encore
qu'il soit admirable, se montrèrent justement trempés
par ces épreuves au lieu d'en être abattus. Parmi les
ruines de leurs demeures et sous la menace constante
de l'obus et de ses éclats, qui fracassent le crâne, ou-
vrent la poitrine, broient les membres, ou écrasent en
bouillie le corps tout entier contre une muraille, ils
organisèrent leur vie et trouvèrent le moyen de la faire
sinon heureuse, comme elle l'était jadis entre toutes,
du moins réglée et impassible.

Il ne s'écoulait guère de jours que la ville centrale
ou les faubourgs n'eussent leur ration de projectiles,
brisants ou incendiaires ; tantôt à huit heures du matin,
ou de onze heures à midi ; d'une heure à deux, de cinq

à sept ou de neuf à dix heures du soir, parfois toute une
nuit. Quelques-uns de ces bombardements furent particulièrement violents, infernaux presque, entre autres
ceux du 19 septembre, du 18 octobre, du 25 novembre 1914, du 21 au 22 février, du 1er au 2 mars, du 8
au 9 avril et du 20 juillet 1915 et encore après l'offensive en Champagne. Plus d'une fois, la cathédrale eut
de nouvelles et volontaires atteintes, qui continuèrent
les ravages extérieurs. Bien des maisons, qui avaient
été par chance exceptionnelle épargnées, à leur tour
s'effondraient puis étaient dévorées par les flammes.
Telle était la profusion des bombes, que continuellement
elles n'eurent d'autres résultats que de mettre les ruines
en ruines, tombant sur des quartiers entièrement détruits déjà.

Les usines étaient anéanties et les magasins en cendres. La *Gazette de Francfort* le constatait froidement
dans un entrefilet du 4 décembre : « Les retranchements
de l'artillerie allemande sont à 1.800 mètres des faubourgs. Leur tir n'a épargné aucune partie de la ville.
La riche industrie textile est réduite à néant pour un
grand nombre d'années. Les pertes sont jusqu'ici évaluées
à 350 millions de francs ». Pas d'autre commentaire
dans cet entrefilet qui se détachait en belle place à la
première page. Les commentaires, ce sont les lecteurs
allemands qui les faisaient.

Le faubourg Cérès était à cette époque un champ
ininterrompu de restes de maisons trop peu élevés pour
arrêter l'œil d'un bout à l'autre.

Non seulement la cathédrale, les édifices civils, les
propriétés particulières étaient ravagés ou abattus, mais
la piété et l'humanité allemandes s'en prenaient encore
manifestement aux asiles de la souffrance et de l'assistance. L'Hôtel-Dieu, qui est installé dans l'admirable
cloître de l'ancienne abbaye de Saint-Remi, fut spécia-

lement bombardé malgré le drapeau de la Croix-Rouge, et il y eut, parmi les religieuses et les hospitalisés, des victimes. L'ambulance de l'Union des Femmes de France fut incendiée. Le couvent du Bon Pasteur fut éprouvé durement ainsi que celui de l'Enfant-Jésus.

Nous aurions pu consacrer à la basilique de Saint-Remi, ce chef-d'œuvre imposant de l'art roman, une description détaillée. Elle déborderait les proportions de notre ouvrage. Mais comment ne pas dire qu'ultérieurement au bombardement du 4 septembre, elle eut son abside au tiers effondrée. Saint-Jacques, dont nous avons également parlé, reçut des obus, ainsi que les églises Saint-André et Sainte-Clotilde.

Pour résumer ces destructions qu'on ne peut énumérer toutes et qu'il serait passionnant, mais extrêmement long de décrire, à la fin de juillet, dans la paroisse de la cathédrale, il y avait huit hectares de bâtiments dont il ne restait que des cendres et des pans de murailles. Sur treize mille maisons que comptait Reims, sept mille étaient ruinées totalement ou gravement endommagées. Plus de six cents civils (peut-être le double, mais on n'osait fixer le chiffre) avaient été tués, et les blessés ne se comptaient pas.

Eh bien, voici le spectacle que l'on pouvait contempler après plus de six mois de ces tortures comme il en fut peu dans l'histoire des guerres et dans les annales des villes assiégées.

En venant par la route d'Epernay, on était tout d'abord frappé par le fourmillement de vie, pittoresque, presque joyeux, du faubourg de Paris, demeuré à peu près indemne il est vrai, où s'étaient réfugiés beaucoup de démolis des autres quartiers. Petits marchands, ménagères, soldats, bourgeois, ouvriers, tout cela vaquait tranquillement à ses emplettes, marchait sans fièvre, flânait, comme à cinquante lieues de la guerre.

REIMS. — LA PLACE ROYALE.   Photo L. Doucet.

Cette animation s'arrêtait à peine à l'entrée proprement dite de la ville, à l'amorce de la rue de Vesle, où, sauf l'absence de tramway et la dislocation fantastique des fils de trolleys, on aurait aussi pu se croire loin du drame, tant les bonnes gens se tenaient paisiblement sur le pas de leur porte.

Mais bientôt, une maison affreusement effondrée, puis une autre, puis d'autres encore, avec des étages sans façades, ou des façades à jour derrière lesquelles il n'y avait plus d'étages. Pourtant, là encore, des groupes s'entretenaient, des jeunes femmes circulaient sans se presser, des enfants même jouaient sur le trottoir.

Cependant, à la première impression trompeuse de sécurité succédait vite un sentiment plus réel des choses et qui ne tardait pas à devenir accablant. Ces maisons démolies alternaient avec d'autres intactes, assez nombreuses dans cette partie, mais aux portes fermées et aux persiennes closes. Rares, la fenêtre ouverte et le seuil vraiment vivant. Alors, on se mettait à mieux analyser cette atmosphère spéciale, singulière, des villes bombardées, et qu'une fois respirée, on ne peut plus ni méconnaître, ni oublier.

Ces villes, même lorsqu'on se trouve dans une partie où l'on ne découvre pas de désastres, ressemblent à ces personnes que nous rencontrons, soudain vieillies après une grande douleur. Elles ont on ne sait quoi de désolé et de poudreux. Elles sont silencieuses. Leurs traits ne sont pas changés, leur expression est d'un autre monde qu'avant.

Telle Reims, quand par hasard on se trouve dans une rue épargnée, aux habitations de familles riches, ou même dans des quartiers plus modestes, également saufs. Pourtant, en paix, certains dimanches, les maisons sont également muettes, les devantures closes, les passants peu fréquents. Mais il y a quelque chose d'autre dans l'air.

De la rue de Vesle, en passant devant Saint-Jacques, à la place Drouet-d'Erlon, à peu près même aspect tranquille. Mais, soudain, on avait la surprise de trouver, rangée en bon ordre sur cette place, le long des vieilles arcades, toute une suite de vieux fiacres, attelés de vieux chevaux, et surmontés de vieux cochers, attendant sur le siège on ne peut conjecturer quels clients. Y avait-il vraiment des gens qui pouvaient prendre ces véhicules héroïques autant que désuets? Ou bien, la corporation des cochers de Reims attendait-elle, à la mode des patriciens de Rome assis sur leurs sièges curules, une nouvelle invasion des Barbares? Enfin, étaient-ils là uniquement pour éviter l'ennui, ou surtout le déshonneur, car un cocher, quels que soient les engins qui sillonnent les airs, n'a pas de raison d'être dans une cave? Toujours est-il qu'ils ont ébahi les voyageurs qui ont accompli une mission à Reims, et qu'au milieu de leurs profondes émotions, ils leur ont donné une occasion unique de sourire.

C'était une surprise encore de voir en divers points des rues centrales, rue de l'Etape par exemple, des magasins de modes ouverts, avec des jeunes filles non moins intrépides que les vieux automédons, et plus agréables à voir, servant paisiblement quelque cliente qui n'avait point renoncé à l'élégance.

Que dire ! on ne pouvait même pas, à Reims, renoncer à ces douceurs qui mettaient l'eau à la bouche de l'illustre Boche Gœthe lorsqu'il accompagnait les troupes du duc de Brunswick envahissant la Champagne. En pleine place Royale, où les façades de si belle allure, noircies par les flammes, ne laissaient presque toutes, par leur fenestrage, voir que le néant, une antique renommée se devait à elle-même de fabriquer et de vendre encore les légendaires biscuits, le comestible velours des massepains.

Un seul des grands hôtels demeurait ouvert alors, place Drouet-d'Erlon. Les pauvres femmes qui le géraient, bien inquiètes et bien pâlies par les continuelles transes, s'ingéniaient à faire faire bonne chère aux voyageurs devenus rarissimes. A ce point, que l'entretien ayant porté, entre les auteurs de ce livre et un notable de Reims, sur les difficultés du ravitaillement, et l'un d'eux ayant avec une cordiale ironie objecté aux assertions optimistes du notable : « Vous ne pouvez tout de même pas manger de la langouste », la surprise ne fut pas mince, le soir, de voir servir, au début d'un dîner excellent, une langouste d'une fraîcheur plus grande que celles qu'on ose offrir, pendant la saison des bains, dans certains ports de mer !

Pendant les séries de bombardement, le prix moyen des vivres était inférieur à celui de Paris en ce moment. Pour le vin de Champagne, nous n'en parlons point. On suppose bien qu'il ne manquait pas, malgré le passage des Allemands, mais nous étions de ceux qui le considèrent comme un symbole, et qui ont fait vœu de n'en boire qu'après la victoire. Nous pouvons, du moins, pour rassurer ceux qui pourraient en craindre la disette, rapporter une vision que nous avons gardée dans les yeux, et dont nous voudrions noter le souvenir. C'était dans les derniers jours de septembre 1914.

Reims ! la cathédrale mutilée, des rues dévastées, des maisons écroulées, d'autres montrant leurs plaies béantes, des ruines fumant encore. Partout les traces des obus, leurs meurtrissures dans la pierre, les trous qu'ils ont creusés dans le sol, et l'attente de l'ouragan régulier de fer et de feu du bombardement.

Mais voici le plus saisissant contraste, laissant une forte impression, et c'est comme le triomphe de la vie sur l'horreur de la destruction.

Ces groupes d'hommes et de femmes qui suivent la

rue de Vesles pour gagner la campagne, quelques-uns
chargés d'un léger bagage, ce ne sont pas des fugitifs.
Leur visage n'est point anxieux et il ne dit pas l'exode du
désespoir. Ce sont des travailleurs : ils vont en rejoindre
d'autres, qui ont déjà commencé la besogne. Autour de
Reims, on fait les vendanges. L'œuvre de paix, la tâche
qui représente de la prospérité future s'accomplit au
milieu de la guerre.

L'ennemi n'a pas eu le temps de saccager les vignobles fameux. Il y a, sur le bord de la route, des échalas
arrachés, des clôtures brisées ; parfois, plus au loin,
c'est une sorte de déchirement dans l'alignement des
plans, un déchirement produit par les shrapnells d'une
batterie ; mais, d'une façon générale, les glorieuses vignes n'ont pas été détruites, et elles se dorent sous le
soleil d'une radieuse journée d'automne, à perte de vue.
Les vendangeurs se hâtent à la cueillette des grappes, les
paniers se remplissent, c'est le tableau d'une activité où,
en d'autres temps, il y a de la joie. Mais, cette fois, c'est
au bruit très proche d'une incessante canonnade qu'elle
se déploie, et ce travail heureux demande de la bravoure.
Il y a de la beauté dans l'application à l'œuvre coutumière, presque sur le croisement des pièces d'artillerie.

Des coteaux où se gonflent les grappes on aperçoit
les nuages de fumée après l'éclatement des projectiles.
Si près de là, on s'entretue : dans les tranchées, des milliers d'hommes se guettent ; nos soldats attendent l'instant de bondir, et, dans cette lutte si dure, de gagner
quelques mètres de terrain. C'est la bataille terrible,
implacable, la plus dure qu'on ait jamais vue. Sur une
route, on distingue un régiment qui s'avance vers la
ligne de combat, masse compacte d'abord, puis s'épar-
pillant par sections, fourmis devenant peu à peu invisibles dans les replis du terrain. Partout des mouvements
de troupes... Sur la ville, les obus recommencent à

pleuvoir et, de temps en temps, on perçoit leur sifflement. Mais les vignerons ne lèvent plus la tête, ils se sont habitués au tonnerre du canon, à cette atmosphère embrasée. Il y a là, les jeunes hommes étant à l'armée, des vieillards et des enfants, des dos courbés, de petites silhouettes parmi les pampres... Le travail se poursuit, s'aventure à portée du feu, s'approche des villages en cendres et des ruines. Il y a quelque chose d'admirable dans cette reprise immédiate du sol envahi par une volonté de labeur.

Rien ne nous donne mieux la sensation de la foi dans l'avenir que ces vendanges, se faisant presque sous la mitraille.

La même placidité, faite d'intrépidité naturelle, d'héréditaire bonhomie, d'acceptation égale de la mort et de la vie, pourquoi ne se serait-elle montrée dans la ville comme aux champs ?

La tombée du jour ramenait dans les caves ce monde vaillant et simple qui avait travaillé pour elles. Saisissants crépuscules de Reims où n'apparaissait plus que de loin en loin un passant attardé, se mouvant comme une ombre dans l'ombre. La vie semblait alors suspendue jusqu'au lendemain. Presque rien ne la décelait. Parfois, soudain, tout au bout d'une rue, un rais perpendiculaire de lumière jaune ; c'était la boutique d'un pharmacien qui s'entr'ouvrait et se refermait vite pour l'urgence de quelque remède. (Disons, en passant, que les médecins de Reims demeurèrent en assez grand nombre, et furent, il est superflu de le dire, admirables.) Rarement, le point rougeâtre d'une cigarette allumée par quelque flâneur invétéré qui ne pouvait se résoudre à descendre sous terre avant d'avoir un peu musé comme naguère, sur le pas de sa porte, au temps des bonnes affaires et des gais commérages. La perspective des rues, dans la nuit claire, devenait infiniment mélancolique, et pourtant comme sombrement caressante, et sous le ciel étoilé, les maisons semblaient tapissées de velours noir. Ceux qui ne savaient pas encore les habitudes, avaient la surprise, n'ayant pas la lumière à leurs côtés ou bien au-dessus de leur tête, de la trouver à leurs pieds. C'était le signe du *home* transporté au sous-sol. A quelles méditations et à quels entretiens les familles pouvaient-elles se livrer à ces heures du repos commençant, pour combien de minutes ininterrompu?

Nous avons, une fois, vu près des ruines grésillantes encore de l'imprimerie Matot-Braisne, bombardée et incendiée la nuit précédente, tout contre le mur de refend rougeoyant dans la nuit du reflet encore intense émanant du sol embrasé, une maison simple et de bon aspect, combien française de lignes sobres et de blancheur, derrière les persiennes de laquelle s'épandait la douce lueur de la lampe. Quel sage, quelle veuve, quelle épouse, était là, dédaignant de se confier aux profondeurs, pour mieux élever sa rêverie, son étude ou sa peine?

Tous n'ayant pas ce superbe dédain, des couples falots, leur boutique fermée, s'en allaient vers les extrémités, retrouver leur asile dans les immenses caves de quelque importante maison de Champagne, à la faveur d'un lumignon de papier, ou grâce aux intermittents éclairs d'une lanterne électrique de poche, permettant d'éviter les tas de décombres qui barraient tels trottoirs ou les trous d'obus qui interrompaient telle chaussée, traîtres aux plus acclimatés.

Un de ces couples nous guida vers la maison Wehrlé, dont les deux étages sous terre abritaient plus de mille réfugiés de tout âge et de tout rang social, ou plutôt devenus du même rang, ceux de qui la maison était détruite et l'aisance perdue, se trouvant les voisins de cave de ceux qui n'avaient jamais eu de maisons et vivaient de leur journée. C'était tout un monde, et un

monde aussi émouvant que bizarre, que ces abris et cette
population. Qui pourra jamais écrire l'histoire de cette
vie souterraine devenant pendant des mois et des mois
la vie normale de familles tout entières, de centaines de
ménages, avec les anxiétés sans fin et les fugitifs
bonheurs minuscules que l'on trouve dans le malheur
lui-même? Tous les actes et tous les drames de l'existence étaient ainsi transposés sur ce fond d'ombre permanente piquetée de points lumineux, qui rendaient les
silhouettes indécises et les regards étrangement luisants.

La vie commerciale de l'établissement, ou ce qui en
demeurait, était logée dans un espace du premier étage,
séparé par des compartiments de toile. Ici les livres de
comptes et leurs comptables assidus; là, un recoin pour
les petites dactylographes de dix-sept ou dix-huit ans,
qui ne pouvaient se résigner à n'être plus gaies. Surveil-
lant tout, activant tout, maintenant parfois difficilement
le bon ordre dans cette ville véritable, le contremaître
principal, en même temps lieutenant de pompiers.
Entre les énormes piles de bouteilles, la demeure d'une
famille, et rien de plus divers que ces familles et leurs
ressources de campement. Ceux-ci avaient pu sauver
quelques hardes et quelques meubles et menaient un
train presque confortable. Ceux-là n'avaient qu'une ou
deux caisses, un grabat et un poêlon. C'était l'heure du
repas. Les uns achevaient de dîner, d'autres préparaient
des fritures ou de mijotantes soupes. On mangeait pen-
sivement, avec des propos laconiques, à de lents intervalles, la tête baissée, les regards perdus, tandis que
sans doute l'esprit s'en allait vers la demeure perdue ou
la ferme ruinée. Des enfants que l'on commençait çà et
là de coucher, riant à belles dents et la chevelure ébou-
riffée, se dressaient curieusement de dessous l'édredon
rouge, pour voir ces personnages merveilleux : des voyageurs descendus de dessus terre. C'étaient les rares étin-

REIMS. — INTÉRIEUR DU THÉATRE.   Photo L. Doucet.

celles de gaité qui, de place en place, empêchaient de
sentir le froid de la tristesse et de l'humidité. Mais à
côté, voici une vieille qui avait perdu son fils la veille,
là-bas, où l'on se battait, et qui veillait à côté d'un autre,
son gamin de quatorze ans qui avait été gravement
blessé par un éclat d'obus, et dont le lit de souffrance
allait sans doute être un lit de mort. Elle le savait et le
disait. « Mais que voulez-vous ? messieurs, quand le
malheur s'y met... » Et il fallait entendre l'accent de
ces paroles qui n'étaient pas une révolte, pas même une
plainte.

Combien, dans ces caves, n'ont plus revu la si douce
lumière du jour! Combien, en revanche, seront venus
« au jour »... dans la nuit, car la naissance, comme la
mort, obéissent aux fatales lois, sous la terre comme sur
elle! Ah! les vagissements de ce nouveau-né et les
regards de cette mère, regards où la fierté perçait sous
l'habitude de l'angoisse!

Nous remarquions, en remontant dans la cour, un
espace entouré d'un treillage. On nous expliqua que
c'était une marmite, et des plus grosses, qui était
récemment tombée là et qui n'avait pas éclaté. Ainsi le
danger était incrusté au-dessus même du refuge, et
venait nous rappeler, acclimatés déjà que nous étions
à l'idée de cette existence troglodyte, ce qu'étaient souvent les nuits rémoises.

Alors, c'était l'alerte subite, effroyable; le dévouement
tout prêt, mais inégal au sinistre. Il y eut des bombardements nocturnes où pour éteindre dix maisons en
flammes, il y avait une demi-douzaine d'hommes de
dévouement et de bonne volonté. Parmi ceux-ci, le sous-
officier de pompiers Eloire et son fils, âgé de quinze ans,
et l'automobiliste ami du maire, M. Legendre, agent
d'assurances, vieux Rémois endurci, moqueur comme
un personnage des contes de La Fontaine, rugueux et

cordial, sous sa moustache blanche, comme un ceps des vignes champenoises, toujours prêt à faire une expédition hasardeuse, à conduire dans sa voiture vaillamment poudreuse son héroïque docteur Langlet vers quelque visite aux devoirs imprévus et aux nouveaux ravages, comme aussi à démonter les obus non éclatés avec le flegme et la dextérité d'un très ancien artilleur. C'est que ces obus, et particulièrement les incendiaires, sont chose terrible plus encore qu'on ne peut le concevoir. « On nous a montré des obus incendiaires, écrivait dans le *Journal de Genève* M. William Martin, nous en avons même vu brûler et c'est effroyable : la flamme a l'éclat et la chaleur d'un chalumeau, même dans l'eau, et plus on l'écrase plus elle flambe, de sorte que les gens occupés à éteindre le feu sont exposés à brûler eux-mêmes. »

Telles étaient les nuits dangereuses de Reims, suivant le pur caprice de la cruauté allemande. Il en était aussi de calmes, qui étaient faites pour élever à un degré inconnu de rêve l'observateur impavide. Nous avons assisté à une de ces nuits-là, et nous pouvons témoigner de leur troublante beauté. D'une terrasse qui avait été visitée par les éclats d'obus, mais en somme épargnée dans un quartier qui ne l'était guère, nous plongions nos regards dans la direction des collines où pendant le jour nous avions distingué la ligne blanchâtre des tranchées allemandes taillées à même la craie. Un silence insondable s'étendait sur la ville et bien loin encore, comme si tout, sous le scintillement des astres, avait été en léthargie, ou comme si eux seuls eussent été vivants au-dessus de la terre morte. Nous osions à peine nous communiquer à voix basse nos impressions de cette majesté traîtresse. Mais tout à coup, successivement, au Nord, au Sud, à l'Ouest, une fusée là-bas, montait toute directe vers le ciel. Cette fusée dorée rappelait un 14-Juillet, mais on n'entendait nulle

musique. La fusée d'or redescendait en blancheur
éblouissante et prolongée, écartant la nuit à cet endroit
pendant quelques secondes. Alors le canon ayant vu ce
qu'il voulait, expectorait violemment sa colère, et la
musique regagnait son retard de tout à l'heure. C'était,
précédé d'une lueur autre encore que celle des étoiles
et des fusées éclairantes, le furtif éclair de la pièce allemande, auquel ripostait le fracas sec et plus rapproché
du 75. Par le nombre de secondes qui s'écoulait entre le
brusque coup de lumière et le bruit du coup de canon
ennemi, les expérimentés pouvaient dire la place et la
distance de la batterie. Par l'impact, troisième temps,
ils pouvaient conjecturer où l'obus était tombé. Ce soir-
là il n'en tombait pas sur la ville même. A un moment,
les lumières et les détonations sourdes ou nettes furent
assez rapprochées pour former un surprenant accord
sur lequel se détachèrent les notes de cristal sonnant les
heures à l'horloge de quelque couvent qui n'avait pas
encore connu l'heure de mourir.

On comprendra sans peine que voués à respirer sans
relâche un pareil air, les Rémois les plus humbles,
parmi les trente mille que rien n'avait pu arracher à leur
ville, eussent fini par ne plus connaître l'émoi, et que
les plus élevés fussent devenus, sans faire le moindre
effort, des héros ou des saints.

Dans de telles conditions d'existence, la vie matérielle
étant à peu près assurée sous terre, la vie dévouée et la
vie idéale se développent et s'exaltent sur le sol. Reims,
la ville de belle humeur et aimant le bien vivre, était
devenue, sous certains rapports, la ville mystique.
Quelle crainte aurait pu arrêter les infirmières et les
brancardiers penchés sur la souffrance? Quels élans
de ferveur et d'indésarmable espoir devaient animer les
fidèles qui avaient vu leur cathédrale souffrir dans les
flammes comme Jeanne d'Arc sur son bûcher?

Il se créa donc dans Reims un double mysticisme :
le mysticisme religieux que les épreuves stimulaient, et
le mysticisme civique, fleurissant des circonstances, et
s'exerçant infatigable, en dehors des espérances célestes.
Ne cherchons pas à débattre quel était le plus beau.

Les hasards des visites et des recherches nous ame-
nèrent à visiter un matin diverses chapelles où nous
croyions trouver, pour des renseignements nécessaires,
l'archiprêtre de la cathédrale. Des indications d'habitants nous envoyaient d'une de ces pauvres et improvisées succursales, trop exposée ou fraîchement détruite,
à une autre, momentanée elle-même. Et nous nous rappelons, dans une toute petite cour, une vigne faisant face
à une vierge bleue toute rustique, et derrière la porte
qu'ornait cette vigne, un office dit pour sept ou huit
personnes parmi lesquelles des femmes en noir d'un
abandon, d'une extase, d'une beauté de lignes, tels que
les plus grands maîtres ne les sauraient rendre.

Un dimanche aussi, guidés par le noble et pieux
architecte de la cathédrale, Max Sainsaulieu, nous
entrâmes un moment à Saint-Jacques, pendant des
vêpres silencieuses, où une assistance assez nombreuse
ne tournait pas la tête, n'entendait point le canon qui
tonnait au dehors. Des enfants étaient rangés, sur les
bancs, en troupe tendre et grave.

Le spectacle que les églises offraient ainsi à certaines heures, l'école le donna tous les jours. Et cela
n'est pas une des moins belles formes de ce mysticisme
laïque dont nous venons d'analyser l'essence.

Maîtres, institutrices, inspecteurs, tout ce personnel
organisa sous le feu l'enseignement avec le même calme
et le même zèle qu'en temps de paix. Ils surent appeler
et garder leurs petits élèves, leur inspirer la naturelle
intrépidité qu'ils montraient eux-mêmes, au point que
nul d'entre eux ne se doutât même que c'était de l'intré-

pidité. C'est un des traits les plus admirables de cette épopée civile de Reims, et il n'est que justice de conserver les noms de ces passionnés calmes, appliqués à ensemencer l'avenir, laboureurs de pensée faisant leur devoir aussi instinctivement que les paysans labourant dans les champs mitraillés.

Les écoles portaient les beaux noms de nos généraux. Il y avait l'*école Joffre*, l'*école Dubail*, d'autres encore. L'inspecteur primaire Forsant avait tracé et mené à bonne fin le plan d'organisation des classes, et l'on juge que ce n'était pas chose aisée que d'imaginer et de réaliser les conditions d'ordre et de sécurité indispensables.

Dans ce quartier, c'est M. Ganot qui fait la classe à trente-six écoliers. Il a son lit dans la salle même du sous-sol où il enseigne. Plus loin, dans un autre sous-sol, Mme Maheu fait étudier vingt fillettes parfaitement tenues et attentives. Ailleurs, c'est une autre école de filles, beaucoup plus importante. Mme Entremont en est la directrice, assistée de Mmes Sonnet, Putaut, Lhotelin. Il n'y a pas moins de cent soixante-dix élèves, et les maîtresses trouvent le loisir de décorer avec art les « caves d'étude » pour que ces enfants aient du plaisir à s'y trouver. Est-il plus jolie forme de luxe et plus charmant trait d'élégance d'esprit ?

Autre école de garçons ; soixante-dix élèves ; M. Thierry et Mlle Lauthier, son adjointe, ont si bien fait travailler leurs pupilles pendant toute cette année scolaire, — en vérité, on ne réfléchit pas que plus d'une année scolaire s'est écoulée sous la mitraille ! — que quinze d'entre eux ont obtenu le certificat d'études[1]. Autre, installée dans les caves d'une grande maison de Champagne et qui ne comprend pas moins de *deux cent cinquante-quatre élèves*.

1. Témoignages de M. H. E. Mirguet dans *Reims à Paris*.

M. Thénault y professe, assisté de Mmes Mauroy, Camus
et Jonet. Parmi les exercices que l'on donne à faire aux
enfants, celui-ci qui est vraiment à la française : « *Le
bombardement d'aujourd'hui. Racontez le bombardement
de midi.* Dites ce que vous avez vu et entendu! »

Une autre école encore, dirigée par Mlle Philippe, se
tenait à quatre mètres sous terre, mais elle était ornée
de fleurs en tout temps, et un portrait de Joffre présidait
paternellement. Et dans d'autres écoles encore, comprenant environ six cents enfants, les mêmes tâches étaient
remplies avec le même dévouement et le même entrain
par des maîtres qui s'appelaient MM. Grain, Communal,
Mmes Baudin, Tanton, Boivin, Maupinot, Rochefort, Cava-
rot, et cette Mlle Fouriaux qui a trouvé le moyen de se
distinguer, parmi cette petite phalange, au point d'être
citée avec éclat à l'ordre du jour. Quel ordre du jour la
France ne réserve-t-elle pas à tous ces soldats du savoir
qui, dans des tranchées à leur manière, instruisaient ces
enfants de Reims tout en leur prodiguant les préceptes
et les exemples du plus ardent patriotisme, et qui non
contents de tremper ainsi cette jeunesse, allaient chercher leurs élèves et les ramenaient à travers les rues
exposées aux bombes, se considérant comme engagés à
veiller sur leur vie comme sur leur esprit! En vérité
quand on enregistre de tels détails, on ne sait quel
sentiment l'emporte, ou de l'attendrissement ou de la
fierté de vivre dans un tel pays! C'est de cette façon que
Reims bombardée et ses dix-huit mille habitants demeurés
sur cent vingt mille auront leur page dans l'histoire de
l'héroïsme. Héroïques ceux qui tombèrent, héroïques
ceux qui restèrent jusqu'au bout.

Parmi ces victimes glorieuses, un des adjoints au
maire, M. le Dr Jacquin, tomba un des premiers, au plus
fort du bombardement du 19 septembre, tué par un obus,
rue Thiers, tout près de l'Hôtel de ville. Nous avons

parlé déjà de l'abbé Thinot, maître de chapelle de Saint-Remi, qui exposa sa vie plus d'une fois en fixant par la photographie, en véritable érudit et artiste, les ruines des basiliques rémoises. Ce prêtre devait mourir, mais non dans sa ville : il fut frappé d'une balle au front, le 16 mars, près de Perthes, tandis qu'il allait secourir nos blessés tout contre une tranchée allemande.

Un autre artiste, l'architecte et écrivain d'art Georges Huart, mourut à vingt-sept ans, frappé avec sa mère, et fut véritablement victime du devoir professionnel, puisque l'obus les atteignit tandis qu'en pleine rue il complétait une série de remarquables clichés qui, dès les premiers jours de la guerre, auront servi à témoigner devant le monde civilisé de la barbarie germanique. Nous sommes loin de prétendre à donner une liste complète de ces nobles victimes. Mais comment omettre le commandant des pompiers Salavie, et l'officier d'administration Mareschal, tués au moment où ils sortaient de faire leur devoir dans une ambulance ?

Enfin les Rémois eurent le chagrin de voir gravement blessé, puis de conduire au cimetière une figure toute populaire de Reims, Stengel, le maître sonneur de la cathédrale. Ils remarquaient tristement que celui qui égrenait sur la ville la poésie des bourdons et des carillonnades, n'eut pas, pour ses obsèques, l'adieu de ses cloches, mortes depuis quinze jours. On songe involontairement au sonneur de *Patrie* :

Pauvre martyr obscur !

d'autant plus que le brave Stengel, détail navrant entre tant d'autres, avait été touché au moment même où il allait relever une fillette qu'un éclat d'obus venait d'abattre !

A côté de ces belles, simples et douloureuses figures,

DANS REIMS BOMBARDÉE.

M. LANGLET, MAIRE DE REIMS (A GAUCHE), DEVANT SAINT-REMI,

qui n'auront pas vu la délivrance, ceux qui seront demeurés jusqu'au bout, résolus et vibrants, sur la brèche. Nous en avons cité quelques-uns. Mais il faut redire, en tête, le Dr Langlet. A-t-on dit que ce grand citoyen n'avait pas été seul de sa maison à servir son pays comme l'on sait? Son fils, Jean-Louis Langlet avait été en service nommé médecin aide-major de 1re classe, et que son gendre, M. Morlière, sous-lieutenant aux chasseurs à pied, avait été promu lieutenant sur le front? Combien de milliers de familles françaises de cette sorte, bien que celle-ci brille d'un tel éclat!

Aux côtés de Langlet, ses collaborateurs de toute sorte, les adjoints Rousseau, de Bruignac, Emile Charbonneaux et le procureur général Bossut, prononçant sous les obus un discours de rentrée où le Droit éloquemment jugeait la Force; MM. Reissac, Guichard, le receveur des Finances Fréville, le commissaire central Balthazard, les commissaires Pottier et Prudhomme, le pompier valeureux Eloire et le vieil automobiliste Legendre, et l'architecte de la cathédrale Max Sainsaulieu, et le gardien Huart; enfin tout le clergé de Reims, avec à sa tête le cardinal-archevêque Luçon, et la figure sévère de l'archiprêtre Landrieux. Et dans ce rappel ne figurent pas un nombre important de médecins, d'infirmiers, de religieuses, de simples ouvriers dont jamais on ne saura les noms. Quelle allure magnifique tous ceux-là n'auront-ils pas dans nos annales! Quelle fresque, et par quels talents, les commémorera dans les édifices de la cité relevée de ses ruines?

L'esquisse que pour notre part nous avons tracée des souffrances et du rayonnement de Reims est certes loin d'être définitive, mais elle aura du moins le mérite d'avoir la première présenté d'ensemble une histoire dont le pays n'avait que des indications éparses, enregistrées et oubliées au jour le jour dans l'immense torrent des événements, et dont, par suite, il ne pouvait soupçonner la grandeur.

Pour que le tableau des souffrances fût un peu plus complet, il aurait convenu de donner quelques aspects de la campagne autour de Reims, outre notre significative impression de vendanges. Mais il y avait deux « campagnes de Reims », celle où fourmillaient nos troupes dans une indicible activité, dans une ardeur jamais lassée, tandis que les habitants ne laissaient point dépérir le sol de France ; — et celle dont le sol était bouleversé et incandescent de la plus formidable bataille. A celle-ci, combien de fois les Champenois ont pensé en soupirant, songeant aux épreuves qu'elle a dû subir et aux efforts qu'il faudra pour la refaire ! Dans les villages de Bétheny, d'Hermonville, de Witry, de Saint-Thierry, l'on sait bien que les églises sont en ruines et les maisons carbonisées ainsi que leurs vergers. Mais au delà encore ! « Dans quel état, se demandait le *Courrier de Champagne*, les Boches auront-ils mis les bosquets de Brimont, de Cernay, de Berru, autrefois si accueillants aux Rémois ? »

On ne le devine que trop. Des bois entiers, notamment du côté de la route de Laon, ont disparu, et leurs arbres ont été matière à revêtements de tranchées et à baraquements. Les sapinières immenses qui cachaient la craie champenoise, depuis les Commelles jusqu'à l'Aisne, ont été également fauchées. Les pèlerins visiteront avec stupeur un jour ces régions, et ceux même qui les connaissaient ne les reconnaîtront plus, car ainsi que le faisait positivement voir un article célèbre de Robert de Lezeau sur « la guerre au printemps », la configuration même du sol a été changée, des tertres s'élevant sur les plaines, et des collines ayant été nivelées par les bombes, au point que le créateur lui-même ne se retrouverait plus dans sa création.

Pendant si longtemps les Allemands ont occupé ces

régions, enserrant la zone rémoise d'un demi-cercle qui passait par Prunay, Nogent-l'Abbesse et Brimont ! Ils étaient sur la rive droite du canal de l'Aisne à la Marne, et plus d'une fois, dans le voisinage de Brimont, ils essayèrent d'inonder les tranchées en ouvrant les écluses; mais il arriva qu'ils s'inondèrent eux-mêmes.

Ici, nous rejoignons la ligne qui nous ramène par Berry-au-Bac puis par Vailly, vers Soissons, et de Soissons vers Compiègne, c'est-à-dire vers notre point de départ. Ligne immense formée de deux murs de fer et de feu s'opposant l'un à l'autre en un incessant et implacable choc de tous les instants, cependant que de ce frottement ou de ce choc sur place jaillissent en même temps le feu et le fer, et la terre et les morts! Ligne gigantesque, qui n'est pourtant qu'un segment de la courbe plus gigantesque encore que créa la victoire de la Marne sur tout un vaste pan de la France délivrée.

C'est au-dessous de cet arc de cercle que Reims aura existé dans toutes les conditions qu'il fallait pour perdre l'existence. C'est sous ce permanent ouragan d'acier, sur ce sol ravagé, éteint sans cesse à grand'peine qu'une vingtaine de milliers d'êtres humains demeurés sur plus de cent mille naguère et soutenus par un sentiment plus beau que la résignation et stimulés par une centaine d'hommes et de femmes si nativement braves qu'ils semblaient ignorer leur bravoure, auront conservé à la ville, rien qu'en vivant, le droit et le pouvoir de ne pas mourir. Gambetta a jadis parlé de la volonté désespérée de vivre d'un grand peuple que tout semble écraser. Avec Reims, nous voyons désormais un impérissable exemple de cette même volonté dans une grande ville.

Aussi les Allemands qui n'ont pas voulu comprendre cela, comme ils n'ont pas compris tant de choses, en seront-ils un jour pour leurs frais de honte et de cruauté.

Ils ont cru qu'ils tueraient la cité de Reims. Nous, en ce moment même, devançant les événements, c'est ressuscitée que nous ne pouvons nous empêcher de la voir.

Imagine-t-on le spectacle que sera celui d'une telle cité, quand les enfants, sortis des caves où leurs maîtres leur enseignaient la haine définitive des bourreaux de leurs mères et de leurs pères, et des ennemis du genre humain, seront devenus des hommes à leur tour et rétabliront la prospérité matérielle, tout comme l'éclat intellectuel de leur patrie? Voit-on la cathédrale recouverte d'une toiture, mais gardant le rayonnement pitoyable et splendide de ses cicatrices, visitée encore par plus de millions de fervents qu'autrefois, venus de tous les points de l'univers débarrassé du mauvais rêve? Voit-on des usines de nouveau en pleine activité, et sans contremaîtres espions, sans ouvriers uhlans? Ne sent-on pas la saveur de ses vins versés en l'honneur de la plus chère victoire et du plus juste châtiment qui doivent ouvrir une ère nouvelle de l'histoire?

C'est sur cette vision que nous voulons, comme des voyageurs qui aperçoivent de loin le lieu consacré, terminer la première série de nos pèlerinages.

FIN DU PREMIER VOLUME.

TABLE DES MATIÈRES

CHAPITRE IV

CHAPITRE V

CHAPITRE VI

CHAPITRE VII

CHAPITRE VIII

Pages

CHAPITRE IX

CHAPITRE X

CHAPITRE XI

CHAPITRE XII

CHAPITRE XVII

CHAPITRE XVIII

CHAPITRE XIX

221. — Paris. - Imp. Hemmerlé et Cⁱᵉ. (-156)

www.ingramcontent.com/pod-product-compliance
Lightning Source LLC
LaVergne TN
LVHW020605180726
843502LV00002B/364